中国教育学会 2022 年度教育规划一般课题"核心素养导向的中小学古诗'三读'教学能力提升研究"（编号：202245000201B）成果

广西教育科学规划 2021 年度资助经费重点课题（A 类）"统编教材小学语文古诗题材研究"（编号：2021A045）成果

广西民族师范学院科研启动项目"小学古诗教学举隅研究"（编号：2019JS001）成果

乐读·阅读·悦读

中小学古诗教学举隅

YUEDU YUEDU YUEDU
ZHONGXIAOXUE GUSHI JIAOXUE JUYU

王波平　杨武群 / 著

华中师范大学出版社

新出图证（鄂）字 10 号
图书在版编目（CIP）数据

乐读·阅读·悦读：中小学古诗教学举隅 / 王波平，杨武群著. —武汉：华中师范大学出版社，2024.6
ISBN 978-7-5769-0154-2

Ⅰ. ①乐… Ⅱ. ①王… ②杨… Ⅲ. ①古典诗歌—中国—教学研究—中小学 Ⅳ. ①G633.302

中国国家版本馆 CIP 数据核字（2023）第 109280 号

乐读·阅读·悦读——中小学古诗教学举隅
ⓒ 王波平　杨武群　著

责任编辑：鲁 丽	责任校对：骆 宏	封面设计：胡 灿
编 辑 室：高等教育分社	电　　话：027-67867364	
出版发行：华中师范大学出版社		
社　　址：湖北省武汉市洪山区珞喻路 152 号	邮　　编：430079	
电　　话：027-67861549（发行部）	传　　真：027-67863291	
网　　址：http://press.ccnu.edu.cn	电子邮箱：press@mail.ccnu.edu.cn	
印　　刷：广东虎彩云印刷有限公司	督　　印：刘 敏	
字　　数：300 千字		
开　　本：787mm×1092mm　1/16	印　　张：16.5	
版　　次：2024 年 6 月第 1 版	印　　次：2024 年 6 月第 1 次印刷	
定　　价：59.00 元		

欢迎上网查询、购书

敬告读者：欢迎举报盗版，请打举报电话 027-67867353

前　　言

古诗教育，语文教育之难，基础教育之重，国民教育之弱。

中小学古诗教学任重而道远。任重者，"部编本"教材增加古诗比重，诗教作用受重视；道远者，文学教育意义深远，文化传承价值久远。"诗，可以兴，可以观，可以群，可以怨。迩之事父，远之事君，多识于鸟兽草木之名。"语文课程标准在课程内容的"主题与载体形式"上将古代诗词作为传承中华优秀传统文化的重要内容和载体，要求"建立文化自信、培育时代新人"。

中小学古诗教学，遵循"言—象—意"观点，"寻言以观象""寻象以观意"，引导学生从语言层、形象层和意蕴层三个层面来理解和感知古诗。"三读"法是理解、阐释古诗的重要手段和方式，本书即从"三读"法入手，举隅中小学古诗教学。

一、中小学古诗"三读"教学研究内容

"三读"谓乐读、阅读和悦读。乐读，提升语言感知能力，涉及音律、格律和旋律，诵读以懂诗韵。阅读，提升形象思维能力，涉及音准、形定和义明，析读以晓诗意。悦读，提升审美鉴赏能力，涉及主题、情感和意蕴，品读以明诗情。

二、中小学古诗"三读"教学研究意义

一是回应时代诉求。古典诗词是中华传统文化的精华，是中华文明的根与魂。"中华优秀传统文化是中华民族的精神命脉，是涵养社会主义核心价值观的重要源泉，也是我们在世界文化激荡中站稳脚跟的坚实根基。……我们要结合新的时代条件传承和弘扬中华优秀传统文化，传承和弘扬中华美学精神。"传习经典，传承文化，这是时代赋予每一位中华儿女的神圣使命与责任。

二是对标课程要求。2022年语文课程标准再修订，坚持素养导向，强调关键能力、必备品格和价值观念的养成；中小学古诗教学如何达成核心素养目标，教学理解和实施十分关键。中小学古诗教学目标虽简为朗读诗歌和背诵诗歌，教学实践却需丰富多彩，以期诵读成常，形成必备素养，"学生的思维能力、审美创造、文化自信都以语言运用为基础，并在学生个体语言经验发展过程中得以实现"。

三是对接教学需求。古诗教学存在一定问题，如胶柱鼓瑟的翻译、条分缕析的

串讲、倾盆大雨的背诵、单调乏味的练习和一鳞半爪的积累。要根据教学实际来审视古诗教学，开展"三读"教学实践。实施"三读"教学，落实课标"立足核心素养，彰显教学目标以文化人的育人导向"，文化育人；形成"三读"教学风格，理实相生地解读古诗，达成素养要求，方法育人；倡导"三读"教学，有效提升学生文学和文化素养，提高教学效果，综合育人。

王波平

2024年1月

目 录

中小学古诗"乐读"

第一讲 中小学古诗"乐读"理论 …………………………………… (003)
 一、音律 ………………………………………………………… (004)
  (一) 韵脚重读 ……………………………………………… (004)
  (二) 改读叶韵 ……………………………………………… (005)
  (三) 倒字谐韵 ……………………………………………… (006)
 二、格律 ………………………………………………………… (007)
  (一) 声韵协调 ……………………………………………… (007)
  (二) 声调搭配 ……………………………………………… (008)
 三、韵律 ………………………………………………………… (008)
  (一) 韵律暗示着情感，节奏鲜明 ………………………… (009)
  (二) 韵律昭示着诗意，情调优美 ………………………… (009)

第二讲 中小学古诗"乐读"基础之一：声韵 ………………………… (010)
 一、用韵 ………………………………………………………… (010)
  (一) 韵脚 …………………………………………………… (010)
  (二) 叶韵 …………………………………………………… (023)
 二、声调 ………………………………………………………… (027)
  (一) 四声 …………………………………………………… (027)
  (二) 声韵 …………………………………………………… (027)
 三、平仄 ………………………………………………………… (029)
  (一) 用韵平仄严格 ………………………………………… (029)
  (二) 平仄区分字义 ………………………………………… (030)
  (三) 平仄搭配合理 ………………………………………… (035)

第三讲 中小学古诗"乐读"基础之二：词句 ………………………… (041)
 一、用字 ………………………………………………………… (041)
  (一) 名词聚合 ……………………………………………… (041)
  (二) 动词活用 ……………………………………………… (047)

（三）指代性副词 …… (051)
　二、词句与词序 …… (054)
　　（一）词句 …… (054)
　　（二）词序 …… (058)
　三、句式 …… (062)
　　（一）列锦句式 …… (062)
　　（二）省略句式 …… (063)
　　（三）倒装句式 …… (066)
　　（四）互文句式 …… (066)

第四讲　中小学古诗"乐读"基础之三：韵律 …… (069)
　一、节奏 …… (069)
　　（一）四言节奏 …… (069)
　　（二）五言节奏 …… (071)
　　（三）七言节奏 …… (073)
　二、结构 …… (081)
　　（一）体例：形式结构 …… (082)
　　（二）题材：内容结构 …… (083)
　　（三）模式：叙述结构 …… (084)
　　（四）意蕴：审美结构 …… (089)

中小学古诗"阅读"

第五讲　中小学古诗"阅读"要素 …… (097)
　一、形象 …… (097)
　　（一）视觉形象 …… (098)
　　（二）听觉形象 …… (100)
　　（三）嗅觉形象 …… (102)
　　（四）味觉形象 …… (104)
　　（五）触觉形象 …… (105)
　二、意象 …… (110)
　　（一）意象的生成 …… (110)
　　（二）意象的特质 …… (117)
　　（三）意象的组合 …… (124)
　　（四）意象的种类 …… (131)
　三、意境 …… (137)

（一）情与景谐 …………………………………………………………（137）
　　　（二）神与物游 …………………………………………………………（139）
　　　（三）意与境浑 …………………………………………………………（139）

第六讲　中小学古诗"阅读"基础之一：确音 ……………………………（143）
　一、多音字 …………………………………………………………………（143）
　　　（一）人名 ………………………………………………………………（143）
　　　（二）地名 ………………………………………………………………（145）
　　　（三）专名 ………………………………………………………………（146）
　　　（四）因义定音 …………………………………………………………（146）
　　　（五）订正字音或韵脚 …………………………………………………（150）
　二、异读字 …………………………………………………………………（151）
　　　（一）破音异读 …………………………………………………………（151）
　　　（二）古音异读 …………………………………………………………（151）
　　　（三）通假异读 …………………………………………………………（152）
　三、通假字 …………………………………………………………………（152）
　　　（一）俭—险 ……………………………………………………………（152）
　　　（二）争—怎 ……………………………………………………………（152）
　四、同源字 …………………………………………………………………（152）
　　　（一）班、半、判、别、辨、片 ………………………………………（153）
　　　（二）缺、阙、玦、决 …………………………………………………（153）
　　　（三）兹、此、斯、是 …………………………………………………（154）

第七讲　中小学古诗"阅读"基础之二：定形 ……………………………（155）
　一、古今字 …………………………………………………………………（155）
　　　（一）见—现 ……………………………………………………………（155）
　　　（二）那—哪 ……………………………………………………………（156）
　　　（三）景—影 ……………………………………………………………（156）
　　　（四）间（閒）—闲 ……………………………………………………（156）
　二、异体字 …………………………………………………………………（156）
　　　（一）构字方法不同产生异体字 ………………………………………（156）
　　　（二）形声字的形符不同产生异体字 …………………………………（157）
　　　（三）形声字的声符不同产生异体字 …………………………………（157）
　　　（四）形符声符的位置不同产生异体字 ………………………………（157）
　三、繁简字 …………………………………………………………………（157）
　　　（一）胡—鬍 ……………………………………………………………（157）

（二）个—箇—個 …………………………………………………………（158）

　　四、形近字 ……………………………………………………………………（158）

　　　（一）陵—棱 ……………………………………………………………（158）

　　　（二）霏霏—靡靡 ………………………………………………………（158）

　　　（三）场（場）—塲 ……………………………………………………（159）

　　　（四）岐—歧 ……………………………………………………………（159）

第八讲　中小学古诗"阅读"基础之三：明义 ……………………………………（161）

　　一、偏义复词 …………………………………………………………………（161）

　　　（一）作息 ………………………………………………………………（161）

　　　（二）生死 ………………………………………………………………（161）

　　　（三）去来 ………………………………………………………………（161）

　　　（四）巷陌 ………………………………………………………………（162）

　　二、同语反义词 ………………………………………………………………（162）

　　　（一）臭 …………………………………………………………………（162）

　　　（二）落 …………………………………………………………………（162）

　　　（三）杂 …………………………………………………………………（163）

　　三、古今异义词 ………………………………………………………………（164）

　　　（一）好 …………………………………………………………………（164）

　　　（二）走 …………………………………………………………………（164）

　　　（三）恨 …………………………………………………………………（165）

　　　（四）市 …………………………………………………………………（165）

　　　（五）可怜 ………………………………………………………………（165）

　　　（六）但 …………………………………………………………………（166）

　　四、方言词 ……………………………………………………………………（166）

中小学古诗"悦读"

第九讲　中小学古诗"悦读"要素 ………………………………………………（169）

　　一、文字学 ……………………………………………………………………（169）

　　　（一）汉字形义学 ………………………………………………………（169）

　　　（二）汉字字源学和汉字字用学 ………………………………………（171）

　　　（三）汉字构形学 ………………………………………………………（173）

　　　（四）汉字文化学 ………………………………………………………（174）

　　二、音韵学 ……………………………………………………………………（176）

　　　（一）古无轻唇音 ………………………………………………………（176）

（二）古无舌上音 …………………………………………………（177）
　　（三）喉牙转换 ……………………………………………………（178）
　　（四）娘日归泥 ……………………………………………………（179）
　　（五）齿音互转 ……………………………………………………（180）
　三、训诂学 …………………………………………………………………（180）
　　（一）词汇学 ………………………………………………………（180）
　　（二）语法学 ………………………………………………………（182）
　　（三）修辞学 ………………………………………………………（183）

第十讲　中小学古诗"悦读"基础之一：主题 …………………………（185）
　一、母题 ……………………………………………………………………（185）
　　（一）叙事母题 ……………………………………………………（185）
　　（二）抒情母题 ……………………………………………………（193）
　二、内容 ……………………………………………………………………（197）
　　（一）三大主题 ……………………………………………………（197）
　　（二）"群诗"阅读 …………………………………………………（200）

第十一讲　中小学古诗"悦读"基础之二：情感 ………………………（223）
　一、思想 ……………………………………………………………………（223）
　　（一）自然感触 ……………………………………………………（223）
　　（二）历史感悟 ……………………………………………………（226）
　　（三）社会感遇 ……………………………………………………（228）
　　（四）个人感知 ……………………………………………………（229）
　二、情感 ……………………………………………………………………（231）
　　（一）亲情思念 ……………………………………………………（233）
　　（二）友情思别 ……………………………………………………（234）
　　（三）爱情相思 ……………………………………………………（235）
　　（四）人情思考 ……………………………………………………（236）

第十二讲　中小学古诗"悦读"基础之三：意蕴 ………………………（238）
　一、意蕴 ……………………………………………………………………（238）
　　（一）审美意蕴 ……………………………………………………（238）
　　（二）智性意蕴 ……………………………………………………（243）
　二、审美 ……………………………………………………………………（247）
　　（一）诗比历史更富于哲学意味 …………………………………（247）
　　（二）文化、语言、思维、审美一体化 …………………………（249）

中小学古诗"乐读"

ZHONGXIAOXUE GUSHI
YUEDU

第一讲　中小学古诗"乐读"理论

《诗大序》曰:"诗者,志之所之也。在心为志,发言为诗。情动于中而形于言,言之不足故嗟叹之,嗟叹之不足故永歌之。永歌之不足,不知手之舞之、足之蹈之也。"这是关于诗的总纲:诗言志抒情,诗歌是诗人情感外化的载体,其承载形式却有着一定的约束性和规范性,即"言之不足"的缺憾,也是产生"言有尽而意无穷"诗味的缘由。唐代诗人白居易《与元九书》说:"诗者,根情,苗言,华声,实义。"诗歌言志抒情需要通过一定的形式特征来显示,其中"根情""实义"需由"苗言""华声"来表达,"言""声"是诗歌重要的表情达意工具或载体形式。清代赵翼也指出:"心之声为言,言之中理者为文,文之有节者为诗。"说明诗歌是有一定形式要求的文学样式,"文之有节者为诗",即是说诗歌是有格式规范的文字表达,文字组合间要注意其音韵、节奏以及韵调的搭配与协调,形成文字之优美。现代诗人闻一多非常重视诗的格律问题,他在《诗的格律》一文中指出:"诗的实力不独包括音乐的美(音节),绘画的美(词藻),并且还有建筑的美(节的匀称和句的均齐)。"① 无论是音乐美、绘画美还是建筑美,都是谈论诗歌的文字使用和调遣问题,特别强调诗歌文字的美感所在。

诗词属文字游戏。能游戏文字者,是对文字热爱之人。对联之精密,谜语之妙趣,诗词之蕴藉,都是文字奥秘的感性显示。只不过,玩弄文字之人,将文字生活化、灵性化罢了,或联语或妙句,得之生活体验,赋予审美提炼,"掬水月在手,弄花香满衣",纯净无界,童真与稚趣俱在,空灵与体认盎然。"岐王宅里寻常见,崔九堂前几度闻"与"朱雀桥边野草花,乌衣巷口夕阳斜"境相仿,"十年一觉扬州梦,赢得青楼薄幸名"与"春江一曲柳千条,二十年前旧板桥"情相若。"大漠孤烟直,长河落日圆"与"明月松间照,清泉石上流"是王维山水诗的大与小,"庄生晓梦迷蝴蝶,望帝春心托杜鹃"与"春蚕到死丝方尽,蜡炬成灰泪始干"是李商隐无题诗的美与丽。"转朱阁、低绮户、照无眠"三行为写出了情致缠绵、柔情百般,"尧之都、舜之壤、禹之封"三圣王写出了气势磅礴、豪情万丈。"试问闲愁都几许?一川烟草,满城风絮,梅子黄时雨",这是生意。"燕雁无心,太湖西畔随云去。数峰清苦。商略黄昏雨",此乃忘情。

---

① 闻一多. 神话与诗 [M]. 天津:天津古籍出版社,2008:248.

诗词是最精粹的语言。字斟句酌方成诗词,"吟安一个字,捻断数茎须","词之为体,要眇宜修",诗词用最经济的语言来表现最完整的意境或情致,美妙、丰富、细腻皆有,婉转曲折,摇曳生姿。绝句,语约义赡,含蓄蕴藉;小令,型制短小,言简义丰。"唐诗之美在情辞,故丰腴;宋诗之美在气骨,故瘦劲。唐诗如芍药海棠,华茂繁采;宋诗如寒梅秋菊,幽韵冷香。"

诗词可使心灵不死。诚如叶嘉莹先生所说,"古典诗词中所蕴含的一种感发生命对我的感动和召唤",诗词教化可以改变人的精神状态,所谓"腹有诗书气自华"。唐诗中有"三不主义":不颓唐、不迷惘、不感伤。宋词里存"三有主张":有情感、有体验、有蕴涵。与其说诗人是天生的,倒不如说生活本来就是诗意的。只不过,诗意有两端:一谓适意,一谓失意。生活之事,如意者十之一二,不如意者十之八九。诗词可观照生活。

诗词属于文学。诗词抒发人心,感发人意。无论汉赋夸饰原则、唐诗明晓原则,还是宋词韵味原则、元曲悲悯原则,都暗示了或提醒着我们:一方面要承继传统,一方面要思考生活,潜意识里积淀人文素养,这是诗词的精妙,也是文学的精彩。一如南朝萧纲所云:"立身之道与文章异,立身先须谨重,文章且须放荡。"

诗是有"韵"味的文字。朱光潜先生《诗论》谈"韵"说:"就一般诗来说,韵的最大功用在把涣散的声音联络贯串起来,成为一个完整的曲调。它好比贯珠的串子,在中国诗里这串子尤不可少。"①韵是古诗的精灵,有韵诗自成,无韵诗难立。音韵和谐是古诗的魅力所在,主要体现在韵字整饬、格律谨严和韵律优美等方面。

一、音律

韵字整饬,句末韵脚定位,有关联。刘勰《文心雕龙》"声律"篇云:"异音相从谓之和,同声相应谓之韵。"韵字主要指诗歌韵脚,一般在句末,几个韵字在固定位置上形成前后关联,有一定规律,使诗句充满节奏感,富有音乐性。韵字要营建一种关联秩序,即节奏感,使诗句朗朗上口,易记好背。韵字需重读,有时为叶韵需改读,有时倒字为谐韵。

(一) 韵脚重读

沈德潜《说诗晬语》论韵脚:"诗中韵脚,如大厦之有柱石,此处不牢,倾折立见。"凡是同韵的字都可以押韵。诗词歌赋的所谓押韵,就是在其句末或联末用两个或更多的同韵字相押。韵脚需重读,读出音韵顿处、重音和节奏感。

一是韵脚同一,音韵和谐。一如王安石《书湖阴先生壁》,"苔""栽""来"三字押韵,韵母都是 ai,属平声灰韵(上平十灰韵)。二如杜甫《绝句》,"天""船"

---

① 朱光潜. 诗论 [M]. 武汉:武汉大学出版社,2008:149.

二字押韵，韵母分别是 ian 和 uan，韵头不同，韵腹、韵尾相同，属平声先韵（下平一先韵）。三如范成大《四时田园杂兴·其三十一》，"麻""家""瓜"三字押韵，韵母为 a、ia、ua，韵头不同，韵母虽不完全相同，都是同韵字，属平声麻韵（下平六麻韵）。四如高适《别董大》，"曛""纷""君"三字押韵，韵母为 ūn、en、ūn，貌似韵腹不同，实则 ün 由 ü＋en 合音而成，韵头不同，韵腹、韵尾相同，三字是同韵字，属平声文韵（上平十二文韵）。押韵是为了音韵和谐，同类的乐音在同一位置上的重复，就构成了声音的回环美，有了一定的结构意义。韵脚重读，即是踩住鼓点而起舞，演奏出美妙诗歌舞曲。

二是韵脚订正，读音正确。有时要根据音韵和谐原则与用韵标准，读准韵字，正确理解诗歌意义。一如"间"字韵脚。王安石《泊船瓜洲》："京口瓜洲一水间，钟山只隔数重山。春风又绿江南岸，明月何时照我还。""间"，平声，音 jiān，名词。就押韵而言，此诗属首句入韵，"间""山""还"属上平十五删韵，"间"在此念 jiān，为"中间"意，非"间隔"意。从字义而言，"一水间"为成词，虽源于《古诗十九首》"盈盈一水间，脉脉不得语"，但"一水间"在此诗中是形容空间距离（之遥），而在《泊船瓜洲》中是描绘时间距离（之速）；若读作 jiàn，为"隔开、中断"意，与下句中"隔"字意重，则犯了同轨之忌，料想"诗中老狐狸"王安石是不会如此遣词的。据诗意来察，"一水间"是形容时间之快，说明行程之急。李白《早发白帝城》（间、还、山），同是删韵，"彩云间"也是说明时间之快，衬行程之疾速和心情之急切喜悦。二如"和"字韵脚。刘禹锡《望洞庭》："湖光秋月两相和，潭面无风镜未磨。遥望洞庭山水色，白银盘里一青螺。""和"读 hé，为"平和"本意，可理解为"融和"，水天一色融和画境。"和"为五歌韵，如陆游《书感》："驱山不障东逝波，一尊莫惜醉颜酡。斜风细雨苔溪路，我是后身张志和。"而杜牧《沈下贤》诗句"斯人清唱何人和，草径苔芜不可寻"，"和"念 hè，为"唱和"之意，且为仄声不押韵。三如"重"字韵脚。杜荀鹤《春宫怨》（慵、容、重、蓉），其中"风暖鸟声碎，日高花影重"的"重"，平声 chóng，"重复、层"意，属上平二冬韵。又张籍《秋思》："洛阳城里见秋风，欲作家书意万重。复恐匆匆说不尽，行人临发又开封。""重"，念平声。

（二）改读叶韵

有时，我们用现代语音去读古诗韵脚，觉得韵不相通，这是时代不同的原因。南北朝学者因按当时语音读《诗经》韵多不和，遂临时改读某音，称为叶韵。唐宋也流行"叶音说"，改读盛行。明代陈第从语言学音变思想角度提出"时有古今，地有南北，字有更革，音有转移"，认为叶韵的音是古代本音，读古音就能谐韵，不应随意改读，但同时也指出叶韵的诸多弊端。一如"斜"改读"xiá"。杜牧《山行》，"斜""家""花"属平声麻韵，用现代汉语念为 xié、jiā、huā，明显不是同韵字，

唐代"斜"字读 siá（xiá），和今天上海话"斜"字读音一样。因此，在当时的音韵是和谐的。"斜"，作韵脚一般读作 xiá，如李峤《风》"过江千尺浪，入竹万竿斜"，韩翃《寒食》"春城无处不飞花，寒食东风御柳斜"及刘禹锡《乌衣巷》"朱雀桥边野草花，乌衣巷口夕阳斜"。二如"过"改读"guō"。杜甫《天末怀李白》（何、多、过、罗），其中"文章憎命达，魑魅喜人过"中"过"，平声，属上平五歌韵。又张祜《赠内人》："禁门宫树月痕过，媚眼惟看宿鹭窠。斜拔玉钗灯影畔，剔开红焰救飞蛾。""过"，念平声。三如"看"改读"kān"。苏轼《中秋月》："暮云收尽溢清寒，银汉无声转玉盘。此生此夜不长好，明月明年何处看。""看"，此处读 kān，属平声寒韵，若读 kàn，属去声翰韵，不谐韵。李商隐诗句"蓬山此去无多路，青鸟殷勤为探看"，王昌龄诗句"欲问吴江别来意，青山明月梦中看"，以及李白诗句"名花倾国两相欢，长得君王带笑看"。四如"涯"改读"yí"。刘长卿《长沙过贾谊宅》（迟、悲、时、知、涯），"涯"改读上平四支韵，读"yí"，而非下平六麻韵及上平九佳韵读"yá"。五如"漫漫"改读"mán mán"。岑参《逢入京使》："故园东望路漫漫，双袖龙钟泪不干。""漫漫"音阳平，与"干"谐韵。又如白居易《题岳阳楼》"岳阳城下水漫漫，独上危楼凭曲阑"，及苏轼《浣溪沙》"入淮清洛渐漫漫"。有时，赋文也改读叶韵，如苏轼《赤壁赋》："清风徐来，水波不兴。举酒属客，诵明月之诗，歌窈窕之章。""兴"，为音节和谐，改读 xiāng，叶韵虚良切。朱自清说："韵是一种复沓，可以帮助情感的强调和意义的集中。至于带音乐性，方便记忆，还是次要的作用。"① 改读叶韵，可使音韵和谐，但要慎重处理。

（三）倒字谐韵

王力先生认为近体诗的倒置，多是因为诗律，诗里的倒字，也是因为迁就韵脚或迁就平仄的缘故。像白居易《自河南经乱》（空、东、中、蓬、同），首联"时难年荒世业空，弟兄羁旅各西东"，其中"弟兄"因迁就平仄而将"兄弟"倒置，"西东"因迁就韵脚而将"东西"倒置。

一种情形是句末倒字谐韵。一如"悲伤"倒韵成"伤悲"。"少壮不努力，老大徒伤悲"，源于汉乐府《长歌行》，为谐韵句末将"悲伤"倒字成"伤悲"，又白居易《悲哉行》"古来无奈何，非君独伤悲"，以及晁说之《题鄜州牡丹》"尔花既醉应似我，耿耿一世几伤悲"。二如"攀登"倒韵成"登攀"。毛泽东《水调歌头·重上井冈山》"世上无难事，只要肯登攀"，"攀"字与前面的"还""间""寰"谐韵。李白《登太白峰》"西上太白峰，夕阳穷登攀"，"攀"字与后面的"关""间""山""还"谐韵。三如"人归"倒韵成"归人"。刘长卿《逢雪宿芙蓉山主人》末句"风雪夜归人"中"归人"应是"人归"倒字所成。戴叔伦《除夜宿石头驿》颔联"一年将尽

---

① 朱自清. 论雅俗共赏[M]. 成都：四川人民出版社，2017：96.

夜，万里未归人"中"未归人"应是"人未归"倒字所致。谐韵倒字，是为作诗一种惯常手法。白居易《赋得古原草送别》"离离原上草，一岁一枯荣"，将"荣枯"倒韵成"枯荣"；王之涣《登鹳雀楼》"白日依山尽，黄河入海流"，将"流入海"倒韵成"入海流"；韩愈《左迁至蓝关示侄孙湘》"一封朝奏九重天，夕贬潮州路八千"，将"八千路"倒韵成"路八千"；苏轼词《蝶恋花》"绿水人家绕"，应是"绿水绕人家"，将"绕"字后置。

另一种情形是句中倒字合律。主要是平仄协调，合乎诗律。一如于谦《石灰吟》"粉骨碎身浑不怕"，"粉骨碎身"应是"粉身碎骨"倒字合乎平仄规律而致。二如张维屏《新雷》"千红万紫安排著"，"万紫千红"应平仄协调而倒字成"千红万紫"。三如《长恨歌》"行宫见月伤心色，夜雨闻铃肠断声"，正常语序为"行宫见月色伤心，夜雨闻铃声断肠"，倒文既押韵，还改变语句节奏，从而使诗句富有节奏感与音律美。

二、格律

格律谨严。沈约倡导："一简之内，音韵尽殊，两句之中，轻重悉异。""永明体"讲究"音韵悉异"和"角徵不同"，后经"上官体""沈宋体"演绎，最终形成律诗的音韵及体式特质。诗词韵格严谨，非常注意声韵和谐，遣词造句注重声韵协调和声调搭配。

（一）声韵协调

声韵协调主要是双声与叠韵的运用，营造一种节奏鲜明、音韵和谐的效果。"黄槐绿柳"及"徘徊放旷"，在诗中既形成音节顿挫，又显示文字魅力，更能体现诗意要妙，所以，王国维《人间词话》曰："荡漾处多用叠韵，促节处用双声。"朱光潜也强调："双声叠韵都是要在文字本身见出和谐。"像李商隐《无题》"刘郎已恨蓬山远，更隔蓬山一万重"，"更隔"一词妙趣，双声让诗句诗意更加"深情绵邈"，"更隔"二字，便有格格不能吐的吃力之感，这中间横亘着的两个舌根音 gèng gé，发声送气时一度梗塞，高度吻合着诗人的阻隔感、挫败感。加上"更隔"两字是双声，效果加倍。

一是双声对双声。如武元衡《寒食下第》："如何憔悴人，对此芳菲节。""憔悴"二字同属丛纽，是双声；"芳菲"二字同属敷母，也是双声。且"憔悴"属齿音，"芳菲"属唇音，在明媚春光绽放时节，以唇齿交错际发声感受来相形下第的落魄。又白居易《望月有感》："田园寥落干戈后，骨肉流离道路中。""寥落""流离"皆属双声。李商隐《赠柳》："章台从掩映，郢路更参差。""掩映""参差"双声相对。

二是叠韵对叠韵。如苏轼《饮湖上初晴后雨》："水光潋滟晴方好，山色空蒙雨亦奇。""潋滟""空蒙"属叠韵，一状水波闪动的样子，一写细雨迷茫的样子，将水

光与山色在音与义的调遣上显得自然而贴切。又杜甫《咏怀古迹五首·其二》："怅望千秋一洒泪,萧条异代不同时。""怅望"与"萧条"叠韵相对。杜甫《登高》:"艰难苦恨繁霜鬓,潦倒新停浊酒杯。""艰难"与"潦倒"叠韵相对。鲁迅《惯于长夜过春时》:"梦里依稀慈母泪,城头变幻大王旗。""依稀"与"变幻"叠韵相对。

三是双声叠韵互对。如杜甫《宿府》:"风尘荏苒音书绝,关塞萧条行路难。""荏苒"双声对叠韵"萧条"。毛泽东《长征》:"五岭逶迤腾细浪,乌蒙磅礴走泥丸。""逶迤"与"磅礴"叠韵与双声相对。

四是双声叠韵杂对。双声叠韵相互呼应,韵味别致,如李端《听筝》:"鸣筝金粟柱,素手玉房前。欲得周郎顾,时时误拂弦。"其中"听鸣筝""玉欲""房郎"及"素顾误"属叠韵字,而"粟素""手周"属双声字,另有"时时"叠字,这些双声叠韵,遥隔呼应,形成和声,犹如协奏曲。

(二)声调搭配

音律的技巧就在于选择富有暗示性或象征性的调质。比如形容马跑时宜多用铿锵急促的字音,形容水流时宜多用圆滑轻快的字音,表示哀感时宜多用阴暗低沉的字音,表示乐感时宜用响亮清脆的字音。其一,声调象征诗意。一如贾岛"推敲"故事。"敲"开口呼较"推"合口呼,发音更响亮一些,"敲"字打破沉静,以动衬静。二如袁枚从谏改诗。曾写"秋色玉门凉"诗句,有人劝其改"门"为"关",袁枚欣然接受,"门"属闭口音,太低沉,"关"属开口音,较响亮,音韵写意。其二,声调展示事态。如白居易《琵琶行》:"大弦嘈嘈如急雨,小弦切切如私语。嘈嘈切切错杂弹,大珠小珠落玉盘。""嘈嘈切切"的平仄转换象征着大弦小弦的音律变化。又如韩愈《听颖师弹琴》:"昵昵儿女语,恩怨相尔汝。划然变轩昂,猛士赴敌场。"前两句几乎没有一个开口呼的字("相"除外),字音圆滑轻柔,恰能传出儿女私语情态;后两句转换为开口呼阳平韵,形成强烈反差,亦传出猛士征战豪情。顾随《稼轩词说》自序云:"故写壮美之姿,不可施以纤柔之音;而宏大之声,不可用于精微之致。如少陵赋樱桃曰'数回细写',曰'万颗匀圆'。'细写'齐呼,樱桃之纤小也;'匀圆'撮呼,樱桃之圆润也。"其三,声调暗示情韵。如岳飞《满江红》、柳永《雨霖铃》皆声情激越之作,用入声字作韵来抒内心深沉;贺铸《六州歌头·少年侠气》和张孝祥《六州歌头·长淮望断》,虽音调悲壮,却字声洪亮,以亢爽激昂之声来抒豪纵奔放之气。

三、韵律

雪莱《诗辩》说:"较为狭义的诗则表现为语言,特别是有韵律的语言的种种安排。"诗歌语言按和谐原则组合间,便具备了内在的韵律,同时也显露出外在的节奏,诗的音乐性自然形成。

(一)韵律暗示着情感,节奏鲜明

艾青说诗歌韵律"倾向于根据情感起伏而产生",韵律与诗人情感紧密相关。如《春江花月夜》随着韵律转换,诗人的情感也随之变化。用韵上,由洪亮级—细微级—柔和级—洪亮级—细微级转变,形成了一个二序循环,恰如一部乐章;写景上,韵律转换也似以月上东山—月行中天—月斜西江的轨迹运行;情态上,也有一个哀乐相生的过程,诗歌韵律与情感相一致,将物理、情理与哲理融为一体。又如岑参《白雪歌送武判官归京》开篇:"北风卷地白草折,胡天八月即飞雪。忽如一夜春风来,千树万树梨花开。"前两句韵脚为"折""雪",仄声,撮口呼,韵脚的凝涩暗示着冬天的冰雪凝结;后两句韵脚为"来""开",平声,开口呼,韵脚的开放暗示着春天的春暖花开。所以,《敕勒歌》与《西洲曲》用韵有别,情致迥异,一为草原放声高歌的豪迈气息,一为江南采莲的柔婉清唱。

(二)韵律昭示着诗意,情调优美

"诗圣"杜甫诗律精细。杜甫作诗,"晚节渐于诗律细",在"渐于"间追求诗律之"细","渐于"是指积一生之功力,渐知诗律并运之自如,"细"则是自认诗律精细如毫发,也是一种自我肯定与标榜。如《春夜喜雨》,四联分写诗题内容,诗情随诗律而兴发,四联节奏内容为"春""夜""喜""雨"。《登高》前写景后叙情,宛若一首精致的宋词;《春望》情景交融,四联写四意:见、感、念、叹。《江南逢李龟年》律法高妙,在"见""闻"与"逢"三实词转换间寓意,都属鼻音,含蓄内敛,后鼻音"逢"更显深沉,蕴藉丰富。"词中老杜"周邦彦词律声情妙合无间。《玉楼春》末句"情似雨余粘地絮",俞平伯极赞此句遣词精准,声调优美,《清真词释》评曰:"末句'雨''余'二字,双声叠韵(雨,上声噳,余,平声鱼,为平仄韵),复同为撮口呼,与'絮'字亦为叠韵;而'絮'与'地'相邻(絮,去声御,地,去声至),'地'与'似'又为叠韵(似,上声止,止至同部),七字之间,如丝引蔓,如漆投胶,是和腻也。""第一才女"李清照遣词声韵恰如。夏承焘《唐宋词字声之演变》于《声声慢》遣词音律与情韵分析得细致而透彻:"易安词确有用双声甚多者,如《声声慢》一首,用舌声共十六字:难、淡、敌他、地、堆、独、得、桐、到、点点滴滴、第、得;用齿声多至四十一字,有连续至九字者:寻寻、清清凄凄惨惨戚戚乍……全词九十七字,而此两声凡五十七字,占半数以上。当是有意以啮齿丁宁之口吻,写其郁悒惝恍之情怀。"① 诗人就是要选用最吻合诗情的字眼,用声音来配合意义的表达。最好的诗人总能让一首诗成为意义与声音巧妙结合的有机体。语音本身与特定的心理效果之间有对应性。

---

① 夏承焘.唐宋词论丛[M].上海:上海古典文学出版社,1956:83.

第二讲　中小学古诗"乐读"基础之一：声韵

声韵是"乐读"的钥匙，探寻古诗的音乐之美，主要是用韵、声调和平仄。用韵在于韵脚和谐与音韵协调；声调在于四声之别与声调之分；平仄在于区分字义与搭配组合。

一、用韵

（一）韵脚

1. 押韵

用韵是诗词格律的基本要求之一。诗人在诗词中用韵，叫作押韵。从《诗经》到新诗，几乎都要押韵。一般尊奉"平水韵"。而北方戏曲中，韵又叫辙，押韵叫合辙，一般尊奉"十三辙"。押韵就是用同韵的字，而同韵的要求一般是以韵腹为主，因韵母一般由韵头、韵腹、韵尾构成，而韵腹是必备的，所以押韵以韵腹相同为主。

凡是同韵的字都可以押韵。所谓诗歌的押韵，就是把同韵的两个或更多的字放在一首诗的每联末尾。韵，一般放在句尾，所以也叫韵脚。

例1：上平十灰韵——苔、栽、来

　　　　茅檐长扫净无苔，花木成畦手自栽。
　　　　一水护田将绿绕，两山排闼送青来。

（王安石《书湖阴先生壁》）

"苔""栽""来"三字押韵，韵母都是 ai，属平声灰韵。"绕"的韵母是 ao，与前三字不是同韵字，且是仄声，依照诗律，此诗第三句是不押韵的。

例2：下平一先韵——天、船

　　　　两个黄鹂鸣翠柳，一行白鹭上青天。
　　　　窗含西岭千秋雪，门泊东吴万里船。

（杜甫《绝句》）

"天""船"二字押韵，韵母是分别是 ian 和 uan，韵头不同，韵腹、韵尾相同，属平声先韵。"柳""雪"的韵母与前两字完全不同，不是同韵字，且是仄声，依照诗律，此诗第三句是不押韵的，第一句可押韵可不押韵，此处亦不押韵。

例 3：下平六麻韵——麻、家、瓜

昼出耘田夜绩麻，村庄儿女各当家。
童孙未解供耕织，也傍桑阴学种瓜。

（范成大《四时田园杂兴·其三十一》）

"麻""家""瓜"三字押韵，韵母为 a、ia、ua，韵头不同，韵母虽不完全相同，但都是同韵字，属平声麻韵。

例 4：上平十二文韵——曛、纷、君

千里黄云白日曛，北风吹雁雪纷纷。
莫愁前路无知己，天下谁人不识君。

（高适《别董大》）

"曛""纷""君"三字押韵，韵母为 ün、en、ün，貌似韵腹不同，实则 ün 由 ü＋en 合音而成，韵头不同，韵腹、韵尾相同，三字是同韵字，属平声文韵。

2. 押韵的形式

押韵是为了音韵和谐，同类的乐音在同一位置上的重复，就构成了声音的回环美，具有一定的结构意义。黄永武先生说，节奏的美，在诗歌中是最普遍的，诗有韵脚，在一定的字数距离、一定的时间节拍中，重复某一个熟悉的声音，这声音如果与人心理上的预期节拍相合，与生理上的惯性节拍相符，便成为一种和谐。韵脚是诗句的落脚点，是在声音方面联系一首诗的纽带。押韵的形式多样，以诗词为例来看：

一是逐句末字押韵。

一者柏梁体。据传汉武帝筑柏梁台，与群臣联句赋诗，七言句式，句句用韵，故称之为"柏梁体"。佳作有曹丕《燕歌行》：

秋风萧瑟天气凉，草木摇落露为霜。群燕辞归雁南翔。
念君客游思断肠，慊慊思归恋故乡，君何淹留寄他方？
贱妾茕茕守空房，忧来思君不敢忘，不觉泪下沾衣裳。
援琴鸣弦发清商，短歌微吟不能长。
明月皎皎照我床，星汉西流夜未央。
牵牛织女遥相望，尔独何辜限河梁。

这是一首完美的柏梁体诗，也是今存最早的一首完整的七言诗。诗仿柏梁体，句句用韵，于平线的节奏中见摇曳之态。王夫之在《姜斋诗话》中称此诗："倾情倾度，倾色倾声，古今无两。"虽是溢美之词，但此诗实为叠韵歌行之祖，对后世七言歌行的创作有很大影响。精品有杜甫《饮中八仙歌》：

知章骑马似乘船，眼花落井水底眠。
汝阳三斗始朝天，道逢麹车口流涎，恨不移封向酒泉。

左相日兴费万钱，饮如长鲸吸百川，衔杯乐圣称世贤。
宗之潇洒美少年，举觞白眼望青天，皎如玉树临风前。
苏晋长斋绣佛前，醉中往往爱逃禅。
李白一斗诗百篇，长安市上酒家眠。
天子呼来不上船，自称臣是酒中仙。
张旭三杯草圣传，脱帽露顶王公前，挥毫落纸如云烟。
焦遂五斗方卓然，高谈雄辩惊四筵。

《饮中八仙歌》仿柏梁体，每句押韵，一韵到底，是一首严密完整的歌行。每个人物自成一章，八个人物主次分明，性格鲜明，犹如一座群体雕像。

二者令词。令词篇幅短小，创作较易，用韵密集，唱起来顺口，听起来悦耳。写相思缠绵，尤韵绵长，如白居易《长相思·汴水流》：

汴水流，泗水流，流到瓜州古渡头。吴山点点愁。
思悠悠，恨悠悠，恨到归时方始休。月明人倚楼。

写怀古幽情，"叹"声哀婉，如张可久《卖花声·怀古》：

美人自刎乌江岸，战火曾烧赤壁山，将军空老玉门关。
伤心秦汉，生民涂炭，读书人一声长叹。

写羁旅忧愁，"秋思"感人，如马致远《天净沙·秋思》：

枯藤老树昏鸦，小桥流水人家，古道西风瘦马。
夕阳西下，断肠人在天涯。

三者歌词。方文山创作的相关流行歌曲歌词，被誉为"素颜韵脚诗"，"中国风"浓郁，有时每句押韵，为演唱增添鲜明节奏感。

其实总有一些事
不需要白纸黑字
分手再怎么婉都有刺
从你住过的城市
我邮寄过的地址
寻找信上面熟悉的名字
还有你
现在的
位置

（《白纸黑字》）

雨纷纷
旧故里草木深
我听闻

你始终一个人
　　斑驳的城门
　　盘踞着老树根
　　石板上回荡的是
　　再等

(《烟花易冷》)

　　二是隔句押韵。它是押韵的主要形式，既有一种节奏感，也有一种参差美，韵脚在错落有致间让诗歌自然形成一种张力，前后关联，整体呈现。

　　一者《诗经》。四句一节，隔句韵斜。如《周南·卷耳》：

　　　　采采卷耳，不盈顷筐。嗟我怀人，寘彼周行。

"筐""行"隔句押韵。

又如《黍离》：

　　　　彼黍离离，彼稷之苗。行迈靡靡，中心摇摇。

"离""靡"与"苗""摇"分别隔句押韵。

　　二者《古诗十九首》。如《回车驾言迈》：

　　　　回车驾言迈，悠悠涉长道。四顾何茫茫，东风摇百草。
　　　　所遇无故物，焉得不速老。盛衰各有时，立身苦不早。
　　　　人生非金石，岂能长寿考？奄忽随物化，荣名以为宝。

"道""草""老""早""考""宝"六韵十二句，感叹人生易老。

　　三者律诗和绝句。律诗和绝句几乎都采用了这种隔句押韵形式，即单数句不押韵，双数句押韵。律诗如杜甫《春望》：

　　　　国破山河在，城春草木深。
　　　　感时花溅泪，恨别鸟惊心。
　　　　烽火连三月，家书抵万金。
　　　　白头搔更短，浑欲不胜簪。

"深""心""金""簪"四韵分别写"春望"之见、感、念、叹。

绝句如杜甫《绝句》：

　　　　两个黄鹂鸣翠柳，一行白鹭上青天。
　　　　窗含西岭千秋雪，门泊东吴万里船。

"天""船"两韵，分写草堂春色的细景与大景。绝句押韵亦有一定规则，四句诗形成音韵循环和节奏强化，其中双数句必须押韵，第三句绝对不能押韵，而首句可押韵可不押韵。

首句入韵，如李白《秋下荆门》：

　　　　霜落荆门江树空，布帆无恙挂秋风。

此行不为鲈鱼鲙，自爱名山入剡中。

首句"空"字与"风""中"押韵，第三句"鲙"字不押韵。

首句不入韵，如杜甫《江南逢李龟年》：

岐王宅里寻常见，崔九堂前几度闻。

正是江南好风景，落花时节又逢君。

首句"见"字与第三句"景"字不押韵，第二句"闻"字与第四句"君"字押韵。

三是句中押韵。此类现象很少，主要是《诗经》或词中偶有出现。《诗经》中，有时是倒数第二字押韵，句尾字其实是助词（之、思、兮等）。如《卫风·河广》：

谁谓河广？一苇杭之；谁谓宋远？跂予望之。

"广"与"杭""望"谐韵，"之"为助词。

又如《周南·汉广》：

南有乔木，不可休思。汉有游女，不可求思。

"休"与"求"谐韵，"思"为助词。

又如《魏风·十亩之间》：

十亩之间兮，桑者闲闲兮。行与子还兮。

"间"与"闲""还"谐韵，"兮"为助词。

词曲中短柱韵，为了唱起来顺口，听起来悦耳，用韵较密，有时有两三字一韵，如苏轼《醉翁操·琅然》：

琅然，清圆，谁弹，响空山。无言。

"然""圆""弹""山""言"谐韵，韵脚密集，表意蕴涵。

又如吴文英《三姝媚·过都城旧居有感》：

春梦人间须断。但怪得、当年梦缘能短。

"间""断""年""缘""短"谐韵。

又如汤显祖《牡丹亭·寻梦》：

［江水儿］偶然间心似缱，梅树边。这般花花草草由人恋，生生死死随人愿，便酸酸楚楚无人怨。待打并香魂一片，阴雨梅天，守的个梅根相见。

曲中除了句句押韵以外，句中"间""般""酸"谐韵，"魂""根"也谐韵。

四是换韵。在一首诗中，不采用一韵到底的方式，而是交换使用两种以上不同韵部的韵字。《诗经》开始就采用换韵的押韵形式了，如《邶风·式微》：

式微，式微，胡不归？微君之故，胡为乎中露？

式微，式微，胡不归？微君之躬，胡为乎泥中？

每节前半部"微"（重韵）"归"押韵，后半部由"故""露"韵换为"躬""中"韵。

又如《郑风·子衿》：

青青子衿，悠悠我心。纵我不往，子宁不嗣音？
青青子佩，悠悠我思。纵我不往，子宁不来？

第一节诗与第二节诗韵脚完全不一，换韵成诗。

唐诗中歌行体诗基本采取换韵方式，如《茅屋为秋风所破歌》：

八月秋高风怒号，卷我屋上三重茅。
茅飞渡江洒江郊，高者挂罥长林梢，下者飘转沉塘坳。
南村群童欺我老无力，忍能对面为盗贼。
公然抱茅入竹去，唇焦口燥呼不得，归来倚杖自叹息。
俄顷风定云墨色，秋天漠漠向昏黑。
布衾多年冷似铁，娇儿恶卧踏里裂。
床头屋漏无干处，雨脚如麻未断绝。
自经丧乱少睡眠，长夜沾湿何由彻！
安得广厦千万间，大庇天下寒士俱欢颜！风雨不动安如山。
呜呼！何时眼前突兀见此屋，吾庐独破受冻死亦足！

歌行句式长短不齐，韵脚五次转换，给人一种参差错落、曲折之感。

又如岑参《走马川行奉送封大夫出师西征》：

君不见走马川行雪海边，平沙莽莽黄入天。
轮台九月风夜吼，一川碎石大如斗，随风满地石乱走。
匈奴草黄马正肥，金山西见烟尘飞，汉家大将西出师。
将军金甲夜不脱，半夜军行戈相拨，风头如刀面如割。
马毛带雪汗气蒸，五花连钱旋作冰，幕中草檄砚水凝。
虏骑闻之应胆慑，料知短兵不敢接，车师西门伫献捷。

全诗句句用韵，三句一转，韵位密集，换韵频数，节奏急促有力，情韵灵活流宕，声调激越豪壮，有如音乐中的进行曲。

同时，押韵要注意三端：

一忌重韵，即同一个韵字在一首诗的韵脚里重复出现，此乃大忌。

二要避免同义字相押。如一首诗中同时使用"花"与"葩"、"芳"与"香"或"涛"与"滔"、"愁"与"忧"等。

三要避免出韵。古人写诗多依照 106 韵平水韵，故押韵较严格，只能押同一韵部的字，否则违规，如上平一东韵（东、同、童、僮、铜）与上平二冬（冬、彤、农、宗、钟）韵，在同一首诗中相押，即为出韵。如元稹《行宫》：

寥落古行宫，宫花寂寞红。
白头宫女在，闲坐说玄宗。

"宫""红"属一东韵,"宗"属二冬韵,这就叫出韵。作古体诗,可以通用,但作律诗绝句是要避免的。

3. 押韵的意义

押韵,营造有规律的韵脚,使全诗的联句之间相互照应,形成整体性、稳定性的效果;借助有规律的韵脚,看似参差无序的音节"贯穿成一个完整的曲调",同一韵的声音间隔出现,往复回应,悦耳动听,形成一种回环和谐的美感;借助有规律的韵脚,诗歌读起来朗朗上口,更便于吟诵和背记。

第一,形成鲜明的节奏。元人杨载《诗法家数》:"押韵稳健,则一句有精神,如柱磉欲其坚牢也。"柱磉石是古时建造房屋的柱础,它是石匠与木匠结合的创造,使房子结构更加美观,牢固程度也大大加强。韵脚犹如房子之石墩,既有一定稳固性,又具一定美化性,押韵是诗歌形成节奏感的重要基础。朱光潜《诗论》也说:"中文诗大半每'句'成一单位,句末一字在音义两方面都有停顿的必要。"① 如杜甫《登岳阳楼》:

> 昔闻洞庭水,今上岳阳楼。
> 吴楚东南坼,乾坤日夜浮。
> 亲朋无一字,老病有孤舟。
> 戎马关山北,凭轩涕泗流。

"楼""浮""舟""流"押平声尤韵,分别构成名词—动词和名词—动词音韵节奏,在空间名词"楼"间感受行为动作"登"的身心变化。

又如杜甫《江南逢李龟年》:

> 岐王宅里寻常见,崔九堂前几度闻。
> 正是江南好风景,落花时节又逢君。

在"闻""君"音韵之间追忆似水年华和繁华盛世,在一行为和一人物(事件)的回味中,体味着无限感慨。

第二,便于记忆传诵。押韵,使诗歌在语言组合上富有音乐感,容易记诵。古诗(文)有时押韵谐音、朗朗上口且易读易诵,鲁迅先生说古诗要求"易记、易懂、易唱、动听"。古诗押韵,便于记诵,如杜牧《赤壁》:

> 折戟沉沙铁未销,自将磨洗认前朝。
> 东风不与周郎便,铜雀春深锁二乔。

"销""朝""乔"三字押韵。路经赤壁江边,偶拾一铁块在江水中清洗,戟之形状未"销"散,不由得想起前"朝"之事和相关人物"二乔"。

又如《泊秦淮》:

---

① 朱光潜. 诗论[M]. 武汉:武汉大学出版社,2008:149.

> 烟笼寒水月笼沙，夜泊秦淮近酒家。
>
> 商女不知亡国恨，隔江犹唱后庭花。

"沙""家""花"三字押韵，在秦淮河畔"沙"洲泊船，寻找酒"家"投宿，不经意间听到了商女靡靡之音——《玉树后庭花》（"花"）。

小令押韵，易于吟唱，如马致远《天净沙·秋思》：

> 枯藤老树昏鸦，小桥流水人家，古道西风瘦马。
>
> 夕阳西下，断肠人在天涯。

五句五韵，"鸦""家""马""涯"四字属名词，前三为实，后一为虚，状荒凉之景，中间着动词"下"，使荒凉之景向愁苦之情转化，悲凉境界自然而生。王国维说，"《天净沙》小令，纯是天籁，仿佛唐人绝句"，"深得唐人绝句妙境"。

铭文押韵，铭记在心，如刘禹锡《陋室铭》：

> 山不在高，有仙则名。水不在深，有龙则灵。
>
> 斯是陋室，惟吾德馨。苔痕上阶绿，草色入帘青。
>
> 谈笑有鸿儒，往来无白丁。可以调素琴，阅金经。
>
> 无丝竹之乱耳，无案牍之劳形。南阳诸葛庐，西蜀子云亭。
>
> 孔子云：何陋之有？

铭文八韵，托物言志，言简义丰，脍炙人口。

第三，有利于抒发感情。押韵使诗歌音韵和谐，有时韵脚的使用让诗情得到更好的发挥和表达。首先，开口呼韵与闭口呼韵表情有别。开口呼韵如上平三江韵，下平四豪、六麻、七阳韵等，开口度较大，发音较强，适合表现欢快或豪迈的情感，如杜甫《闻官军收河南河北》：

> 剑外忽传收蓟北，初闻涕泪满衣裳。
>
> 却看妻子愁何在，漫卷诗书喜欲狂。
>
> 白日放歌须纵酒，青春作伴好还乡。
>
> 即从巴峡穿巫峡，便下襄阳向洛阳。

"裳""狂""乡""阳"属下平七阳韵，韵母为 ang、iang 和 uang，音调开朗，抒情放开，浦起龙称其为杜甫"生平第一首快诗也"（《读杜心解》）。诗作于唐代宗广德元年（763 年）春天，安史之乱宣告结束，杜甫闻讯后欣喜而书。

闭口呼韵如上平四支、八齐、十四寒韵及下平十二侵韵等，开口度较小，或发音内敛，适合表现低沉的思想情感，如杜甫《宿府》：

> 清秋幕府井梧寒，独宿江城蜡炬残。
>
> 永夜角声悲自语，中天月色好谁看。
>
> 风尘荏苒音书绝，关塞萧条行路难。
>
> 已忍伶俜十年事，强移栖息一枝安。

"寒""残""看""难""安"属上平十四寒韵,韵母为 an。诗作于唐代宗广德二年(764年)秋天,杜甫担任成都尹兼剑南节度使严武幕府参谋,独自一人值夜,写下百无聊赖之情。

其次,平声韵与仄声韵达意不同。有时,人们为了抒发苍凉、悲哀及萧瑟的情调,喜欢用仄声韵,尤其是入声韵。如李白《忆秦娥》:

箫声咽,秦娥梦断秦楼月。秦楼月,年年柳色,灞陵伤别。

乐游原上清秋节,咸阳古道音尘绝。音尘绝,西风残照,汉家陵阙。

"咽""别""节""阙"属于入声"屑"韵,"月"属于入声"月"韵,可以相互押韵。入声韵短促有力,借之表达怀古伤今及惜别话远都感染一份悲凉之色,如岳飞《满江红》书愤,柳永《雨霖铃》抒伤。

再者,韵有定格,调有定声。律诗绝句中韵脚使用具有一定约束性,或者说韵脚暗示着一定的情韵,需细切体验。平声麻韵和平声尤韵都写愁,却有内容之别。麻韵写愁是一般乡思或闲愁,写乡愁,由笛声、明月、归雁、梅花等撩发乡思。如李白《与史郎中钦听黄鹤楼上吹笛》:

一为迁客去长沙,西望长安不见家。
黄鹤楼中吹玉笛,江城五月落梅花。

"西望长安不见家",闻笛思乡。

又如王建《十五夜望月》:

中庭地白树栖鸦,冷露无声湿桂花。
今夜月明人尽望,不知秋思落谁家。

"不知秋思落谁家",望月思乡。

又如欧阳修《戏答元珍》:

春风疑不到天涯,二月山城未见花。
残雪压枝犹有橘,冻雷惊笋欲抽芽。
夜闻归雁生乡思,病入新年感物华。
曾是洛阳花下客,野芳虽晚不须嗟。

"夜闻归雁生乡思",闻雁思乡。

又如李商隐《忆梅》:

定定住天涯,依依向物华。
寒梅最堪恨,常作去年花。

"常作去年花",见梅思乡。

又如宋之问《度大庾岭》:

度岭方辞国,停轺一望家。
魂随南翥鸟,泪尽北枝花。

山雨初含霁，江云欲变霞。
但令归有日，不敢恨长沙。

"但令归有日"，朝暮思乡。

写闲愁，佳节感怀、胜地感兴及生活感遇，都借用平声麻韵来述怀。如韩翃《寒食》：

春城无处不飞花，寒食东风御柳斜。
日暮汉宫传蜡烛，轻烟散入五侯家。

又如刘方平《月夜》：

更深月色半人家，北斗阑干南斗斜。
今夜偏知春气暖，虫声新透绿窗纱。

寒食来临和春回大地，诗人都有王朝兴亡之感和春气蓬勃之觉。

又如杜牧《泊秦淮》：

烟笼寒水月笼沙，夜泊秦淮近酒家。
商女不知亡国恨，隔江犹唱后庭花。

"伤心千古，秦淮一片明月"，秦淮河历来是感时伤世之地。

又如郎士元《听邻家吹笙》：

凤吹声如隔彩霞，不知墙外是谁家。
重门深锁无寻处，疑有碧桃千树花。

及杜牧《山行》：

远上寒山石径斜，白云深处有人家。
停车坐爱枫林晚，霜叶红于二月花。

行路间隙，闻听"重门深锁"和遥望"白云深处"，不免生出些许生命感动或激动。

又如孟浩然《过故人庄》：

故人具鸡黍，邀我至田家。
绿树村边合，青山郭外斜。
开轩面场圃，把酒话桑麻。
待到重阳日，还来就菊花。

及陆游《临安春雨初霁》：

世味年来薄似纱，谁令骑马客京华。
小楼一夜听春雨，深巷明朝卖杏花。
矮纸斜行闲作草，晴窗细乳戏分茶。
素衣莫起风尘叹，犹及清明可到家。

"客田家"和"客京华"，实是生活中两种不同感遇，只不过，一者闲淡，一者

忧患。

尤韵写愁是登楼之忧，如崔颢《黄鹤楼》：

> 昔人已乘黄鹤去，此地空余黄鹤楼。
> 黄鹤一去不复返，白云千载空悠悠。
> 晴川历历汉阳树，芳草萋萋鹦鹉洲。
> 日暮乡关何处是？烟波江上使人愁。

及李白《登金陵凤凰台》：

> 凤凰台上凤凰游，凤去台空江自流。
> 吴宫花草埋幽径，晋代衣冠成古丘。
> 三山半落青天外，二水中分白鹭洲。
> 总为浮云能蔽日，长安不见使人愁。

"烟波江上使人愁"，是乡愁；"长安不见使人愁"，是国愁。

登楼是离别之忧，别意悠悠，如李白《黄鹤楼送孟浩然之广陵》：

> 故人西辞黄鹤楼，烟花三月下扬州。
> 孤帆远影碧空尽，唯见长江天际流。

李益《写情》：

> 水纹珍簟思悠悠，千里佳期一夕休。
> 从此无心爱良夜，任他明月下西楼。

许浑《谢亭送别》：

> 劳歌一曲解行舟，红叶青山水急流。
> 日暮酒醒人已远，满天风雨下西楼。

西楼遂成为经典送别之地，与长亭、灞桥及南浦同成为送别伤心地。甚至王之涣《登鹳雀楼》，"欲穷千里目，更上一层楼"，非励志之语，亦是送别感怀之言。

登楼之忧，除了离愁别恨之外，更多的是人生感怀或生活遭际，如杜甫《登岳阳楼》：

> 昔闻洞庭水，今上岳阳楼。
> 吴楚东南坼，乾坤日夜浮。
> 亲朋无一字，老病有孤舟。
> 戎马关山北，凭轩涕泗流。

李商隐《安定城楼》：

> 迢递高城百尺楼，绿杨枝外尽汀洲。
> 贾生年少虚垂泪，王粲春来更远游。
> 永忆江湖归白发，欲回天地入扁舟。
> 不知腐鼠成滋味，猜意鹓雏竟未休。

李益《上汝州郡楼》：

> 黄昏鼓角似边州，三十年前上此楼。
> 今日山城对垂泪，伤心不独为悲秋。

许浑《咸阳城东楼》：

> 一上高城万里愁，蒹葭杨柳似汀洲。
> 溪云初起日沉阁，山雨欲来风满楼。
> 鸟下绿芜秦苑夕，蝉鸣黄叶汉宫秋。
> 行人莫问当年事，故国东来渭水流。

薛涛《筹边楼》：

> 平临云鸟八窗秋，壮压西川四十州。
> 诸将莫贪羌族马，最高层处见边头。

李清照《题八咏楼》：

> 千古风流八咏楼，江山留与后人愁。
> 水通南国三千里，气压江城十四州。

登临楼阁，忧从中生，悲凉无限，岳阳楼、安定城楼、汝州郡楼、咸阳城东楼、筹边楼及八咏楼，皆成为诗人触景伤情的胜地。

词的用韵，遵循"调有定格，字有定数，韵有定声"（徐师曾《文体明辨》）的规律，词体"韵有定声"，词的用韵及遣词也是根据词调情感来选择的。"贺新郎"，又名"金缕曲""貂裘换酒"或"贺新凉"。词调一百一十六字，上片五十七字、下片五十九字，各十句六仄韵。词作抒发激越之情，情调沉郁苍凉，如辛弃疾《贺新郎》：

> 把酒长亭说。看渊明、风流酷似，卧龙诸葛。何处飞来林间鹊，蹙踏松梢微雪。要破帽多添华发。剩水残山无态度，被疏梅料理成风月。两三雁，也萧瑟。　　佳人重约还轻别。怅清江、天寒不渡，水深冰合。路断车轮生四角，此地行人销骨。问谁使、君来愁绝？铸就而今相思错，料当初、费尽人间铁。长夜笛，莫吹裂。

辛弃疾属伤心人别有怀抱，词刚气烈，爱国情感悲凉无比。

又如张元幹《贺新郎·送胡邦衡待制赴新州》：

> 梦绕神州路。怅秋风、连营画角，故宫离黍。底事昆仑倾砥柱，九地黄流乱注。聚万落千村狐兔。天意从来高难问，况人情老易悲难诉！更南浦，送君去。　　凉生岸柳催残暑。耿斜河、疏星淡月，断云微度。万里江山知何处？回首对床夜语。雁不到，书成谁与？目尽青天怀今古，肯儿曹恩怨相尔汝！举大白，听金缕。

刘克庄《贺新郎·送陈真州子华》：

> 北望神州路。试平章、这场公事，怎生分付。记得太行山百万，曾入宗爷

驾驭。今把作、握蛇骑虎。君去京东豪杰喜,想投戈、下拜真吾父。谈笑里,定齐鲁。　　两河萧瑟惟狐兔。问当年、祖生去后,有人来否。多少新亭挥泪客,谁梦中原块土。算事业、须由人做。应笑书生心胆怯,向车中、闭置如新妇。空目送,塞鸿去。

两首词皆为送别友人而作,壮词以寄,慷慨悲凉,将国事之艰危寓友情送别之中。

忆江南,本名《谢秋娘》,是唐代李德裕为悼念亡妓谢秋娘所作,后来,白居易曾作《忆江南》三首,遂改名"忆江南"。刘禹锡仿作,又名"梦江南""望江南""江南好"等。词调二十七字,五句三平韵,一般为单调。词作多写怀旧之感,清丽忧伤,如白居易《忆江南》:

江南好,风景旧曾谙。日出江花红胜火,春来江水绿如蓝。能不忆江南?

江南忆,最忆是杭州。山寺月中寻桂子,郡亭枕上看潮头。何日更重游?

江南忆,其次忆吴宫。吴酒一杯春竹叶,吴娃双舞醉芙蓉。早晚复相逢?

江南之忆,美在苏杭。

又如刘禹锡《忆江南》:

春去也,多谢洛城人。弱柳从风疑举袂,丛兰裛露似沾巾。独坐亦含颦。

洛城之忆,独坐生思。

又如温庭筠《望江南》:

梳洗罢,独倚望江楼。过尽千帆皆不是,斜晖脉脉水悠悠。肠断白蘋洲。

江楼之望,牵肠挂肚。

又如李煜《望江南》:

多少恨,昨夜梦魂中。还似旧时游上苑,车如流水马如龙。花月正春风。

游梦之思,追忆繁华。

又如欧阳修《望江南》:

江南蝶,斜日一双双。身似何郎全傅粉,心如韩寿爱偷香。天赋与轻狂。微雨后,薄翅腻烟光。才伴游蜂来小院,又随飞絮过东墙。长是为花忙。

咏物蛱蝶,回味"天赋与轻狂",应是对一段往事的感喟。

又如苏轼《忆江南·超然台作》:

春未老,风细柳斜斜。试上超然台上看,半壕春水一城花。烟雨暗千家。寒食后,酒醒却咨嗟。休对故人思故国,且将新火试新茶。诗酒趁年华。

超然台感怀,往事不堪回首,"休对故人思故国,且将新火试新茶"。回望往昔,迷茫一片,"烟雨暗千家";直面当下,激励奋发,"诗酒趁年华"。

(二)叶韵

1. 改读叶韵

有时,我们用现代的语音去读古诗的韵,觉得它们的韵并不十分和谐。这是时代不同的原因。语言发展了,语音起了变化。南北朝时,学者因按当时语音读《诗经》,韵多不和,便以为作品中某些字需临时改读某音,称为叶韵。后人以此应用于其他古代韵文,此风至宋代而大盛。明代陈第《毛诗古音考序》曰,"时有古今,地有南北,字有更革,音有转移",他认为所谓叶韵的音是古代本音,读古音就能谐韵,不应随意改读,但同时也指出叶韵的诸多弊端。

例1:斜——xié/xiá

> 远上寒山石径斜,白云深处有人家。
> 停车坐爱枫林晚,霜叶红于二月花。
>
> (杜牧《山行》)

"斜""家""花"属平声麻韵,用现代汉语念为 xié、jiā、huā,明显不是同韵字,唐代"斜"字读 siá (xiá),和今天上海话"斜"字读音一样。因此,在当时的音韵是和谐的。斜,一般作韵脚,读作 xiá,如:

> 解落三秋叶,能开二月花。
> 过江千尺浪,入竹万竿斜。
>
> (李峤《风》)

> 春城无处不飞花,寒食东风御柳斜。
> 日暮汉宫传蜡烛,轻烟散入五侯家。
>
> (韩翃《寒食》)

> 朱雀桥边野草花,乌衣巷口夕阳斜。
> 旧时王谢堂前燕,飞入寻常百姓家。
>
> (刘禹锡《乌衣巷》)

> 更深月色半人家,北斗阑干南斗斜。
> 今夜偏知春气暖,虫声新透绿窗纱。
>
> (刘方平《月夜》)

> 别梦依依到谢家,小廊回合曲阑斜。
> 多情只有春庭月,犹为离人照落花。
>
> (张泌《寄人》)

> 秋丛绕舍似陶家,遍绕篱边日渐斜。
> 不是花中偏爱菊,此花开尽更无花。
>
> (元稹《菊花》)

例2：衰——cuī/shuāi

少小离家老大回，乡音无改鬓毛衰。
儿童相见不相识，笑问客从何处来。

（贺知章《回乡偶书》）

韵属平声灰韵，其中"衰"，音cuī，"减少"之意，如《触龙说赵太后》："日食饮得无衰乎？"（每天饮食没有减少吧？）又如春秋晋国大夫赵衰（cuī），是辅佐晋文公称霸的五贤士之一。

又如：

青青园中葵，朝露待日晞。
阳春布德泽，万物生光辉。
常恐秋节至，焜黄华叶衰。
百川东到海，何时复西归？
少壮不努力，老大徒伤悲！

（汉乐府《长歌行》）

例3：回——huí/huái

天门中断楚江开，碧水东流至此回。
两岸青山相对出，孤帆一片日边来。

（李白《望天门山》）

"开""回""来"属平声灰韵，用现代汉语念为kāi、huí、lái，明显不是同韵字。但唐代"回"属灰韵，念huí，"徊""槐"等都音huí，若念huái，则属平声佳韵。

回，一般作韵脚，读作huí，如：

紫陌红尘拂面来，无人不道看花回。
玄都观里桃千树，尽是刘郎去后栽。

（刘禹锡《元和十年自朗州至京戏赠看花诸君子》）

山围故国周遭在，潮打空城寂寞回。
淮水东边旧时月，夜深还过女墙来。

（刘禹锡《石头城》）

阊阖千门万户开，三郎沉醉打球回。
九龄已老韩休死，无复明朝谏疏来。

（晁说之《打球图》）

三月残花落更开，小檐日日燕飞来。
子规夜半犹啼血，不信东风唤不回。

（王令《送春》）

有时"徊"作韵脚，习惯读作huái，一般与"徘徊"连用，如：

奉帚平明金殿开，且将团扇共徘徊。
玉颜不及寒鸦色，犹带昭阳日影来。

（王昌龄《长信秋词五首·其三》）

半亩方塘一鉴开，天光云影共徘徊。
问渠那得清如许，为有源头活水来。

（朱熹《观书有感》）

一曲新词酒一杯，去年天气旧亭台。夕阳西下几时回？
无可奈何花落去，似曾相识燕归来。小园香径独徘徊。

（晏殊《浣溪沙》）

例4：儿——ní/ér

打起黄莺儿，莫教枝上啼。
啼时惊妾梦，不得到辽西。

（金昌绪《春怨》）

"儿"属上平四支韵，读作 ní，繁体写作"兒"，"儿童"意，引申为某类人（物）的称谓，如"男儿（何不带吴钩）""弄潮儿"等。

又如：

营州少年厌原野，狐裘蒙茸猎城下。
虏酒千钟不醉人，胡儿十岁能骑马。

（高适《营州歌》）

嫁与瞿塘贾，朝朝误妾期。
早知潮有信，嫁与弄潮儿。

（李益《江南曲》）

龙绕旌竿兽满旗，翻营乍似雪中移。
中军一队三千骑，尽是并州游侠儿。

（戎昱《出军》）

君王城头竖降旗，妾在深宫那得知？
十四万人齐解甲，更无一个是男儿！

（花蕊夫人《述国亡诗》）

例5：涯——yí/yá

三年谪宦此栖迟，万古惟留楚客悲。
秋草独寻人去后，寒林空见日斜时。
汉文有道恩犹薄，湘水无情吊岂知？
寂寂江山摇落处，怜君何事到天涯！

（刘长卿《长沙过贾谊宅》）

"迟""悲""时""知""涯"押韵，其中"涯"改读上平四支韵，读yí，而非下平六麻韵及上平九佳韵，读yá。

2. 倒字谐韵

王力先生认为近体诗的倒置，多是因为诗律，诗里的倒字，也是因为迁就韵脚或迁就平仄的缘故，如白居易《望月有感》：

时难年荒世业空，弟兄羁旅各西东。
田园寥落干戈后，骨肉流离道路中。
吊影分为千里雁，辞根散作九秋蓬。
共看明月应垂泪，一夜乡心五处同。

首联"时难年荒世业空，弟兄羁旅各西东"，其中"弟兄"因迁就平仄而将"兄弟"倒置，"西东"因迁就韵脚而将"东西"倒置。

一种情形是句末倒字谐韵。

一如"悲伤"倒韵成"伤悲"，有汉乐府《长歌行》：

青青园中葵，朝露待日晞。
阳春布德泽，万物生光辉。
常恐秋节至，焜黄华叶衰。
百川东到海，何时复西归？
少壮不努力，老大徒伤悲！

"少壮不努力，老大徒伤悲"，为谐韵句末将"悲伤"倒字成"伤悲"。白居易"古来无奈何，非君独伤悲"（《悲哉行》），晁说之"尔花既醉应似我，耿耿一世几伤悲"（《题鄜州牡丹》）亦同此理。

二如"攀登"倒韵成"登攀"，有李白《登太白峰》：

西上太白峰，夕阳穷登攀。
太白与我语，为我开天关。
愿乘泠风去，直出浮云间。
举手可近月，前行若无山。
一别武功去，何时复见还。

"西上太白峰，夕阳穷登攀"，"攀"字与后面的"关""间""山""还"谐韵。毛泽东"世上无难事，只要肯登攀"（《水调歌头·重上井冈山》）亦同此理。

三如"人归"倒韵成"归人"。刘长卿《逢雪宿芙蓉山主人》末句"风雪夜归人"中"归人"应是"人归"倒字所成。戴叔伦《除夜宿石头驿》颔联"一年将尽夜，万里未归人"中"未归人"应是"人未归"倒字所致。

谐韵倒字，是为作诗一种惯常手法。白居易《赋得古原草送别》"离离原上草，一岁一枯荣"，将"荣枯"倒韵成"枯荣"；王之涣《登鹳雀楼》"白日依山尽，黄河

入海流",将"流入海"倒韵成"入海流";韩愈《左迁至蓝关示侄孙湘》"一封朝奏九重天,夕贬潮州路八千",将"八千路"倒韵成"路八千";苏轼词《蝶恋花》"绿水人家绕",应是"绿水绕人家"将"绕"字后置。

另一种情形是句中倒字合律,主要是平仄协调,合乎诗律。

一如于谦《石灰吟》:

> 千锤万凿出深山,烈火焚烧若等闲。
> 粉骨碎身浑不怕,要留清白在人间。

"粉骨碎身浑不怕","粉骨碎身"应是"粉身碎骨"倒字合乎平仄规律而致。

二如张维屏《新雷》:

> 造物无言却有情,每于寒尽觉春生。
> 千红万紫安排著,只待新雷第一声。

"千红万紫安排著","万紫千红"应平仄协调而倒字成"千红万紫"。

三如《长恨歌》"行宫见月伤心色,夜雨闻铃肠断声",正常语序为"行宫见月色伤心,夜雨闻铃声断肠",倒文既押韵,还改变语句节奏,从而使诗句富有节奏感与音律美。

二、声调

(一) 四声

四声,有古今之分。现代汉语有四声——阴平、阳平、上声、去声(谓"阴阳上去"),古代汉语亦有四声——平声、上声、去声、入声(谓"平上去入")。由古代汉语发展到现代汉语,需对四声有一个明晰的判断。在古今语音变化上,就有"平分阴阳"和"入派三声"之说。

四声是古代汉语的四种声调,指语音的高低、升降、长短,其中高低、升降是主要因素。平声是中平调,上声是一个升调,去声是一个降调,入声是一个短调,有首歌诀名《分四声法》:

> 平声平道莫低昂,上声高呼猛烈强。
> 去声分明哀远道,入声短促急收藏。

(二) 声韵

四声与韵的关系非常密切,不同声调的字不算是同韵。因此,在诗词中,不同声调的字一般不能押韵。以《声律启蒙》"一东"韵为例:

> 云对雨,雪对风,晚照对晴空。来鸿对去燕,宿鸟对鸣虫。三尺剑,六钧弓,岭北对江东。人间清暑殿,天上广寒宫。两岸晓烟杨柳绿,一园春雨杏花红。两鬓风霜,途次早行之客;一蓑烟雨,溪边晚钓之翁。
>
> 沿对革,异对同,白叟对黄童。江风对海雾,牧子对渔翁。颜巷陋,阮途穷,冀北对辽东。池中濯足水,门外打头风。梁帝讲经同泰寺,汉皇置酒未央

宫。尘虑萦心，懒抚七弦绿绮；霜华满鬓，羞看百炼青铜。

贫对富，塞对通，野叟对溪童。鬓皤对眉绿，齿皓对唇红。天浩浩，日融融，佩剑对弯弓。半溪流水绿，千树落花红。野渡燕穿杨柳雨，芳池鱼戏芰荷风。女子眉纤，额下现一弯新月；男儿气壮，胸中吐万丈长虹。

"一东"韵字全是平声。

又如王维《山居秋暝》押韵：

　　　　　空山新雨后，天气晚来秋。
　　　　　明月松间照，清泉石上流。
　　　　　竹喧归浣女，莲动下渔舟。
　　　　　随意春芳歇，王孙自可留。

"秋""流""舟""留"四字平声，属下平十一尤韵，而"后"读去声，属仄声，不属尤韵字，故首句不入韵。另，"歇"读入声，属仄声，不能读平声。

又如王安石《泊船瓜洲》：

　　　　　京口瓜洲一水间，钟山只隔数重山。
　　　　　春风又绿江南岸，明月何时照我还。

"间"，平声，音 jiān，名词。就押韵而言，此诗属首句入韵，"间""山""还"属上平十五删韵，"间"在此念 jiān，为"中间"意，非"间隔"意。从字义而言，"一水间"为成词，虽源于《古诗十九首》"盈盈一水间，脉脉不得语"，但"一水间"在此诗中是形容空间距离（之遥），而在《泊船瓜洲》中是描绘时间距离（之速）；若读作 jiàn，为"隔开、中断"意，与下句中"隔"字意重，则犯了同轨之忌，料想"诗中老狐狸"王安石是不会如此遣词的。据诗意来察，"一水间"是形容时间之快，说明行程之急。李白《早发白帝城》（间、还、山），同是删韵，"彩云间"也是说明时间之快，衬行程之疾速和心情之急切喜悦。

又如刘禹锡《望洞庭》：

　　　　　湖光秋月两相和，潭面无风镜未磨。
　　　　　遥望洞庭山水色，白银盘里一青螺。

"和"读 hé，为"平和"本意，可理解为"融和"，水天一色融和画境。"和"为五歌韵，如陆游《书感》"斜风细雨苔溪路，我是后身张志和"。而杜牧《沈下贤》诗句"斯人清唱何人和，草径苔芜不可寻"，"和"念 hè，为"唱和"之意，且为仄声不押韵。

又如"重"字韵脚，有杜荀鹤《春宫怨》：

　　　　　早被婵娟误，欲妆临镜慵。
　　　　　承恩不在貌，教妾若为容。
　　　　　风暖鸟声碎，日高花影重。
　　　　　年年越溪女，相忆采芙蓉。

"风暖鸟声碎,日高花影重"的"重",平声 chóng,"重复、层"意,属上平二冬韵。

再如张籍《秋思》:

> 洛阳城里见秋风,欲作家书意万重。
> 复恐匆匆说不尽,行人临发又开封。

"重",念平声。

三、平仄

平仄是诗词格律的专业术语,声分平仄,古代汉语中平声为平,上声、去声、入声为仄,现代汉语中阴平、阳平为平,上声、去声为仄。

(一)用韵平仄严格

有时为了谐韵,有些仄声字需读作平声。一如"看"改读"kān",有苏轼《中秋月》:

> 暮云收尽溢清寒,银汉无声转玉盘。
> 此生此夜不长好,明月明年何处看。

"看",此处读 kān,属平声寒韵,若读 kàn,属去声翰韵,不谐韵。

又如:

> 相见时难别亦难,东风无力百花残。
> 春蚕到死丝方尽,蜡炬成灰泪始干。
> 晓镜但愁云鬓改,夜吟应觉月光寒。
> 蓬山此去无多路,青鸟殷勤为探看。
>
> (李商隐《无题》)

> 霜天留后故情欢,银烛金炉夜不寒。
> 欲问吴江别来意,青山明月梦中看。
>
> (王昌龄《李四仓曹宅夜饮》)

> 名花倾国两相欢,长得君王带笑看。
> 解释春风无限恨,沉香亭北倚阑干。
>
> (李白《清平调》)

> 天山雪后海风寒,横笛偏吹行路难。
> 碛里征人三十万,一时回首月中看。
>
> (李益《从军北征》)

二如"过"改读"guō",有杜甫《天末怀李白》:

> 凉风起天末,君子意如何。
> 鸿雁几时到,江湖秋水多。
> 文章憎命达,魑魅喜人过。
> 应共冤魂语,投诗赠汨罗。

"文章憎命达，魑魅喜人过"中"过"，平声，属上平五歌韵。

又张祜《赠内人》：

> 禁门宫树月痕过，媚眼惟看宿鹭窠。
> 斜拔玉钗灯影畔，剔开红焰救飞蛾。

"过"，念平声。

三如"漫漫"改读"mán mán"，有岑参《逢入京使》：

> 故园东望路漫漫，双袖龙钟泪不干。
> 马上相逢无纸笔，凭君传语报平安。

"漫漫"音阳平，与"干"谐韵。又如白居易《题岳阳楼》"岳阳城下水漫漫，独上危楼凭曲阑"，苏轼《浣溪沙》"入淮清洛渐漫漫"，及贾至《送李侍郎赴常州》"今日送君须尽醉，明朝相忆路漫漫"。

有时，赋文也改读叶韵，如苏轼《赤壁赋》："清风徐来，水波不兴。举酒属客，诵明月之诗，歌窈窕之章。"兴，为音节和谐，改读 xiāng，叶韵虚良切。改读叶韵，可使音韵和谐，但要慎重处理。

（二）平仄区分字义

有时一字两读，即一字有两种意义（往往词性也不同），同时也有两种读音，一为平声，一为仄声。

例1：骑——qí/jì

"骑"，读 qí，平声，动词，骑（马），如袁枚《所见》：

> 牧童骑黄牛，歌声振林樾。
> 意欲捕鸣蝉，忽然闭口立。

又如：

> 郎骑竹马来，绕床弄青梅。

（李白《长干行》）

> 世味年来薄似纱，谁令骑马客京华。

（陆游《临安春雨初霁》）

"骑"，读 jì，仄声，名词，一人一马，如卢纶《和张仆射塞下曲六首·其三》：

> 月黑雁飞高，单于夜遁逃。
> 欲将轻骑逐，大雪满弓刀。

又如：

> 萧关逢候骑，都护在燕然。

（王维《使至塞上》）

> 出身仕汉羽林郎，初随骠骑战渔阳。

（王维《少年行四首·其二》）

> 山川萧条极边土，胡骑凭陵杂风雨。

（高适《燕歌行》）

　　银瓶乍破水浆迸，铁骑突出刀枪鸣。

（白居易《琵琶行》）

　　九重城阙烟尘生，千乘万骑西南行。

（白居易《长恨歌》）

　　翩翩两骑来是谁？黄衣使者白衫儿。

（白居易《卖炭翁》）

　　一骑红尘妃子笑，无人知是荔枝来。

（杜牧《过华清宫绝句三首·其一》）

例2：教——jiāo/jiào

"教"，读 jiāo，平声，能愿动词，"使、令、让"意，张相《诗词曲语辞汇释》："教，犹使也。通作交。"如王昌龄《出塞》：

　　秦时明月汉时关，万里长征人未还。
　　但使龙城飞将在，不教胡马度阴山。

又如：

　　忽见陌头杨柳色，悔教夫婿觅封侯。

（王昌龄《闺怨》）

　　打起黄莺儿，莫教枝上啼。

（金昌绪《春怨》）

　　谁为含愁独不见，更教明月照流黄。

（沈佺期《独不见》）

　　曲罢曾教善才服，妆成每被秋娘妒。

（白居易《琵琶行》）

　　似花还似非花，也无人惜从教坠。

（苏轼《水龙吟·次韵章质夫杨花词》）

"教"，读 jiào，仄声，动词，"教育、教导"意，如杜牧《寄扬州韩绰判官》：

　　青山隐隐水迢迢，秋尽江南草未凋。
　　二十四桥明月夜，玉人何处教吹箫？

又如：

　　十三教汝织，十四能裁衣。

（《孔雀东南飞》）

　　方知象教力，足可追冥搜。

（杜甫《同诸公登慈恩寺塔》）

　　教坊犹奏别离歌，垂泪对宫娥。

（李煜《破阵子》）

例3：思——sī/sì

"思"，读 sī，平声，动词，有"思考、想"意，有时为"思念、想念"意，有"思无穷""思家""思华年"等。还如韦应物《登楼寄王卿》：

> 踏阁攀林恨不同，楚云沧海思无穷。
> 数家砧杵秋山下，一郡荆榛寒雨中。

又如：

> 锦瑟无端五十弦，一弦一柱思华年。
>
> （李商隐《锦瑟》）
>
> 青青河畔草，绵绵思远道。
>
> （《饮马长城窟行》）
>
> 羁鸟恋旧林，池鱼思故渊。
>
> （陶渊明《归园田居》）
>
> 独在异乡为异客，每逢佳节倍思亲。
>
> （王维《九月九日忆山东兄弟》）
>
> 至今思项羽，不肯过江东。
>
> （李清照《夏日绝句》）
>
> 举头望明月，低头思故乡。
>
> （李白《静夜思》）
>
> 两处春光同日尽，居人思客客思家。
>
> （白居易《望驿台》）
>
> 杨花榆荚无才思，惟解漫天作雪飞。
>
> （韩愈《晚春》）

"思"，读 sì，名词，仄声，有"心情、思绪"意，有时可理解为"愁"，有元稹《离思》和马致远《天净沙·秋思》。还如王建《十五夜望月》：

> 中庭地白树栖鸦，冷露无声湿桂花。
> 今夜月明人尽望，不知秋思落谁家。

又如：

> 西陆蝉声唱，南冠客思深。
>
> （骆宾王《在狱咏蝉》）
>
> 弦弦掩抑声声思，似诉平生不得志。
>
> （白居易《琵琶行》）
>
> 凄凄霜日上高台，水国秋凉客思哀。
>
> （张继《九日巴丘杨公台上宴集》）
>
> 城上高楼接大荒，海天愁思正茫茫。
>
> （柳宗元《登柳州城楼，寄漳、汀、封、连四州刺史》）

夜闻归雁生乡思，病入新年感物华。

（欧阳修《戏答元珍》）

例4：荷——hé/hè

"荷"，读 hé，平声，名词，荷花。《诗经》有"山有扶苏，隰有荷华""彼泽之陂，有蒲与荷"，《离骚》有"制芰荷以为衣兮，集芙蓉以为裳"。还如杨万里《小池》：

泉眼无声惜细流，树阴照水爱晴柔。
小荷才露尖尖角，早有蜻蜓立上头。

又如：

荷叶罗裙一色裁，芙蓉向脸两边开。

（王昌龄《采莲曲》）

秋阴不散霜飞晚，留得枯荷听雨声。

（李商隐《宿骆氏亭寄怀崔雍崔衮》）

荷尽已无擎雨盖，菊残犹有傲霜枝。

（苏轼《赠刘景文》）

接天莲叶无穷碧，映日荷花别样红。

（杨万里《晓出净慈寺送林子方》）

有三秋桂子，十里荷花。

（柳永《望海潮·东南形胜》）

"荷"，读 hè，仄声，动词，有"担、抗"意，有时引申为"担任、承当"意。《论语·微子》有"以杖荷蓧"，《列子·汤问》有"遂率子孙荷担者三夫"，张衡《东京赋》有"荷天下之重任"。

又如刘长卿《送灵澈上人》：

苍苍竹林寺，杳杳钟声晚。
荷笠带夕阳，青山独归远。

又如：

晨兴理荒秽，带月荷锄归。

（陶渊明《归园田居·其三》）

田夫荷锄至，相见语依依。

（王维《渭川田家》）

妇姑荷箪食，童稚携壶浆。

（白居易《观刈麦》）

两间余一卒，荷戟独彷徨。

（鲁迅《题〈彷徨〉》）

例5：重——chóng/zhòng

"重"，读chóng，平声，动词，表示"重叠"意，一般用作"重重"或"重叠"，如苏轼《花影》：

> 重重叠叠上瑶台，几度呼童扫不开。
> 刚被太阳收拾去，却教明月送将来。

又如：

> 重重红树秋山晚，猎猎青帘社酒香。
>
> （陆游《九月三日泛舟湖中作》）
>
> 小山重叠金明灭，鬓云欲度香腮雪。
>
> （温庭筠《菩萨蛮》）
>
> 澄明远水生光，重叠暮山耸翠。
>
> （柳永《诉衷情近》）
>
> 重重帘幕密遮灯，风不定，人初静，明日落红应满径。
>
> （张先《水仙子》）
>
> 水流曲曲树重重，树里春山一两峰。
>
> （郑燮《竹枝词》）
>
> 重重叠叠山，曲曲环环路。
>
> （俞樾《九溪十八涧》）

"重"，读zhòng，仄声，形容词，表示"轻重"意，有时也可理解为"看重""重视"意，如杜甫《春夜喜雨》：

> 好雨知时节，当春乃发生。
> 随风潜入夜，润物细无声。
> 野径云俱黑，江船火独明。
> 晓看红湿处，花重锦官城。

"花重锦官城"，着一"重"字，红湿一片，朵朵艳丽，锦官城汇成花的海洋。

又如：

> 汉皇重色思倾国，御宇多年求不得。
>
> （白居易《长恨歌》）
>
> 遂令天下父母心，不重生男重生女。
>
> （白居易《长恨歌》）
>
> 鸳鸯瓦冷霜华重，翡翠衾寒谁与共？
>
> （白居易《长恨歌》）
>
> 商人重利轻别离，前月浮梁买茶去。
>
> （白居易《琵琶行》）

天意怜幽草，人间重晚晴。

（李商隐《晚晴》）

（三）平仄搭配合理

平仄是诗词格律的专业术语，与四声相关。四声为平上去入，其中平声属平，上去入声为仄，仄就是不平的意思。按发声来说，平声是没有升降的，发声较长；而上去入声是有升降的（入声有微升或微降），发声较短。根据气息习惯，两类声调在诗词中交错，能使声调多样化而不至于单调。平仄在诗词中是交错的，诚如沈约所云："一简之内，音韵尽殊，两句之内，轻重悉异。"

1. 律诗平仄有协调原则

平仄在本句中是交替的。如晏殊《寓意》诗句"梨花院落溶溶月，柳絮池塘淡淡风"，上句"梨花院落溶溶月"平仄为平平仄仄平平仄，错落有致；下句"柳絮池塘淡淡风"平仄为仄仄平平仄仄平，也错落有致。句中平仄是交替出现的，似竹节一样，一节一节而成。

平仄在对句中是对立的。两句诗，上句和下句的平仄是完全对立的，即平对仄，平平对仄仄，仄对平，仄仄对平平，工整有力。如杜甫诗句"艰难苦恨繁霜鬓，潦倒新停浊酒杯"，上下句平仄对立：平平仄仄平平仄，仄仄平平仄仄平。

诗中平仄是交错的，如：

明月松间照，清泉石上流。

（王维《山居秋暝》）

平仄为：（仄）仄/平平/仄，平平/仄仄/平。

无边落木萧萧下，不尽长江滚滚来。

（杜甫《登高》）

平仄为：平平/仄仄/平平/仄，仄仄/平平/仄仄/平。

春蚕到死丝方尽，蜡炬成灰泪始干。

（李商隐《无题》）

平仄为：平平/仄仄/平平/仄，仄仄/平平/仄仄/平。

横眉冷对千夫指，俯首甘为孺子牛。

（鲁迅《自嘲》）

平仄为：平平/仄仄/平平/仄，仄仄/平平/仄仄/平。

金沙水拍云崖暖，大渡桥横铁索寒。

（毛泽东《七律·长征》）

平仄为：平平/仄仄/平平/仄，仄仄/平平/仄仄/平。

2. 律诗平仄有粘对规则

对，就是平对仄，仄对平。一联之中，出句与对句的平仄是对立的。五律只有

两种"对"的形式，即：

其一：仄仄平平仄，平平仄仄平。

其二：平平平仄仄，仄仄仄平平。

七律的"对"也只有两种形式：

其一：平平仄仄平平仄，仄仄平平仄仄平。

其二：仄仄平平平仄仄，平平仄仄仄平平。

若首句入韵，则首联的平仄就不完全对立。由于韵脚的限制，五律首联"对"应为：仄仄仄平平，平平仄仄平。或者是：平平仄仄平，仄仄仄平平。

七律首联"对"应为：平平仄仄仄平平，仄仄平平仄仄平。或者是：仄仄平平仄仄平，平平仄仄仄平平。

粘，就是平粘平，仄粘仄。两联之间，下联出句的第二字与上联对句的第二字的平仄要一致。即第三句跟第二句相粘，第五句跟第四句相粘，第七句跟第六句相粘，第八句跟第一句相粘。以王维《山居秋暝》为例：

空山新雨后，天气晚来秋。
明月松间照，清泉石上流。
竹喧归浣女，莲动下渔舟。
随意春芳歇，王孙自可留。

第三句"月"为仄声，与第二句"气"仄声相粘；第五句"喧"为平声，与第四句"泉"平声相粘；第七句"意"为仄声，与第六句"动"仄声相粘；第八句"孙"为平声，与第一句"山"仄声相粘。

又如毛泽东《长征》：

红军不怕远征难，万水千山只等闲。
五岭逶迤腾细浪，乌蒙磅礴走泥丸。
金沙水拍云崖暖，大渡桥横铁索寒。
更喜岷山千里雪，三军过后尽开颜。

第三句"岭"为仄声，与第二句"水"仄声相粘；第五句"沙"为平声，与第四句"蒙"平声相粘；第七句"喜"为仄声，与第六句"渡"仄声相粘；第八句"军"为平声，与第一句"军"仄声相粘。

3. 律诗平仄有固定格式

律诗有固定的平仄格式。四联八句，每一句中的每一字，改用平声还是仄声，都有一定规范与要求。五言律诗有四种平仄格式，七言律诗也有四种平仄格式。

五律的四种平仄句型是：平平平仄仄、仄仄仄平平、仄仄平平仄、平平仄仄平。

五律的四种格式，都是这四种句型的组合变化，变化关键在于是平起还是仄起，这主要与首句押韵有很大关系。具体组合格式如下：

第一种，首句不入韵平起式：

平平平仄仄（甲）	青山横北郭，
仄仄仄平平（乙）	白水绕东城。
仄仄平平仄（丙）	此地一为别，
平平仄仄平（丁）	孤蓬万里征。
平平平仄仄（甲）	浮云游子意，
仄仄仄平平（乙）	落日故人情。
仄仄平平仄（丙）	挥手自兹去，
平平仄仄平（丁）	萧萧班马鸣。

（李白《送友人》）

第二种，首句入韵平起式：

平平仄仄平（丁）	凄凉宝剑篇，
仄仄仄平平（乙）	羁泊欲穷年。
仄仄平平仄（丙）	黄叶仍风雨，
平平仄仄平（丁）	青楼自管弦。
平平平仄仄（甲）	新知遭薄俗，
仄仄仄平平（乙）	旧好隔良缘。
仄仄平平仄（丙）	心断新丰酒，
平平仄仄平（丁）	消愁斗几千。

（李商隐《风雨》）

第三种，首句不入韵仄起式：

仄仄平平仄（丙）	细草微风岸，
平平仄仄平（丁）	危樯独夜舟。
平平平仄仄（甲）	星垂平野阔，
仄仄仄平平（乙）	月涌大江流。
仄仄平平仄（丙）	名岂文章著，
平平仄仄平（丁）	官应老病休。
平平平仄仄（甲）	飘飘何所似，
仄仄仄平平（乙）	天地一沙鸥。

（杜甫《旅夜书怀》）

第四种，首句入韵仄起式：

仄仄仄平平（乙）	戍鼓断人行，
平平仄仄平（丁）	边秋一雁声。
平平平仄仄（甲）	露从今夜白，
仄仄仄平平（乙）	月是故乡明。
仄仄平平仄（丙）	有弟皆分散，

平平仄仄平（丁）	无家问死生。
平平平仄仄（甲）	寄书长不达，
仄仄仄平平（乙）	况乃未休兵。

（杜甫《月夜忆舍弟》）

七律的平仄格式与五律基本相同，只是在五律每句前面加两字就成为七言。若五律句型开头两字是平平则加仄仄，若是仄仄则加平平。七律基本格式如下：

第一种，首句不入韵平起式：

平平仄仄平平仄	洛城一别四千里，
仄仄平平仄仄平	胡骑长驱五六年。
仄仄平平平仄仄	草木变衰行剑外，
平平仄仄仄平平	兵戈阻绝老江边。
平平仄仄平平仄	思家步月清宵立，
仄仄平平仄仄平	忆弟看云白日眠。
仄仄平平平仄仄	闻道河阳近乘胜，
平平仄仄仄平平	司徒急为破幽燕。

（杜甫《恨别》）

第二种，首句入韵平起式：

平平仄仄仄平平	清秋幕府井梧寒，
仄仄平平仄仄平	独宿江城蜡炬残。
仄仄平平平仄仄	永夜角声悲自语，
平平仄仄仄平平	中天月色好谁看。
平平仄仄平平仄	风尘荏苒音书绝，
仄仄平平仄仄平	关塞萧条行路难。
仄仄平平平仄仄	已忍伶俜十年事，
平平仄仄仄平平	强移栖息一枝安。

（杜甫《宿府》）

第三种，首句不入韵仄起式：

仄仄平平平仄仄	剑外忽传收蓟北，
平平仄仄仄平平	初闻涕泪满衣裳。
平平仄仄平平仄	却看妻子愁何在，
仄仄平平仄仄平	漫卷诗书喜欲狂。
仄仄平平平仄仄	白日放歌须纵酒，
平平仄仄仄平平	青春作伴好还乡。
平平仄仄平平仄	即从巴峡穿巫峡，
仄仄平平仄仄平	便下襄阳向洛阳。

(杜甫《闻官军收河南河北》)

第四种，首句入韵仄起式：

仄仄平平仄仄平	丞相祠堂何处寻，
平平仄仄仄平平	锦官城外柏森森。
平平仄仄平平仄	映阶碧草自春色，
仄仄平平仄仄平	隔叶黄鹂空好音。
仄仄平平平仄仄	三顾频烦天下计，
平平仄仄仄平平	两朝开济老臣心。
平平仄仄平平仄	出师未捷身先死，
仄仄平平仄仄平	长使英雄泪满襟。

(杜甫《蜀相》)

绝句取律诗的一半，亦称"截句"，截取律诗四联八句的一半成为四句，有四种形式：或截取首尾两联，或截取前半部，或截取后半部，或截取中间两联。绝句的平仄格式有以下四种（〇表示可平可仄）：

第一种，截取首尾两联：

五绝：

〇仄平平仄	红豆生南国，
平平仄仄平	春来发几枝。
〇平平仄仄	愿君多采撷，
仄仄仄平平	此物最相思。

(王维《相思》)

七绝：

平平仄仄仄平平	朝辞白帝彩云间，
〇仄平平仄仄平	千里江陵一日还。
仄仄平平平仄仄	两岸猿声啼不住，
平平仄仄仄平平	轻舟已过万重山。

(李白《早发白帝城》)

第二种，截取前半部：

五绝：

〇平仄平仄	移舟泊烟渚，
仄仄仄平平	日暮客愁新。
仄仄平平仄	野旷天低树，
平平仄仄平	江清月近人。

(孟浩然《宿建德江》)

七绝：

仄仄平平仄仄平	踏阁攀林恨不同，
平平仄仄仄平平	楚云沧海思无穷。
平平仄仄平平仄	数家砧杵秋山下，
仄仄平平仄仄平	一郡荆榛寒雨中。

（韦应物《登楼寄王卿》）

第三种，截取后半部：
五绝：

○仄平平仄	功盖三分国，
平平仄仄平	名成八阵图。
平平平仄仄	江流石不转，
仄仄仄平平	遗恨失吞吴。

（杜甫《八阵图》）

七绝：

○平仄仄平平仄	雨中禁火空斋冷，
○仄平平仄仄平	江上流莺独坐听。
仄仄平平○仄仄	把酒看花想诸弟，
○平仄仄仄平平	杜陵寒食草青青。

（韦应物《寒食寄京师诸弟》）

第四种，截取中间两联：
五绝：

仄仄平平仄	迟日江山丽，
平平○仄平	春风花草香。
平平平仄仄	泥融飞燕子，
○仄仄平平	沙暖睡鸳鸯。

（杜甫《绝句》）

七绝：

仄仄平平平仄仄	两个黄鹂鸣翠柳，
○平仄仄仄平平	一行白鹭上青天。
平平仄仄平仄仄	窗含西岭千秋雪，
仄仄平平仄仄平	门泊东吴万里船。

（杜甫《绝句》）

第三讲　中小学古诗"乐读"基础之二：词句

词句是"乐读"的宝库，品析古诗的语言之美，主要涉及用字与词句。用字包含名词、动词及副词的用法，词句包含组词的音律协调与词序及句式的选择等。

一、用字

（一）名词聚合

1. 并列式

诗多用名词来造境。"诗是一个领你散步的漫游者"，它的目的就是在你的面前不断展现物质事物，所以名词的使用频率很高。名词使用，散文强调的是词与词的联系（逻辑思维），而诗强调的是词与具体事物的联系（形象思维）。

诗善用比喻，杜牧有《沈下贤》：

> 斯人清唱何人和，草径苔芜不可寻。
> 一夕小敷山下梦，水如环佩月如襟。

"水如环佩月如襟"，清寥高洁，空灵蕴藉；"水如环佩"，从声音上设喻，月下闻水之清音，可以想见其清莹澄澈；"月如襟"，从颜色上设喻，足见月色的清明皎洁。清流与明月，似乎是先辈诗人（沈亚之）修洁的衣饰，令人宛见其清寥的身影，又像是他那清丽文采和清迥诗境的外化，令人宛闻其高吟的清音孤韵，更像是他那高洁襟怀品格的象征，令人宛见其孤高寂寞的诗魂。

观景，感知情境，体味凄凉，崔橹有《华清宫三首·其三》：

> 门横金锁悄无人，落日秋声渭水滨。
> 红叶下山寒寂寂，湿云如梦雨如尘。

"湿云如梦雨如尘"，绘色绘状，逼真。含雨的云浮游天际，像梦一般迷离；而云端飘落的雨丝，却又像灰尘一样四处随风飘散。

诗以名词构置意象。诗中的意象不是藻饰而是直观语言的精华，诗中名词组合直接排列，呈现给读者的是一种具体而复杂的视觉形象。

一是屏风式陈列。几个名词并列，形成一种语言气势，营造某种诗情氛围。如温庭筠《商山早行》：

> 晨起动征铎，客行悲故乡。
> 鸡声茅店月，人迹板桥霜。
> 槲叶落山路，枳花明驿墙。
> 因思杜陵梦，凫雁满回塘。

"鸡声茅店月，人迹板桥霜"，脍炙人口，魅力恒久。两句诗皆用名词，描绘了十种景物——鸡、声、茅、店、月、人、迹、板、桥、霜，无一虚语，涵盖丰富。通过鸡声、茅店、明月、人迹、板桥、秋霜六个意象，凸显商山行旅之"早"，细腻而精致。明代李东阳《怀麓堂诗话》："'鸡声茅店月，人迹板桥霜'，人但知其能道羁愁野况于言意之表，不知二句中不用一二闲字，止提掇出紧关物色字样，而音韵铿锵，意象具足，始为难得。"点评可谓精当，从名词的选择、组合及效果来理解诗句。所谓"闲字"，指的是名词以外的各种词；所谓"提掇出紧关物色字样"，指的是代表典型景物的名词的选择和组合；所谓"音韵铿锵""意象具足"，即是一切好诗的必备条件。

又如：

> 月落乌啼霜满天，江枫渔火对愁眠。
>
> （张继《枫桥夜泊》）

两句诗由六个连续的名词短语组成，呈现在诗人与读者面前的是六种物质事物，为夜泊枫桥所见之景，其中"江枫""渔火"两个名词处于独立状态，各自表达了一种具体的视觉形象。

又如《凉州词》：

> 葡萄美酒夜光杯，欲饮琵琶马上催。
>
> （王翰《凉州词》）
>
> 黄河远上白云间，一片孤城万仞山。
>
> （王之涣《凉州词》）

《凉州词》，本是乐府歌词，《新唐书·乐志》载："天宝间乐调，皆以边地为名，若凉州、伊州、甘州之类。"唐人多用此调作诗，描写西北边塞的风光和战事。"葡萄美酒夜光杯"，三种西域特产呈现，皆边塞风物，直抒边塞情调；"一片（黄沙）孤城万仞山"，三种边关空间展示，皆壮阔景象，触发悲凉之感。

如此名词并列组合诗句，形成"一种完整地传达感觉的直观语言"①。具体而言，一种是"感觉的直观"，重点是三个名词组合，第三个名词属偏正结构，表示时间或空间状态，描述一份生命存在的现实，如：

---

① 高友工，梅祖麟. 唐诗的魅力：诗语的结构主义批评［M］. 李世耀，译. 上海：上海古籍出版社，1989：33.

雪净胡天牧马还，月明羌笛戍楼间。

（高适《塞上听吹笛》）

潇湘何事等闲回，水碧沙明两岸苔。

（钱起《归雁》）

云光岚彩四面合，柔柔垂柳十余家。

（杜牧《商山麻涧》）

柳湖松岛莲花寺，晚动归桡出道场。

（白居易《西湖晚归回望孤山寺赠诸客》）

另一种是"直观的感觉"，也是三个名词的组合，只不过第三个名词属主谓结构，描述的是事物发展的态势，在句中末字的感觉上体味诗意的存在，酝酿着一份诗情画境，如：

孤帆远影碧空尽，唯见长江天际流。

（李白《黄鹤楼送孟浩然之广陵》）

春城无处不飞花，寒食东风御柳斜。

（韩翃《寒食》）

天山雪后海风寒，横笛偏吹行路难。

（李益《从军北征》）

劳歌一曲解行舟，红叶青山水急流。

（许浑《谢亭送别》）

兰陵美酒郁金香，玉碗盛来琥珀光。

（李白《客中作》）

云母屏风烛影深，长河渐落晓星沉。

（李商隐《嫦娥》）

台城日落栖乌怨，淮水风高战马闲。

（屈大均《白门秋望》）

二是蒙太奇手法。蒙太奇原是电影的组合、剪辑技术，电影艺术的基础就是蒙太奇。梅雅·德伦曾说，电影与诗歌有共同之处，因为它能把各种形象并列，通过这种手段，把许多在时间上和空间上不相承续的镜头组接在一起，实现对比、联想、隐喻和抒情的艺术效果。诗歌有时使用名词叠加的方式来实现蒙太奇，产生一种全新的视角。

其一，大幅度跳跃式意象组合，特写突出，如马致远《天净沙·秋思》：

枯藤老树昏鸦，小桥流水人家，古道西风瘦马。

夕阳西下，断肠人在天涯。

小令前三句全由名词词组构成，共列九种景物，言简而意丰。名词排列，谓

"并列式意象组合",景深清晰,分为三层。第一层:由上而下,藤,藤缠树,树上落鸦;第二层:由近而远,桥,桥下水,水畔人家;第三层:由大而小,驿外,西风中,瘦马独行。其后缀以"夕阳西下"意象,统摄全景,秋思弥漫,"深得唐人绝句妙境"(王国维)。

又如:
　　　　今宵酒醒何处?杨柳岸,晓风残月。
　　　　　　　　　　　　　　　　　　　　(柳永《雨霖铃》)
　　　　碧云天,黄花地,西风紧,北雁南飞。晓来谁染霜林醉?总是离人泪。
　　　　　　　　　　　　　　　　　　(王实甫《西厢记·长亭送别》)

其二,名词概念以少胜多来营造含蓄蕴藉境界,如刘长卿《逢雪宿芙蓉山主人》:
　　　　日暮苍山远,天寒白屋贫。
　　　　柴门闻犬吠,风雪夜归人。

诗前两句写投宿所见,"苍山""白屋",瞩目于"色";后两句写眠宿所闻,"风吼""犬吠",凝神于"声"。声色相续,画面组接,四种名词性概念呈现——落日苍山、寒天白屋、柴门吠犬及夜阑风雪,四个似断实连的画面,酝酿出寒寂清远的意境,烘托出一个孤清幽寂的隐居寒士形象,尤其是由"犬吠"而感知"夜归"的胶合、焊接,更使其摇曳出蒙太奇浑然天成的风神。

又如杜甫《绝句》:
　　　　迟日江山丽,春风花草香。
　　　　泥融飞燕子,沙暖睡鸳鸯。

"迟日""春风""燕子""鸳鸯",四组名词性词组,亦是连贯性动作和场面组接成为一个个平滑、流畅、清晰的画面,意境明丽悠远,格调清新。

其三,意象创立具有时空灵活性。名词组合可以不受物理规律的限制,而只受思维规律的约束,尤其是时间名词或空间名词聚合,在时空措置间形成一种无尽的韵味和蕴涵,如黄庭坚《寄黄几复》:
　　　　我居北海君南海,寄雁传书谢不能。
　　　　桃李春风一杯酒,江湖夜雨十年灯。
　　　　持家但有四立壁,治病不蕲三折肱。
　　　　想见读书头已白,隔溪猿哭瘴溪藤。

"桃李春风一杯酒,江湖夜雨十年灯",人生两个重要时刻:快意与落魄。"桃李春风一杯酒",酣畅淋漓,快意十足。"桃李"艳丽,"桃李待日开,荣华照当年"(李白《长歌行》);"春风"得意,"春风得意马蹄疾"(孟郊《登科后》);"一杯酒"酣畅,"劝君更尽一杯酒"(王维《送元二使安西》)。"江湖夜雨十年灯",凄清冷落,

落魄黯然。"江湖"落魄,"落魄江湖载酒行"(杜牧《遣怀》);"夜雨"凄冷,"巴山夜雨涨秋池"(李商隐《夜雨寄北》);"十年灯"暗淡,"十年身事各如萍"(韦庄《与东吴生相遇》),"灯下白头人"(司空曙《喜外弟卢纶见宿》)。一杯酒,释放人生畅快,"且乐生前一杯酒,何须身后千载名"(李白《行路难》);十年灯,映照人生落寂,"一卷《离骚》一卷经,十年心事十年灯"(吴藻《浣溪沙》)。

描写征战场景,地名聚合,战场氛围浓郁:

楼船夜雪瓜洲渡,铁马秋风大散关。

(陆游《书愤》)

回望往昔战斗生活,浩气如山,却包孕着无比的愤激和辛酸。

描绘漂泊旅程,物景组合,孤独感油然:

细草微风岸,危樯独夜舟。

(杜甫《旅夜书怀》)

描绘夜行所见,空间名词大小相形、远近相宜和虚实相生:

七八个星天外,两三点雨山前。

(辛弃疾《西江月·夜行黄沙道中》)

2. 偏正式

几个名词单独组成诗句,有时非以上并列式,而是形成一种偏正式结构,亦即前几个名词是最后一个名词的修饰或限定语,营造一种状态,前面的几个名词作为修饰成分与后一个名词自成一句。五绝,如:

寥落古行宫,宫花寂寞红。

(元稹《行宫》)

"行宫"可感知历史变化规律,诚如:"洛阳之盛衰,天下治乱之候也。"行宫在时间演变上已是"古",现实状态上为"寥落",(人烟)稀少而(场景)冷落,凄清感十足,沧桑感油然。

又如:

绿蚁新醅酒,红泥小火炉。
晚来天欲雪,能饮一杯无?

(白居易《问刘十九》)

酒,制成时间是"新醅",颜色与形状是"绿蚁";炉子,颜色是"红泥",状态是"小火"。炉火温酒,待客来饮,醇香迷人。"家酒""火炉"和"暮雪"三个意象孤立地看,索然寡味,神韵了无,连缀一起却画面生动,自然而成气韵、境界和情味。

又如:

半朽临风树,多情立马人。

(白居易《勤政楼西老柳》)

好一幅"临风立马图",语短情长,意境苍茫。"半朽""临风"描绘"树","多情""立马"形容"人",物情本同人情,树就是我,我就是树,寥寥十字,韵味悠长。

七绝,如:

> 烽火城西百尺楼,黄昏独坐海风秋。
>
> (王昌龄《从军行七首·其一》)
>
> 金陵津渡小山楼,一宿行人自可愁。
>
> (张祜《题金陵渡》)

王昌龄登临之"楼",地点在"烽火"(战场旁),位置是"城西",状态是(高)"百尺","从军"之感悲凉;张祜泊船之"楼",地点在"金陵",位置是"津渡"(旁),状态是(像)"小山",夜宿之感凄凉。

又如:

> 千里莺啼绿映红,水村山郭酒旗风。
>
> (杜牧《江南春》)
>
> 金井梧桐秋叶黄,珠帘不卷夜来霜。
>
> (王昌龄《长信秋词五首·其一》)

"风"与"黄"因谐韵而倒置句尾,本应是"风酒旗"和"黄秋叶",杜牧逢春,望"酒旗"而满眼春光,"酒旗"在"水村""山郭"地,迎"风"招展,生机盎然;王昌龄感秋,见"黄叶"而充目萧瑟,"秋叶"在"金井""梧桐"间,变"黄"凋零,萧飒一片。

3. 名词作动词

几个名词在一起,要么组成偏正式结构,要么其中一个名词用作动词,如《史记·陈涉世家》"陈胜王,大楚兴",其中"王"为仄声,"称王"意,"陈胜称王"与后面"大楚兴起"对仗。又如《上邪》"冬雷震震,夏雨雪",雨,读仄声,"下雨"意,名词作动词。三个名词在一起,若不是偏正结构,其中一个名词需变作动词,如:

> 深秋帘幕千家雨,落日楼台一笛风。
>
> (杜牧《题宣州开元寺水阁,阁下宛溪夹溪居人》)

诗句中"雨"与"风",皆作动词,属一种动名词状态,让人体验一份印象感(名词感受)和一种蕴涵境(动词状态),诗意万端。一"雨"一"风",景象融通,印象生动。深秋时节,"雨"落成帘,阴雨朦胧;落日时分,"风"送笛声,晚晴明丽。"雨""风"状态不同,诗人情韵不一。"落日楼台一笛风",一"风"字唤起了风的听觉意义,以下诗句可作参考,如:

> 千里莺啼绿映红,水村山郭酒旗风。
>
> (杜牧《江南春》)

酒旗随"风"飘动，客舍在望，"风"中有盼望。

又如：

> 昨夜星辰昨夜风，画楼西畔桂堂东。
>
> （李商隐《无题》）

昨夜"星辰"已坠落，今夜"星辰"依然闪烁；昨夜之"风"已停止，今夜之"风"依然再起。"风"情依旧，"风"流依旧。

又如：

> 舞低杨柳楼心月，歌尽桃花扇底风。
>
> （晏几道《鹧鸪天》）

歌女以歌舞殷勤侑酒，不觉长夜将尽。"楼心月"言月下沉，"扇底风"言风已弱，说明歌舞已停。一"风"字蕴含无尽，"风"月无边，"风"情万种。

两名词组合在一起，有时也需改变词性为动词，如：

> 世味年来薄似纱，谁令骑马客京华。
>
> （陆游《临安春雨初霁》）

"客"，原意是名词"宾客"，此处与"京华"构成了动补关系，活用为动词"客居"。

又如：

> 出师一表真名世，千载谁堪伯仲间。
>
> （陆游《书愤》）

"名"，原意是名词"名声"，此处与"世"构成动补关系，又与"出师一表"构成主谓关系，因此活用为动词"名传"。

（二）动词活用

1. 使动用法

使动用法，指谓语动词具有"使……"的意思，即此时谓语动词表示的动作不是由主语发出的，而是由宾语发出的，以动宾结构方式表达了兼语式的内容。使动用法中的谓语动词，有时是由不及物动词、名词、形容词活用来的，由于原来的词类不同，活用作使动之后，它们所表示的语法意义也不完全相同。

一是动词使动。有时，不及物动词虽是事物的动作行为，却在主语与宾语之间模糊，在诗句中表意功能表现有所限制，却又蕴涵无尽，正是"诗眼"所在，也是点睛传神之字，如：

> 泉声咽危石，日色冷青松。
>
> （王维《过香积寺》）

赵殿成评曰："下一'咽'字，则幽静之状恍然；著一'冷'字，则深僻之景若

见。昔人所谓诗眼是矣。"(《王右丞集笺注》卷七)"咽""冷"二字绘声绘色地写出了一个幽深与静谧的境界。

又如：

竹喧归浣女，莲动下渔舟。

(王维《山居秋暝》)

"浣女归"使"竹""喧"，"渔舟下"使"莲""动"，浣女归家，渔舟唱晚，好一派闲适田园乐趣。

又如：

感时花溅泪，恨别鸟惊心。

(杜甫《春望》)

司马光《温公续诗话》："山河在，明无余物矣；草木深，明无人矣。花鸟，平时可娱之物，见之而泣，闻之而悲，则时可知矣。他皆类此，不可遍举。""感时花溅泪，恨别鸟惊心"中"溅""惊"体现了诗歌语言的动态美，花鸟本娱人之物，反而"溅泪""惊心"，语意的强烈反差，语势的节节逆转，使诗人郁勃而顿挫的忧思情感获得艺术的表现。动词使动用法还有：

山光悦鸟性，潭影空人心。

(常建《题破山寺后禅院》)

笔落惊风雨，诗成泣鬼神。

(杜甫《寄李十二白二十韵》)

熊咆龙吟殷岩泉，栗深林兮惊层巅。

(李白《梦游天姥吟留别》)

中军置酒饮归客，胡琴琵琶与羌笛。

(岑参《白雪歌送武判官归京》)

雾失楼台，月迷津渡。

(秦观《踏莎行·郴州旅舍》)

明月别枝惊鹊，清风半夜鸣蝉。

(辛弃疾《西江月·夜行黄沙道中》)

二是形容词使动。有时，形容词不仅仅是主语的性质和状态，更是后面施事对象的状态与特征，形容词的性质与状态使得事物的转换和变化更加协调有机，具备一种"性质的诗意作用"(高友工、梅祖麟《唐诗三论》)，如：

春风又绿江南岸，明月何时照我还。

(王安石《泊船瓜洲》)

"绿"字是形容词，在此作动词用则更生动、精警。据洪迈《容斋续笔》卷八记载，王安石此诗草稿，"绿"字原作"到""过""入""满"等，前后用过十多个字，最后才定下了"绿"字。形容词"绿"，客观上含有主语"春风"使宾语"江南岸"怎么样的意思，构成了使动用法，"绿"可理解为"使……变绿"，一"绿"字将无形的春风化为鲜明的形象，极其传神。

又如：

> 人烟寒橘柚，秋色老梧桐。
>
> （李白《秋登宣城谢朓北楼》）

"寒"和"老"都是形容词，在此分别带上宾语"橘柚"和"梧桐"，而且主语"人烟""秋色"都含有使"橘柚""梧桐"怎么样的性质，因此"寒"和"老"便含有"使……显得寒冷""使……变老"的意思，构成了使动用法。

又如：

> 青海长云暗雪山，孤城遥望玉门关。
>
> （王昌龄《从军行七首·其四》）

"暗"，形容词"黑暗、暗淡"意，在此带上了宾语"雪山"，主语"青海长云"有使宾语"雪山"怎么样的意思，构成了使动用法，"暗"即"使……暗淡无光"。

又如：

> 山光悦鸟性，潭影空人心。
>
> （常建《题破山寺后禅院》）

"空"，形容词，"空灵"意，在此，主语"潭影"客观上有使宾语"人心"怎么样的意思，构成了使动用法，"空"即"使……变得坦荡空灵"。

再如：

> 流光容易把人抛，红了樱桃，绿了芭蕉。
>
> （蒋捷《一剪梅·舟过吴江》）

> 风老莺雏，雨肥梅子，午阴嘉树清圆。
>
> （周邦彦《满庭芳·夏日溧水无想山作》）

"红""绿"分别为"使樱桃变红""使芭蕉变绿"意，"老""肥"分别是"使莺雏变老（长大）""使梅子变肥（成熟）"意。

再如：

> 昨夜西风凋碧树，独上高楼，望尽天涯路。
>
> （晏殊《蝶恋花》）

> 东风夜放花千树，更吹落、星如雨。
>
> （辛弃疾《青玉案·元夕》）

"凋"与"放"分别是"使树凋谢""使树绽放"的使动用法。

三是名词使动。如"南辕北辙"中"辙"为名词，可理解为动词"使辙向北行"，"汗牛充栋"中"汗"为名词，可理解为动词"使牛出汗"。

2. 意动用法

意动用法，指某些词用作动词以充当谓语，其动作属于主观上的感觉、看法或评价。这种谓语与宾语的关系是：主语认为宾语所代表的人或事物，有谓语自身所代表的性状；或者，把宾语当作谓语所代表的人或事物去看待、评价。意动用法包括动词意动、形容词意动和名词意动，一般可译为"认为……""以……为……""对……感到……"等。

一是动词意动，如：

于中应有，一个半个耻臣戎。

（陈亮《水调歌头·送章德茂大卿使虏》）

动词"耻"带上了宾语"臣戎"，构成了意动用法，译成"以……为耻辱"。

故乡杳无际，日暮且孤征。
川原迷旧国，道路入边城。
野戍荒烟断，深山古木平。
如何此时恨，噭噭夜猿鸣。

（陈子昂《晚次乐乡县》）

"烟断""木平"写夜色浓重，行旅孤独。烟非自断，而是被夜色遮断；木非真平，而是被夜色荡平。尤其是一个"平"字，用得出神入化，既巧妙又浑成，主观的"孤征"之情被一个客观存在的"断"与"平"侵染得妙致无比。

二是形容词意动，如：

野旷天低树，江清月近人。

（孟浩然《宿建德江》）

《唐诗真趣编》云："'低'字从'旷'字生出，'近'字从'清'字生出。野惟旷，故见天低于树；江惟清，故觉月近于人。清旷极矣。"一"低"字觉天比树低，一"近"字感月离人近，"低"与"近"所营造的心理感觉使得诗句画面优美，显隐相融，虚实相生，相互映衬，风韵天成，隐含了大与小、高与低、远与近及清与浊、旷与狭、淡与浓等辩证关系。

又如：

商人重利轻别离，前月浮梁买茶去。

（白居易《琵琶行》）

形容词"重""轻"带上了宾语"利"和"别离"，构成了意动用法，分别译成"以……为重"和"以……为轻"。

三是名词意动，如：

指点江山，激扬文字，粪土当年万户侯。

（毛泽东《沁园春·长沙》）

"粪土"意为"视……如粪土",将当年那些军阀官僚看作粪土,雄心万丈,意气风发。

(三) 指代性副词

指代性副词,一般用在及物动词的前面作状语,但在意义上指代及物动词省略了的宾语。指代性副词有:相、见、自。

1. 相

"相"有四种用法,即互相、共相、递相、单相。其中"相"表示单相时,可以指代自己、对方和他方,即第一人称、第二人称和第三人称,相当于"我""你""他(它)"。

(1) 可理解为第一人称"我"。《史记·张耳陈馀列传》:"始吾与公为刎颈交,今王与耳旦暮且死,而公拥兵数万,不肯相救。""相救",即救我,这是张耳指责陈馀不肯救他的责让之语。

又如贺知章《回乡偶书》:

> 少小离家老大回,乡音无改鬓毛衰。
> 儿童相见不相识,笑问客从何处来。

"儿童相见不相识"中"相见""相识"绝不是互相,一起玩耍的儿童不可能互相不认识,应是不认识"我"。

又如:

> 洛阳亲友如相问,一片冰心在玉壶。
>
> (王昌龄《芙蓉楼送辛渐》)

意思是:朋友啊,洛阳亲友若是问起我来,就说我依然玉壶冰心,坚守信念。

又如:

> 本是同根生,相煎何太急?
>
> (曹植《七步诗》)

"相煎"不是互相,而是单相,是兄(曹丕)"煎"弟(曹植),是曹丕"煎""我"(曹植)。皖南事变后,周恩来题词:"千古奇冤,江南一叶;同室操戈,相煎何急!"其中"相煎"即国民党对共产党的迫害。

又如:

> 便可白公姥,及时相遣归。
>
> (《孔雀东南飞》)

意思是:你这就禀告公公婆婆,马上将我遣送回去。

又如:

> 一年三百六十日,风刀霜剑严相逼。
>
> (曹雪芹《葬花吟》)

"严相逼",即逼迫"我"。诗句明说花的遭遇,暗示自己(林黛玉)的处境。
又如:

想得故园今夜月,几人相忆在江楼。

(罗邺《雁二首·其一》)

惟有春风最相惜,殷勤更向手中吹。

(杨巨源《折杨柳》)

黄莺久住浑相识,欲别频啼四五声。

(戎昱《移家别湖上亭》)

(2)可理解为第二人称"你"。成语"实不相瞒""好言相劝"中"相"都可理解为第二人称"你"。《史记·陈涉世家》:"苟富贵,勿相忘。"这是陈胜当初承诺:"如果有一天我富贵了,不会忘记大家(你们)。"

又如《古诗十九首》:

相去万余里,各在天一涯。

(《行行重行行》)

相去日已远,衣带日已缓。

(《行行重行行》)

"相去",为"离开你"的距离之遥("万余里")和时间之久("日已远")。
又如:

吾已失恩义,会不相从许。

(《孔雀东南飞》)

这是焦母训斥儿子的话:"我已经对她没有情义了,决不会答应你。"

此时相望不相闻,愿逐月华流照君。

(张若虚《春江花月夜》)

"相望不相闻",其中"相望"的是"它"(月亮),"相闻"的是"你"(君)。

(3)可理解为第三人称"他(它)"。《愚公移山》有"杂然相许",即全部同意"他"(愚公)移山。
又如:

相看白刃血纷纷,死节从来岂顾勋。

(高适《燕歌行》)

"相看"为看到"它"(战斗场景)。
又如:

勤心养公姥,好自相扶将。

(《孔雀东南飞》)

登即相许和,便可作婚姻。

(《孔雀东南飞》)

其中"相扶将"和"相许和"中"相"都可理解为"他",一者指丈夫焦仲卿,一者指太守。

2. 见

"见"字用于及物动词之前,有称代动作行为的受事者的作用(称代前置的宾语),而且句中要出现动作行为的施事者(主动者)。一般只能指代第一人称,可译作"我"或者"自己"。王安石《答司马谏议书》:"冀君实或见恕也。"句中"见恕"可译为"宽恕我"。庄子《秋水》:"吾长见笑于大方之家。""见笑"即"笑话我",像今天的熟语"见谅""见教""见怪",动作行为的施事者都是"我"。

诗题中常用"见赠""见寄",这类诗标题还会有"酬""和"等词,意思是酬和谁给我写的一首诗,或者直接指明谁给自己写了诗。如刘禹锡《酬乐天扬州初逢席上见赠》、柳宗元《酬曹侍御过象县见寄》、刘长卿《酬李穆见寄》以及杜甫《和裴迪登蜀州东亭送客逢早梅相忆见寄》、黄庭坚《次韵王定国扬州见寄》等。

刘禹锡《酬乐天扬州初逢席上见赠》,是因白居易在扬州的筵席上写了一首诗《醉赠刘二十八使君》,对刘禹锡贬谪遭遇表示了同情和不平,于是刘禹锡写诗回赠白居易。

又如柳宗元《酬曹侍御过象县见寄》:

破额山前碧玉流,骚人遥驻木兰舟。

春风无限潇湘意,欲采蘋花不自由。

这是柳宗元酬答友人曹侍御的诗作。

刘长卿《酬李穆见寄》:

孤舟相访至天涯,万转云山路更赊。

欲扫柴门迎远客,青苔黄叶满贫家。

李穆是刘长卿的女婿,颇有清才,李穆有《寄妻父刘长卿》:"处处云山无尽时,桐庐南望转参差。舟人莫道新安近,欲上潺湲行自迟。"就是刘长卿这首和诗的原唱。

诗句中"见"字表示被动或对我如何。李密《陈情表》:"生孩六月,慈父见背。""见背"即(父亲)"离开我"。

又如:

兰芝初还时,府吏见丁宁,结誓不别离。

(《孔雀东南飞》)

君既若见录,不久望君来。

(《孔雀东南飞》)

"见丁宁"即"叮咛我","见录"即"记得我"。

又如:

知音如见赏,雅调为君传。

(朱湾《筝柱子》)

"见赏"即"赏识我"。此句诗意为：如果有赏识我的知音，我愿意为他弹奏高雅的琴曲。

3. 自

"自"字与"见"字有点类似，做动词的宾语，指代第一人称，可译作"我"或者"自己"。《孟子》云："人必自侮，然后人侮之；家必自毁，而后人毁之；国必自伐，而后人伐之。"其中"自侮""自毁""自伐"都是"侮自己""毁自己""伐自己"。《史记·屈原贾生列传》曰"自疏濯淖污泥之中"，"自疏"为"自己疏远"。像成语"自顾不暇"即"顾自不暇"，（自己）照顾自己都来不及；"自告奋勇"即"告自奋勇"，（自己）表明自己奋勇。

又如：

> 秦氏有好女，自名为罗敷。
>
> （《陌上桑》）

"自名为罗敷"，给自己取名为罗敷。

又如：

> 自言本是京城女，家在虾蟆陵下住。
>
> （白居易《琵琶行》）
>
> 天生丽质难自弃，一朝选在君王侧。
>
> （白居易《长恨歌》）

"自言本是京城女"，"自言"即说自己（身份或籍贯）；"天生丽质难自弃"，"自弃"即抛弃自己。

二、词句与词序

（一）词句

1. 声律

声律协调是形成诗歌节奏的主要因素，作为律诗基础的汉语声调的发展与佛教文化的影响密切相关，佛经翻译中音韵学的使用，使得诗歌创作需要遵循一定的语言原则。对此，陈寅恪谈道："中国文士依据及摹拟当日转读佛经之声，分别定为平上去之三声。合入声共计之，适成四声。"[①] 并进一步指出："宫商角徵羽五声者，中国传统之理论也。……平上去入四声者，西域输入之技术也。……盖中国自古论声，皆以宫商角徵羽为言，此学人论声理所不能外者也。至平上去入四声之分别，

---

① 陈寅恪. 金明馆丛稿初编[M]. 北京：生活·读书·新知三联书店，2001：368.

乃摹拟西域转经之方法，以供中国行文之用。"① 沈约是将四声理论应用于诗歌创作的第一人，他在《答甄公论》中说："经史典籍，唯有五声，而无四声。然则四声之用，何伤五声也。五声者，宫商角徵羽，上下相应，则乐声和矣；君臣民事物，五者相得，则国家治矣。作五言诗者，善用四声，则讽咏而流靡；能达八体，则陆离而华洁。明各有所施，不相妨废。"② 他又说："夫五色相宣，八音协畅，由乎玄黄律吕，各适物宜。欲使宫羽相变，低昂舛节，若前有浮声，则后须切响。一简之内，音韵尽殊，两句之中，轻重悉异，妙达此旨，始可言文。"绘画要"五色相宣"，乐曲要"八音协畅"，诗歌也要"四声协调"，诗歌对于声律的追求，也是诗歌展示极致美的外观呈现。

沈佺期和宋之问并称"沈宋"，是对律诗的定型作出了重要贡献的两位诗人。《新唐书·宋之问传》载："魏建安后迄江左，诗律屡变。至沈约、庾信，以音韵相婉附，属对精密。及之问、佺期，又加靡丽，回忌声病、约句准篇，如锦绣成文。学者宗之，号为'沈宋'。""沈宋"在汲取"永明体"和"上官体"成熟诗歌创作经验基础上，着意诗歌改进。吸收"永明体"声律论，承继"四声八病"，四声二元化，诗歌"音韵婉附，属对精密"，也是律诗"一三五不论，二四六分明"主张的源头；借鉴"上官体"词句论，主张"六对""八对"，诗歌"绮错婉媚"，成为律诗"中二联必须对仗"的标杆。"沈宋"继承和发扬了六朝以来以及当时的诗歌创作倡导的音韵和谐的传统，主要是"永明体"和"上官体"的影响，他们在"回忌声病、约句准篇"等方面作努力，诗歌创作讲究音韵和谐和对仗工整，使律诗发展在此定格，"五言至沈宋始可称律"（明代王世贞《艺苑卮言》）。

2. 对仗

对仗是声律论与词句论的语言实证，也是律诗的声韵调特质。

一是正名对：天地/日月。

《声律启蒙》曰："云对雨，雪对风，晚照对晴空。来鸿对去燕，宿鸟对鸣虫。三尺剑，六钧弓，岭北对江东。人间清暑殿，天上广寒宫。"皆是地名、物名相对。程敏政有对联："因荷（何）而得藕（偶），有杏（幸）不须梅（媒）。"其中四种生物名词对仗——荷、藕、杏、梅，谐音两事物名词相对——偶与媒，又两代词与名词相对——何与幸。

又如杜甫《江南逢李龟年》：

岐王宅里寻常见，崔九堂前几度闻。

正是江南好风景，落花时节又逢君。

---

① 陈寅恪. 金明馆丛稿初编[M]. 北京：生活·读书·新知三联书店，2001：381.
② 韩理洲，等. 全三国两晋南朝文补遗[M]. 西安：三秦出版社，2013：270.

实词绘境:"闻""逢"两实词转换寓意。从华堂"闻"歌,到江南重"逢","闻""逢"之间,联结着四十年的时代沧桑和人生巨变。虚词蕴情:"正是"和"又"两虚词反衬有力。两个虚词一转一跌,更在字里行间寓藏着无限感慨。组词精严:"岐王宅里寻常见,崔九堂前几度闻。"对仗工整:"岐王宅里"对"崔九堂前",名词词组彰显活动场所,其中"岐"是封地,"崔"是姓氏;"王"是爵位,"九"属排行;"宅""堂"为空间,"里""前"为方位。"寻常见"对"几度闻",动词词组凸显活动方式,其中"见""闻"属不及物动词,"寻常""几度"为数量词构成频度副词,表强调,"寻"为具数、"几"为概数。

二是同类对、异类对:花菜/草芽。

广州虎门有联:"烟锁河堤柳,炮镇海城楼。"以金、木、水、火、土为偏旁和类型来作对,词性相同,词义相类。王彝有联:"天上星,地下薪,人中心,字义各别;云间雁,檐前燕,篱边鹨,物类相同。"词性相类,词义各异。唐伯虎亦有联:"蒲叶、桃叶、葡萄叶,草本、木本;梅花、桂花、玫瑰花,春香、秋香。"物性不同,品质不一。

又如刘禹锡《乌衣巷》:

> 朱雀桥边野草花,乌衣巷口夕阳斜。
>
> 旧时王谢堂前燕,飞入寻常百姓家。

"朱雀桥边野草花,乌衣巷口夕阳斜",对仗工整。七言句式前四后三,节奏鲜明。前四名词词组精致,在空间转换间感历史沧桑。"朱雀桥边"与"乌衣巷口"属地名词组相对,为"3+1"偏正结构。而"朱雀桥"与"乌衣巷"皆为秦淮河畔经典地名,其中"朱雀"对"乌衣"身份类比悬殊,"朱"对"乌"色调对比鲜明。后三主谓词组精妙,在时光流逝中知社会兴衰。"野草花"与"夕阳斜",以颓败景象来衬托昔日繁华,与"岐王宅里寻常见,崔九堂前几度闻"(杜甫《江南逢李龟年》)有异曲同工之妙。

正名对与异名对注重的是遣词上的精当与准确。

三是连珠对:萧萧/赫赫。

连珠对是使用叠字成对。孟姜女庙联云:"海水朝朝朝朝朝朝朝落,浮云长长长长长长长消。"其中"朝朝"与"长长(常常)"是解联关键词眼。刘希夷有写景名句:"年年岁岁花相似,岁岁年年人不同。"(《代悲白头翁》)晏殊有绘境佳句:"梨花院落溶溶月,柳絮池塘淡淡风。"(《寓意》)都是在叠词连珠间营造着一种令人神往的诗意与境地。

又如杜甫《登高》名句:"无边落木萧萧下,不尽长江滚滚来。"许渊冲先生翻译成英文:

The boundless forest sheds its leaves shower by shower;

  The endless river rolls its waves hour after hour.

boundless 对 endless，forest 对 river，sheds 对 rolls，leaves 对 waves，词性相类，尤其是 shower by shower 对 hour after hour，既音韵和谐又意蕴丰富。"萧萧"状落木之衰飒无情，"滚滚"绘大江之汹涌无穷，"萧萧"声与"滚滚"形之间，呈现的是时间之永恒和空间之无限，悲壮感油然而生。

  四是双声对、叠韵对：黄槐/绿柳，徘徊/放旷。

  这是音韵的协调。唐伯虎有联："嫂扫乱柴呼叔束，姨移破桶令姑箍。"上联两双声词"嫂扫"与"叔束"，下联两叠韵词"姨移"与"姑箍"。传有绝对："溪西鸡齐啼，屋隅鹿独宿。"上联五字叠韵似鸡啼，下联五字叠韵似鹿鸣。毛泽东有名言："虚心使人进步，骄傲使人落后。""骄傲"是叠韵，"谦虚"是双声。《七律·长征》诗名句："五岭逶迤腾细浪，乌蒙磅礴走泥丸。""逶迤"是叠韵，"磅礴"是双声。另鲁迅《无题》："梦里依稀慈母泪，城头变幻大王旗。""依稀"是叠韵，"变幻"是双声。

  又如白居易《望月有感》诗句："田园寥落干戈后，骨肉流离道路中。""寥落""流离"两双声词写出了时难年荒，"寥落"写家园荒芜，有"干戈寥落四周星"（文天祥《过零丁洋》）之状，"流离"写手足离散，有"况更流离历岁年"（陈寅恪《五十六岁生日三绝》）之况。

  白居易"流离"即杜甫"支离"，如杜甫《咏怀古迹五首·其一》诗句："支离东北风尘际，漂泊西南天地间。""支离"叠韵、"漂泊"双声，在唇齿间隙形成声韵阻塞凝滞之感，描绘出诗人流离状态。"支离东北""漂泊西南"，直指诗人最痛心之处，概括了无数离乱痛苦和无限愁肠。

  五是联绵对、双拟对：比喻、比拟、借代、谐音。

  这是修辞手法的运用。金圣叹有绝命联："莲子心中苦，梨儿腹内酸。""莲"谐音"怜"，"梨"谐音"离"，一语双关，将生离死别之意演绎得撼人心魄。有联："独览梅花数腊雪，细睨山势舞流溪。"谐音妙趣，上联可以音阶来读，下联可作数列来读。熊廷弼对联："稻草扎秧父抱子，竹篮提笋母怀儿。"比拟形象，用稻草与稻秧、竹篮与竹笋来体现父母与孩子的骨肉深情。孔庙有联："泗水文章昭日月，杏坛礼乐冠华夷。""泗水"指代孔子，"杏坛"指代儒家学说。运用到诗词中，则具体如下：

  比喻，如刘禹锡《望洞庭》：

    湖光秋月两相和，潭面无风镜未磨。

    遥望洞庭山水色，白银盘里一青螺。

  "银盘"与"青螺"分别比喻洞庭湖和君山，更妙者在于以妆楼奁镜来摹状，既精妙绝伦又高卓清奇。

  比拟，如刘禹锡《竹枝词九首·其二》：

山桃红花满上头，蜀江春水拍山流。

花红易衰似郎意，水流无限似侬愁。

以红花绿水比拟男女情感，明媚动人。

借代，如刘禹锡《竹枝词九首·其九》：

山上层层桃李花，云间烟火是人家。

银钏金钗来负水，长刀短笠去烧畲。

"银钏金钗"借代年轻女子，"长刀短笠"借代壮年男子。

谐音，如刘禹锡《竹枝词二首·其一》：

杨柳青青江水平，闻郎江上踏歌声。

东边日出西边雨，道是无晴却有晴。

"晴"谐音暗指感情的"情"。谐音双关，源于六朝隽语"日下荀鸣鹤，云间陆士龙"，及南朝民歌"雾露隐芙蓉，见莲不分明"。

暗示，如刘禹锡《乌衣巷》：

朱雀桥边野草花，乌衣巷口夕阳斜。

旧时王谢堂前燕，飞入寻常百姓家。

一只燕子，穿越四百年，由晋入唐，燕栖旧巢，暗示乌衣巷昔日的繁华，其间感慨蕴藉而含蓄，有着一种轻灵之美。

六是回文对。"人中柳如是，是如柳中人。"这是文字调遣的游戏，也是文字灵活运用的极致。回文联有："人过大佛寺，寺佛大过人；僧游云隐寺，寺隐云游僧。"双重回文联有："画上荷花和尚画，书临汉帖翰林书。"

又如苏轼有回文诗《记梦回文二首·其一》：

酡颜玉碗捧纤纤，乱点余花唾碧衫。

歌咽水云凝静院，梦惊松雪落空岩。

回文为：

岩空落雪松惊梦，院静凝云水咽歌。

衫碧唾花余点乱，纤纤捧碗玉颜酡。

（二）词序

1. 主语后置

主语后置主要出现于倒句以及倒韵中，俞樾《古诗疑义举例》卷一"倒句例"："诗人之词必用韵，故倒句尤多。"为了使诗歌合乎韵律，特别是为了满足押韵的要求，常将主语后置（或谓语前置），如：

日暮苍山远，天寒白屋贫。

>　　柴门闻犬吠，风雪夜归人。
>
> （刘长卿《逢雪宿芙蓉山主人》）

其中"风雪夜归人"中"归人"应为"人归"的倒装，"人"也与"吠"谐韵。

又如：

>　　桃之夭夭，灼灼其华。之子于归，宜其室家。
>
> （《诗经·周南·桃夭》）

"灼灼其华"即"其华灼灼"的倒装，意为"花（开得很）鲜艳"，"华""家"谐韵。

又如：

>　　春日载阳，有鸣仓庚，女执懿筐，遵彼微行，爰求柔桑。
>
> （《诗经·豳风·七月》）

"有鸣仓庚"即"仓庚鸣"，"有"为词头，主语"仓庚"倒置，为的是使"庚"与"阳""筐""行""桑"谐韵。

又如：

>　　一唱雄鸡天下白，万方乐奏有于阗，诗人兴会更无前。
>
> （毛泽东《浣溪沙·和柳亚子先生》）

"一唱雄鸡"为"雄鸡一唱"的倒文，属遣词主语置后（谓语前置），若改为"雄鸡一唱"虽主谓分明，但不合词律。

2. 宾语前置

一是疑问代词作宾语，宾语前置。疑问代词"何""谁""安""奚"等作宾语时，必须放在动词的前面。《庄子·逍遥游》："而彼且奚适也？"（它将飞往什么地方呢？）疑问代词"奚"在动词"适"之前，作"适"的宾语，前置。《岳阳楼记》："微斯人，吾谁与归？"其中，"谁"是"与"的宾语，前置，语序为"吾与谁归"。

诗中，疑问代词作宾语，宾语同样前置。一如"何"字：

>　　问女何所思，问女何所忆。
>
> （《木兰诗》）

"何"为"所思""所忆"的内容和宾语。

又如：

>　　何以解忧？唯有杜康。
>
> （曹操《短歌行》）

"何以解忧"即"以何解忧"，"何"是介词"以"的宾语。"何以"一词定格，霍去病有名言："匈奴未灭，何以为家？"桓温有云："树犹如此，人何以堪！"古语有言："一屋不扫，何以扫天下。"

二如"安"字，疑问代词，表示什么地方或处所，可译为"哪里"。《左传·僖

公十四年》：“皮之不存，毛将安傅？”又《汉书·高帝纪》："（项）羽问：'沛公安在？'"

又如：

> 多歧路，今安在？
>
> （李白《行路难》）

行路难，又歧路多，"今安在"形象地将诗人进退失据而又极力探索的心理展露无遗：人生道路实艰辛，前途多坎坷，要走的路，究竟在何方？

二是否定句中代词作宾语，宾语前置。《左传·宣公十五年》："我无尔诈，尔无我虞。""尔"为"诈"的宾语，"我"为"虞"的宾语，即成语"尔虞我诈"的来源。又苏轼《石钟山记》："古之人不余欺也！""不余欺"即"不欺余"，为"没有骗我"之意。

又如：

> 三岁贯女，莫我肯顾。
>
> （《诗经·魏风·硕鼠》）

"莫我肯顾"，即"莫肯顾我"，不肯照顾我，憎恶与痛恨之意明显。

三是介词宾语前置。像成语"夜以继日""坐以待毙"等，"夜""坐"是介词"以"的宾语。

又如：

> 将子无怒，秋以为期。
>
> （《诗经·卫风·氓》）

"秋以为期"，即"以秋为期"。

> 幸甚至哉，歌以咏志。
>
> （曹操《观沧海》）

"歌以咏志"，即"以歌咏志"。

四是有时为了平仄协调或是谐韵需要，诗句中宾语前置，如：

> 早岁那知世事艰，中原北望气如山。
>
> （陆游《书愤》）

"中原北望气如山"，即"北望中原气如山"，宾语"中原"前置，凸显书愤主题。

又如：

> 千古江山，英雄无觅孙仲谋处。
>
> （辛弃疾《永遇乐·京口北固亭怀古》）

"英雄无觅孙仲谋处"中"英雄"是"觅"的宾语，前置。"英雄"一词在辛弃疾心中显得十分崇高，南宋王朝是一个文恬武嬉的时代，是一个"时无英雄，使竖子成名"的时代,"英雄无觅"凸显了词人深重的悲愤之情。

又如:

都护楼兰返,将军疏勒归。

(庾信《拟咏怀诗二十七首·其十七》)

"楼兰"是"返"的介词("于")宾语,"疏勒"是"归"的介词("于")宾语。

又如:

楚塞三湘接,荆门九派通。
江流天地外,山色有无中。
郡邑浮前浦,波澜动远空。
襄阳好风日,留醉与山翁。

(王维《汉江临泛》)

"三湘接"与"九派通"本应是"接三湘"和"通九派",且"通"字与"中""空""翁"谐韵。

又如:

故国神游,多情应笑我,早生华发。

(苏轼《念奴娇·赤壁怀古》)

"故国"是"神游"的宾语,前置。

又如:

纤云弄巧,飞星传恨,银汉迢迢暗度。

(秦观《鹊桥仙》)

若将"银汉……暗度"创作成"暗度……银汉",失律不叶韵,则缺少原词之妙境。

3. **数量词作定语后置**

数量词作定语一般用于修饰主语和宾语,有时也会移于主语或宾语之后,如:

不稼不穑,胡取禾三百廛兮?

(《诗经·魏风·伐檀》)

数量词"三百廛"是中心词"禾"的定语,后置。

又如:

安得广厦千万间,大庇天下寒士俱欢颜!

(杜甫《茅屋为秋风所破歌》)

数量词"千万间"是中心词"广厦"的定语,后置。

又如:

天台四万八千丈,对此欲倒东南倾。

(李白《梦游天姥吟留别》)

"四万八千丈"是"天台（山）"的高度，定语后置。

再如：

> 一去二三里，烟村四五家。
> 亭台六七座，八九十枝花。
>
> （邵雍《山村咏怀》）

前三句中的数量词都属定语后置，与末句有所不同。

又如：

> 故国三千里，深宫二十年。
>
> （张祜《宫词》）

"三千里"写"故国"之遥，"二十年"写"深宫（离家）"之久，诗句从时空角度来绘乡思之苦。

4. 状语补语位移

状语一般置于谓语前，有时也会移于谓语之后，如：

> 鸟宿池边树，僧敲月下门。
>
> （贾岛《题李凝幽居》）

"鸟宿池边树"中"池边"为"宿"的倒置状语，即"鸟（于）池边宿树"；"僧敲月下门"中"月下"为"敲"的倒置状语，即"僧（于）月下敲门"。

又如：

> 笙歌散尽游人去，始觉春空。垂下帘栊。双燕归来细雨中。
>
> （欧阳修《采桑子》）

"双燕归来细雨中"，"细雨中"倒置于谓语"归来"之后，"中"字既与"空""栊"谐韵，"细雨中"也营造着一种诗意。

补语，正常位置在主语和谓语之后，为突出其性质，或因韵律需要，偶尔提至主语前，如：

> 岭上晴云披絮帽，树头初日挂铜钲。
>
> （苏轼《新城道中》）

诗句正常语序为："晴云如絮帽披（于）岭上，初日若铜钲挂（在）树头"，"岭上"与"树头"为补语，置于句首。

三、句式

句式是句子结构特征，诗句的句子结构有时较特殊，主要有列锦句式、省略句式、倒装句式和互文句式几种特殊句式。

（一）列锦句式

列锦句式主要是名词组合，包括展现画面、呈现场景及蕴蓄境界。

一是展现画面，主要采取铺陈罗列方式展示名词状态。展现羁旅行役画面的六组名词组合，如：

> 鸡声茅店月，人迹板桥霜。
>
> （温庭筠《商山早行》）

展现军旅出师画面，上下句各三个名词构成工整对仗，如：

> 楼船夜雪瓜洲渡，铁马秋风大散关。
>
> （陆游《书愤》）

二是呈现场景，主要采取白描或比喻方式呈现名词状态，如：

> 落叶他乡树，寒灯独夜人。
>
> （马戴《灞上秋居》）

以"落叶"之时和"寒灯"之际来摹状客居寥落之感。

又如：

> 五更千里梦，残月一城鸡。
>
> （梅尧臣《梦后寄欧阳永叔》）

以时间名词与空间名词组合形式来写梦醒，涵义深广。

三是蕴蓄境界，主要采取比中兼兴方式呈现名词状态。采取白描或比喻方式呈现名词状态，如：

> 雨中黄叶树，灯下白头人。
>
> （司空曙《喜外弟卢纶见宿》）

用树之落叶来比喻人之衰老，相似点在萧飒。"黄叶""白头"又蕴蓄丰富，极具诗意，既营造了悲的气氛，又烘托了悲的情绪，比兴兼用，感染力强烈。

（二）省略句式

省略句式主要有省主语、省谓语及省介词等句式。

1. 省主语

（1）开首省，如：

> （　　）最是一年春好处，绝胜烟柳满皇都。
>
> （韩愈《早春呈水部张十八员外》）

省略主语"这/这种（景象）"，"这（这种）"是春光明媚时节。

又如：

> （　　）乘兴南游不戒严，九重谁省谏书函。
> 春风举国裁宫锦，半作障泥半作帆。
>
> （李商隐《隋宫》）

"乘兴南游"的主语相对隐晦，结合"南游""裁宫锦"和"作障泥"等故实，

明题而思可晓主角是隋炀帝，主语"隋炀帝"省略。

(2) 承题省，如：

　　（　）得相能开国，（　）生儿不象贤。

(刘禹锡《蜀先主庙》)

主语皆为"蜀先主"，在诗题中出现，在诗句中省略。又如陆游《卜算子·咏梅》，全词承题省略了各句的主语"梅"。

(3) 自述省。主语为第一人称"我"时，多数省略。如杜甫《闻官军收河南河北》，全诗主语都是"我"，诗句中全部省略。

又如：

　　十三能织素，十四学裁衣。十五弹箜篌，十六诵诗书。
　　十七为君妇，心中常苦悲。

(《孔雀东南飞》)

刘兰芝自述身世，连用五个主语省略句，表达了内心积聚已久的强烈怨愤和不平。

(4) 承上省，如：

　　闺中少妇不知愁，春日凝妆上翠楼。
　　忽见陌头杨柳色，悔教夫婿觅封侯。

(王昌龄《闺怨》)

后三句的主语都是"闺中少妇"，这是承上省略。

又如：

　　桑柘废来（　）犹纳税，田园荒后（　）尚征苗。

(杜荀鹤《山中寡妇》)

"犹纳税"承上（题目）省去了主语"寡妇"，"尚征苗"前省去了主语"官府"。

(5) 蒙后省，如：

　　七月（　）在野，八月（　）在宇，
　　九月（　）在户，十月蟋蟀入我床下。

(《诗经·豳风·七月》)

"在野""在宇""在户"的主语是"蟋蟀"，因在后面句中出现，前面的都省略掉。

2. 省谓语

谓语是句子表达的主要部分，一般来说是不可省略的，但在古汉语里，一定条件下，谓语也可以省略，《曹刿论战》："一鼓作气，再（　）而衰，三（　）而竭。"其中"再""三"后应与"一"一样有"鼓"（名词作动词），省略谓语。

古诗中，有时也省谓语，如：

064

横看成岭侧（　　）成峰，远近高低各不同。

（苏轼《题西林壁》）

"侧"字之后承前省略谓语"看"。

又如：

（　　）青箬笠，（　　）绿蓑衣，斜风细雨不须归。

（张志和《渔歌子》）

省略渔人行为动作"戴"（青箬笠）和"穿"（绿蓑衣）。

又如：

一家（　　）千里外，百舌（　　）五更头。

（顾况《洛阳早春》）

省略状态动作——人的"流落"与鸟的"争鸣"。

又如：

山河破碎（　　）风飘絮，身世浮沉（　　）雨打萍。

（文天祥《过零丁洋》）

诗句因诗意而省略了相同的两个谓语"如"或"似"。

3. 省介词

主要是句中"于""以""因（由）"等介词的省略。

（1）介词"于"，一般在表示空间位置的名词前省略，如：

（　　）细雨鱼儿出，（　　）微风燕子斜。

（杜甫《水槛遣心》）

鱼儿"于"细雨（中）出，燕子"于"微风（里）斜。

又如：

两个黄鹂鸣（　　）翠柳，一行白鹭上（　　）青天。

（杜甫《绝句》）

两个黄鹂"于"翠柳（间）鸣，一行白鹭"于"青天（中）上。

又如：

草木变衰行（　　）剑外，兵戈阻绝老（　　）江边。

（杜甫《恨别》）

草木变衰（际）"于"剑外行，兵戈阻绝（间）"于"江边老。

（2）介词"因""以"，一般在表示原因的名词前省略，如：

名岂（　　）文章著，官应（　　）老病休。

（杜甫《旅夜书怀》）

名岂"因"文章著，官应"以"老病休。

（3）介词"因（由）"，一般在表示因果关系时省略，如：

灭烛（　　）怜光满，披衣（　　）觉露滋。

（张九龄《望月怀远》）

灭烛是"因为"怜光满，披衣是"由于"觉露滋。

（三）倒装句式

倒装句式参见前文"词句"部分词序倒装（主语后置、宾语前置、数量词作定语后置、状语补语位移）的论述。

（四）互文句式

互文是古汉语中一种特殊的修辞手法。有时出于字数的约束、格律的限制或表达艺术的需要，必须用简洁的文字、含蓄而凝练的语句来表达丰富的内容。于是使两个事物在上下文只出现一个而省略另一个，即所谓"两物各举一边而省文"，以收到言简意繁的效果，这是其在结构上的特点。理解这种互文时，必须把上下文保留的词语结合起来，使之互相补充、互相呼应、彼此映衬才能现出其原意，故习惯上称之为"互文见义"。如"迢迢牵牛星，皎皎河汉女"（《古诗十九首》），其上句省去了"皎皎"，下句省去了"迢迢"。即"迢迢"不仅指牵牛星，亦指河汉女；"皎皎"不仅指河汉女，亦指牵牛星。"迢迢"与"皎皎"互补见义。两句合起来的意思是："遥远而明亮的牵牛星与织女星啊！"并非牵牛星只遥远而不明亮，也并非织女星只明亮而不遥远。这类互文，只有掌握了它的结构方式，才能完整地理解其要表达的意思。如只从字面理解，不但不能完整而准确地把握其要表达的内容，并且有时会令人陷入迷宫，百思而不得其解。互文，在绝句中主要有同句互文和邻句互文两种形式。

一是同句互文，即在同一个句子里出现的互文，如"主人下马客在船"＝"主人＋（客）＋下马，客＋（主人）＋在船"，主人与客人同时下马，然后同时上船。"主人忘归客不发""东船西舫悄无言"以及"东犬西吠"亦属此类。

又如：

秦时明月汉时关，万里长征人未还。

（王昌龄《出塞》）

"秦时明月汉时关"，在"明月"与"关"前增加了"秦""汉"两个时间性的限定词，着笔千年以前、万里之外，自然形成一种雄浑苍凉的独特意境，主旨平常，格调高远，故明代李攀龙将其推为唐人七绝的压卷之作。

又如：

烟笼寒水月笼沙，夜泊秦淮近酒家。

（杜牧《泊秦淮》）

"烟笼寒水月笼沙"，两个"笼"字将"烟""水""月""沙"四者和谐地融合在

一起，绘成一幅极其淡雅的水边夜色图。

又如：

> 草色青青柳色黄，桃花历乱李花香。
>
> （贾至《春思二首·其一》）

"桃花历乱李花香"，花枝披离、花气氤氲，好一派怡人春色。

再如：

> 岭外音书断，经冬复历春。
>
> （宋之问《渡汉江》）

> 更深月色半人家，北斗阑干南斗斜。
>
> （刘方平《月夜》）

> 离心杳杳思迟迟，深院无人柳自垂。
>
> （寇准《夏日》）

"经冬复历春"，经历了一个个冬天又春天，季节在重复，时间越来越久远，谪居度日如年，与世隔绝，更加引发对家乡的思念。"北斗阑干南斗斜"，空庭阒寂，月夜静谧，北斗星和南斗星都已横斜，点缀着一片夜的静寂，在默默无言地暗示着时间的流逝。"离心杳杳思迟迟"，"杳杳""迟迟"两对叠字，细致地描绘了诗人此时忧郁惝恍的心理，一状心境的迷茫，一状心思的迟缓，从幽思的宽度与重量来抒写，着实写出诗人"离心"的浩茫感与凝重感。

二是邻句互文，即在相邻的句子里出现互文，如《木兰诗》："东市买骏马，西市买鞍鞯，南市买辔头，北市买长鞭。""东市""西市""南市""北市"组成互文，意思是跑遍了许多市集，购齐了出征所需之物，而不是在某一个集市上只买某一样东西。这样写表现了木兰从军前准备之细心。再如毛泽东《沁园春·雪》中写北国风光，"千里冰封，万里雪飘"＝"千里＋（万里）＋冰封，（千里）＋万里＋雪飘"，无处不飘雪，属苍茫一片。

又如：

> 岐王宅里寻常见，崔九堂前几度闻。
>
> （杜甫《江南逢李龟年》）

忆昔日荣光，频繁出入达官贵人门庭，所"见"所"闻"皆流彩，"岐王宅"与"崔九堂"，流露出对开元升平的无限眷恋。

又如：

> 水光潋滟晴方好，山色空蒙雨亦奇。
> 欲把西湖比西子，淡妆浓抹总相宜。
>
> （苏轼《饮湖上初晴后雨》）

"水光潋滟晴方好，山色空蒙雨亦奇"，西湖的"水光""山色"是"晴方好"

"雨亦奇"的，晴姿雨态皆生趣，像西子美女一样，"淡妆浓抹总相宜"，美丽无比。

又如：

> 接天莲叶无穷碧，映日荷花别样红。
>
> （杨万里《晓出净慈寺送林子方》）

莲叶接天，荷花当然也是接天的；荷花映日，莲叶当然也是映日的。碧绿的莲叶，艳红的荷花，接天映日，浩瀚一片。

再如：

> 朝朝翠山下，夜夜苍江曲。
>
> （王勃《寒夜思友三首·其三》）

> 岁岁金河复玉关，朝朝马策与刀环。
>
> （柳中庸《征人怨》）

用"朝朝"与"夜夜"两组叠字的反复与互参，绘状出了情形的深沉与绵长。用"岁岁"与"朝朝"两组叠字，强调了年年岁岁的漫长时间中的枯燥与苦闷。

第四讲 中小学古诗"乐读"基础之三：韵律

韵律是"乐读"的典藏，发现古诗的蕴藉之美，主要涉及节奏与结构。节奏是古诗韵律的句式特征，主要有四言节奏、五言节奏和七言节奏，其节奏单元和语法结构鲜明。结构是古诗旋律的模式特征及文字的组合、排列、搭配，主要有形式结构、内容结构、叙述结构和审美结构。

一、节奏

古诗节奏单元主要是四言、五言和七言。

（一）四言节奏

四言是诗经的经典句式。四言四字句节奏为2+2。《诗经》以四言为主，奠定了中国古代第一种成熟的诗歌形式——四言诗。《诗经》研究专家夏传才列表统计：《诗经》总句数7281句，其中四字句6721句，占92%，其他句式占8%。《诗经》四言语体，在文化源头上，源于"黄帝四面"尚"四"神话崇拜及商人"四方四时"集体表象观念，从而在文化记忆与集体表象中沉淀出流行"四"言的诗化艺术。在诗歌流变上，受《弹歌》及《蜡辞》影响，如《弹歌》："断竹，续竹；飞土，逐宍。"二言组合成四言。《蜡辞》："土反其宅，水归其壑，昆虫毋作，草木归其泽。"基本形成四言句式。同时，也受《易》卦辞影响。在语言的音乐传承上，受周代"宫角徵羽"四声音阶影响。

以四字句为例，看《诗经》诗句的节奏单位和语法结构，主体节奏是2+2，在语法结构上主要有并列式、偏正式、主谓式和动宾式。

1. 并列式

主要是动词并列，即两种行为态势的罗列或陈述，如：

悠哉悠哉，辗转反侧。

（《诗经·周南·关雎》）

"辗转"与"反侧"属同一个动作，描绘不能安睡之状。
又如：

忧心烈烈，载饥载渴。

（《诗经·小雅·采薇》）

　　　　　　载玄载黄，我朱孔阳，为公子裳。

（《诗经·豳风·七月》）

"载饥载渴"是说戍守之艰难，忍饥挨饿；"载玄载黄"是"公子裳"的颜色，说明衣帛制作的繁复。"载……载……"，用于动词词头，属词缀无实义，像《诗经·鄘风·载驰》中的"载驰载驱"，陶渊明《归去来兮辞》中的"载欣载奔"，皆属此类。

又如：

　　　　　　穹窒熏鼠，塞向墐户。

（《诗经·豳风·七月》）

"塞向墐户"，塞上向北的窗户，在柴门上涂上泥巴，作度冬准备。

2. 偏正式

主要是名词偏正，形容词＋名词结构，如：

　　　　　　窈窕淑女，君子好逑。

（《诗经·周南·关雎》）

　　　　　　参差荇菜，左右采之。

（《诗经·周南·关雎》）

"窈窕淑女"，美好的姑娘；"参差荇菜"，参差不齐的荇菜。

3. 主谓式

名词与动词构成一种陈述关系，表示事物发生的状态或情形，如：

　　　　　　蒹葭苍苍，白露为霜。

（《诗经·秦风·蒹葭》）

前一个词组陈述蒹葭生长状况，后一个词组陈述露水变化情形。

又如：

　　　　　　昔我往矣，杨柳依依。今我来思，雨雪霏霏。

（《诗经·小雅·采薇》）

"杨柳依依""雨雪霏霏"分别陈述忧乐之状。

4. 动宾式

动词或形容词与其后宾语构成一种支配或影响关系，如：

　　　　　　春日载阳，有鸣仓庚。

（《诗经·豳风·七月》）

"有鸣仓庚"，其实是主谓式，"有"属词缀，"鸣仓庚"是"仓庚鸣"的倒置。

又如：

　　　　　　同我妇子，馌彼南亩，田畯至喜。

（《诗经·豳风·七月》）

女执懿筐，遵彼微行，爰求柔桑。

（《诗经·豳风·七月》）

"馌彼南亩""遵彼微行"属动补式，状语后置，应是"（于）彼南亩馌""（于）彼微行遵"。

又如：

蚕月条桑，取彼斧斨，以伐远扬，猗彼女桑。

（《诗经·豳风·七月》）

跻彼公堂，称彼兕觥，万寿无疆。

（《诗经·豳风·七月》）

"取彼斧斨""猗彼女桑"与"跻彼公堂""称彼兕觥"皆属1+3结构，"彼"字属词缀。

有时，四言句式以三言为主，如上四句，中间加了一个衬字"彼"。也有在三言基础上，于前后加"兮""思"之类的虚字，如：

葛之覃兮，施于中谷，维叶萋萋。

（《诗经·周南·葛覃》）

将仲子兮，无逾我园，无折我树檀。

（《诗经·郑风·将仲子》）

南有乔木，不可休思。

（《诗经·周南·汉广》）

心之忧矣，如匪浣衣。

（《诗经·邶风·柏舟》）

（二）五言节奏

五言是乐府及绝句的经典句式。五言五字句可分为2+3。以五字句为例，看以下诗句的节奏单位和语法结构。

1. 常规格式

节奏单位为前二后三，主要有"二二一""二一二""一一三""二三"式。

"二二一"式，如：

白日依山尽，黄河入海流。

（王之涣《登鹳雀楼》）

床前明月光，疑是地上霜。

（李白《静夜思》）

明月松间照，清泉石上流。

（王维《山居秋暝》）

"二一二"式，如：

举头望明月，低头思故乡。

（李白《静夜思》）

海上生明月，天涯共此时。

（张九龄《望月怀远》）

蝉声集古寺，鸟影度寒塘。

（杜甫《和裴迪登新津寺寄王侍郎》）

锄禾日当午，汗滴禾下土。

（李绅《悯农二首·其二》）

"一一三"式，如：

江流天地外，山色有无中。

（王维《汉江临泛》）

风鸣两岸叶，月照一孤舟。

（孟浩然《宿桐庐江寄广陵旧游》）

猿护窗前树，泉浇谷后田。

（刘长卿《初到碧涧招明契上人》）

"二三"式，如：

黄绮终辞汉，巢由不见尧。

（杜甫《朝雨》）

登舟望秋月，空忆谢将军。

（李白《夜泊牛渚怀古》）

雨中黄叶树，灯下白头人。

（司空曙《喜外弟卢纶见宿》）

2. 变体格式

节奏单位非前二后三，主要有"一三一""四一""一四"式。

"一三一"式，如：

蝶绕香丝住，蜂怜艳粉回。

（宋之问《奉和立春日侍宴内出剪彩花应制》）

山临青塞断，江向白云平。

（王维《送严秀才还蜀》）

山随平野尽，江入大荒流。

（李白《渡荆门送别》）

道由白云尽，春与青溪长。

（刘眘虚《阙题》）

"四一"式,如:

楚江微雨里,建业暮钟时。

(韦应物《赋得暮雨送李胄》)

紫崖奔处黑,白鸟去边明。

(杜甫《雨四首·其一》)

登俎黄甘重,支床锦石圆。

(杜甫《季秋江村》)

"一四"式,如:

露从今夜白,月是故乡明。

(杜甫《月夜忆舍弟》)

紫收岷岭芋,白种陆池莲。

(杜甫《秋日夔府咏怀奉寄郑监李宾客一百韵》)

(三)七言节奏

七言成熟,唐代为最,辞采更为华美。李白以"复古"为己任,"圣代复元古,垂衣贵清真",他认为四言兴寄幽深,贴合古道,五言婉转多姿,七言更趋靡曼浓丽,多谐戏而少肃敛,更适合表达世俗人性而非庄严隆重的情志,故李白于七绝尤擅,与王昌龄一决"七绝圣手"称号。陆时雍《诗镜总论》云:"诗四言优而婉,五言直而倨,七言纵而畅,三言矫而掉,六言甘而媚,杂言纷葩,顿跌起伏。"七言句式放纵畅达,既能保持声气节奏迅疾快捷,又能表现音韵意味急骤昂扬或慷慨奔放,语言凝练,情感集中,是一种经典表达句式。刘熙载《艺概·诗概》将五言句式和七言句式的形式风貌作了比较,将七言句式特质分析得透彻。句式表达内容有不同:"五言质,七言文;五言亲,七言尊。几见田家诗而多作七言者乎?几见骨肉间而多作七言者乎?"句式表达内容不同,表现情感亦不同。诗家气质不同:"五言尚安恬,七言尚挥霍。安恬者,前莫如陶靖节,后莫如韦左司;挥霍者,前莫如鲍明远,后莫如李太白。"诗家气质不同,语言风格不同。七言使用闲字:"五言无闲字易,有余味难;七言有余味易,无闲字难。"闲字正是七言遣字魅力,也是语体色彩所致。五言质朴、亲切、安恬、平淡天真,七言华美、庄重、敏捷迅疾、浩荡慷慨。

七言是绝句的经典句式。七言七字句可分为4+3。4+3是七言经典结构特征,主要有中心语句、主谓句和谓语句三种句式体例。

1. 中心语句

主要有名词中心句和动词中心句两种。

其一,名词中心句。在相关的修饰或限定词语及词组之后,凸显名词中心地位,一般是4+2+1节奏,语句重心在末字"1"名词上。

在名词性词组之后,主要是方位词组或时间词组。方位词组之后,如:
>梨花院落溶溶月,柳絮池塘淡淡风。
>>(晏殊《寓意》)

"梨花院落"与"柳絮池塘"皆为名词词组,为"月""风"的空间所在,"溶溶""淡淡"为"月""风"之状。

时间词组之后,如:
>七月七日长生殿,夜半无人私语时。
>>(白居易《长恨歌》)

"七月七日"为时间词组。

时间词组或空间词组组合之后,如:
>巴山楚水凄凉地,二十三年弃置身。
>>(刘禹锡《酬乐天扬州初逢席上见赠》)
>翰墨场中老伏波,菩提坊里病维摩。
>>(黄庭坚《病起荆江亭即事》)

"巴山楚水"地名名词是(贬谪)"地"(方),属"凄凉"情形;"二十三年"时间名词是(贬谪)"身"(世),属"弃置"状态。"翰墨场中"与"菩提坊里"都属空间名词,都是黄庭坚用来比况自己的。

再如:
>蓝桥春雪君归日,秦岭秋风我去时。
>>(白居易《蓝桥驿见元九诗》)
>春风桃李花开日,秋雨梧桐叶落时。
>>(白居易《长恨歌》)
>深秋帘幕千家雨,落日楼台一笛风。
>>(杜牧《题宣州开元寺水阁,阁下宛溪夹溪居人》)

前两首白居易诗皆写"日"与"时",属两种不同时间的对比,有"昔我往矣,杨柳依依。今我来思,雨雪霏霏"之致。杜牧诗句写"雨"与"风",以时间、空间和状态三者来形容,景象难忘,诗意盎然。

在三者名词叠加之后,如:
>嫦娥应悔偷灵药,碧海青天夜夜心。
>>(李商隐《嫦娥》)
>危冠广袖楚宫妆,独步闲庭逐夜凉。
>>(高适《听张立本女吟》)

"碧海青天夜夜心"在于"心"思之孤独寂寞,"碧海青天"状空间之寂寥,"夜夜"写时间之漫长;"危冠广袖楚宫妆"在于"妆"扮之脱俗清雅,"危冠广袖"状

风姿之曼妙,"楚宫"写装束之典雅。

其二,动词中心句。在时间词语或空间词语以及动作状态词语之后,修饰中心动词,一般是4+2+1节奏,语句重心在末字"1"动词上。

在空间名词之后,如:

> 岐王宅里寻常见,崔九堂前几度闻。
>
> (杜甫《江南逢李龟年》)

"岐王宅里"与"崔九堂前"是"见""闻"的空间场所,"寻常""几度"是"见""闻"的频度。

在状态词语之后,如:

> 寒月沉沉洞房静,真珠帘外梧桐影。
>
> (白居易《寒闺怨》)

"寒月沉沉"与"洞房"分别状述"静"的时间与空间。

又如:

> 朝辞白帝彩云间,千里江陵一日还。
>
> (李白《早发白帝城》)

"千里江陵"是"还"的目的地,"一日"是"还"的时间。

在三者叠加状语之后,如:

> 落魄江湖载酒行,楚腰纤细掌中轻。
>
> (杜牧《遣怀》)

"遣怀"是杜牧的自述,即"我这十年的扬州生活记录",谓杜牧十年生活行为;"落魄"为行为的表现,非"得意";"江湖"为行为的空间,非"庙堂";"载酒"为行为的方式,非"载策(上书)"。

又如:

> 和雪翻营一夜行,神旗冻定马无声。
>
> (王建《赠李愬仆射二首·其一》)

诗句准确地体现了李愬雪夜袭蔡州的精彩,"和雪"说明在大雪中行军,"翻营"说明倾巢出动,说明行军规模大,"一夜"点明行军时间紧促,兵贵神速为奇袭。

2. 主谓句

前四后三的句式结构由主语和谓语组成,构成叙事的主体和行为。主要有动宾式、使令式、状动式、动补式、介宾式、两分句式和三分句式等句型。

其一,动宾式。主要是前四为主语+谓语,后三为宾语,如:

> 玉露凋伤枫树林,巫山巫峡气萧森。
>
> (杜甫《秋兴八首·其一》)

秋天的白露凋伤了枫树林,白红相间,是一种深沉的绚烂,浑厚而苍凉。

又如：
长安城连东掖垣，凤凰池对青琐门。

（李颀《听董大弹胡笳声兼寄语弄房给事》）

"长安城连"与"凤凰池对"是描绘宫廷位置及气势恢宏之语。

其二，使令式。动词于宾语有着某种使动或兼语作用，如：
总为浮云能蔽日，长安不见使人愁。

（李白《登金陵凤凰台》）

"使人愁"直接用"使"字表达情致的结果。

又如：
昨夜西风凋碧树，独上高楼，望尽天涯路。

（晏殊《蝶恋花》）

"西风"使"碧树""凋（落）"，动词于宾语有种使动作用。

又如：
杨家有女初长成，养在深闺人未识。

（白居易《长恨歌》）

兼语式表达，"杨家有女/（有女）初长成"。

其三，状动式。主要是在主语之后，用状语来修饰动词，刻画动作的经典所在与精彩所系，如：
战士军前半死生，美人帐下犹歌舞。

（高适《燕歌行》）

翠华摇摇行复止，西出都门百余里。

（白居易《长恨歌》）

无边落木萧萧下，不尽长江滚滚来。

（杜甫《登高》）

"军前"和"半"用以讴歌战士的奋勇，"摇摇"用以状"行复止"的气势，"萧萧"用以描摹"下"的声形。

其四，动补式。在动词之后有时间词或频度词作补充，说明动作的时态及状态，如：
洛城一别四千里，胡骑长驱五六年。

（杜甫《恨别》）

田园寥落干戈后，骨肉流离道路中。

（白居易《望月有感》）

"四千里"补充说明漂泊之遥，"五六年"补充说明战乱之久；"干戈后"是"寥落"的原因，"道路中"是"流离"的结果。

>　　黄莺久住浑相识，欲别频啼四五声。
>
> （戎昱《移家别湖上亭》）

>　　草铺横野六七里，笛弄晚风三四声。
>
> （吕岩《牧童》）

"四五声"补充说明啼声之状，"六七里"是草原之广阔，"三四声"是笛声之悠扬。

>　　共来百越文身地，犹自音书滞一乡。
>
> （柳宗元《登柳州城楼，寄漳、汀、封、连四州刺史》）

>　　两个黄鹂鸣翠柳，一行白鹭上青天。
>
> （杜甫《绝句》）

"一乡"是"滞"的补语，相当于状语"在一乡（他方）滞留"；"翠柳"是"鸣"的补语，相当于状语"（于翠柳间）鸣叫"。

其五，介宾式。动词之前有介宾词组，来表示动作的原因或状态，如：

>　　花径不曾缘客扫，蓬门今始为君开。
>
> （杜甫《客至》）

"缘客"扫，"扫"的原因是（因为）客人到来。

又如：

>　　春心莫共花争发，一寸相思一寸灰。
>
> （李商隐《无题》）

"共花"发，"发"的状态是与花一起绽放。

又如：

>　　昔人已乘黄鹤去，此地空余黄鹤楼。
>
> （崔颢《黄鹤楼》）

"乘黄鹤"是"去"（离开）的方式。

又如：

>　　桃花细逐杨花落，黄鸟时兼白鸟飞。
>
> （杜甫《曲江对酒》）

"逐杨花"和"兼白鸟"分别是"落"与"飞"的状态，都用介宾词组来绘状。

其六，两分句式。七字句由两分句构成，两分句有时可能是两重词或两事物并置或两叠词结构。

两重词，主要是名词重复和动词重复。两方位名词，"东边"与"西边"，如：

>　　东边日出西边雨，道是无晴却有晴。
>
> （刘禹锡《竹枝词二首·其一》）

两称名,"兵魂"与"国魂",如:

> 诗界千年靡靡风,兵魂销尽国魂空。
>
> (梁启超《读陆放翁集》)

两事物名,"北斗""南斗",如:

> 更深月色半人家,北斗阑干南斗斜。
>
> (刘方平《月夜》)

两动词重复,两动词"满",如:

> 草满池塘水满陂,山衔落日浸寒漪。
>
> (雷震《村晚》)

两动词"有",如:

> 春宵一刻值千金,花有清香月有阴。
>
> (苏轼《春宵》)

两动词"如",如:

> 红叶下山寒寂寂,湿云如梦雨如尘。
>
> (崔橹《华清宫三首·其三》)

两动词"向",如:

> 数声风笛离亭晚,君向潇湘我向秦。
>
> (郑谷《淮上与友人别》)

两事物并置,主要是两种事物或两种状态的同时态构置。两个人物,如:

> 九龄已老韩休死,无复明朝谏疏来。
>
> (晁说之《打球图》)

这是讽刺唐玄宗的诗,张九龄和韩休都是当时的直谏之臣。

两种景象,如:

> 杨花落尽子规啼,闻道龙标过五溪。
>
> (李白《闻王昌龄左迁龙标遥有此寄》)

杨花开放和子规鸣啼,说明送别的时节在暮春。

两样东西,如:

> 回廊四合掩寂寞,碧鹦鹉对红蔷薇。
>
> (李商隐《日射》)

两个对比鲜明的意象,更加凸显寂寞孤独之感。

两叠词,七字句前四后三通过两组叠词构置语言结构,形成两个分句,如:

> 青山隐隐水迢迢,秋尽江南草未凋。
>
> (杜牧《寄扬州韩绰判官》)

恻恻轻寒翦翦风，小梅飘雪杏花红。

（韩偓《寒食夜》）

晴烟漠漠柳毵毵，不那离情酒半酣。

（韦庄《古离别》）

一把青秧趁手青，轻烟漠漠雨冥冥。

（虞似良《横溪堂春晓》）

草色青青柳色黄，桃花历乱李花香。

（贾至《春思二首·其一》）

其七，三分句式。七字句中，有三个事物状态的呈现，如：

风急天高猿啸哀，渚清沙白鸟飞回。

（杜甫《登高》）

凤凰台上凤凰游，凤去台空江自流。

（李白《登金陵凤凰台》）

"风急天高猿啸哀"为登高所见三种事物状态：风（急）、天（高）与猿（啸哀）。"凤去台空江自流"为登台所见三种事物状态：凤（去）、台（空）和江（自流）。

3. 谓语句

七字句前四后三结构可以一个动词谓语为中心，陈述事情的状态。主要有动宾式、使令式、动补式、介宾式、两分句式和三分句式等句型。

其一，动宾式，如：

且放白鹿青崖间，须行即骑访名山。

（李白《梦游天姥吟留别》）

动作主体为"放白鹿"。

又如：

传语风光共流转，暂时相赏莫相违。

（杜甫《曲江》）

动作主体为"传语风光"。

又如：

艰难苦恨繁霜鬓，潦倒新停浊酒杯。

（杜甫《登高》）

动作主体为"繁霜鬓"，即增多白发。

又如：

飒飒东风细雨来，芙蓉塘外有轻雷。

（李商隐《无题》）

动作主体为"有轻雷"。

其二，使令式。直接用"使"字，如：

人生得意须尽欢，莫使金樽空对月。

（李白《将进酒》）

出师未捷身先死，长使英雄泪满襟。

（杜甫《蜀相》）

蜀道之难，难于上青天，使人听此凋朱颜。

（李白《蜀道难》）

日暮乡关何处是？烟波江上使人愁。

（崔颢《黄鹤楼》）

有时用"教""令""请"等词语，如：

但使龙城飞将在，不教胡马度阴山。

（王昌龄《出塞》）

谁为含愁独不见，更教明月照流黄。

（沈佺期《独不见》）

徒令上将挥神笔，终见降王走传车。

（李商隐《筹笔驿》）

与君歌一曲，请君为我倾耳听。

（李白《将进酒》）

其三，动补式，如：

与子避地西康州，洞庭相逢十二秋。

（杜甫《长沙送李十一》）

天生丽质难自弃，一朝选在君王侧。

（白居易《长恨歌》）

即今漂泊干戈际，屡貌寻常行路人。

（杜甫《丹青引赠曹将军霸》）

"十二秋"是"相逢"的时间补语，"洞庭"是空间状语；"在君王侧"是"选"的空间补语，"一朝"是时间状语；"干戈际"补充说明"漂泊"的生存状态，"即今"是时间说明。

其四，介宾式，如：

即从巴峡穿巫峡，便下襄阳向洛阳。

（杜甫《闻官军收河南河北》）

五花马、千金裘，呼儿将出换美酒，与尔同销万古愁。

（李白《将进酒》）

> 长风万里送秋雁,对此可以酣高楼。
>
> （李白《宣州谢朓楼饯别校书叔云》）
>
> 在天愿作比翼鸟,在地愿为连理枝。
>
> （白居易《长恨歌》）

介词"从（巴峡）""与（尔）""对（此）""在（天）（地）"作为介宾短语,成为动词"穿""销""酣""作（为）"的状态或方式。

其五,两分句式。七字句由两分句构成,有时主要呈现两种谓语状态,如:

> 清明有味是无能,闲爱孤云静爱僧。
>
> （杜牧《将赴吴兴登乐游原一绝》）

两"爱"字将诗人抽象的感情形象地表现出来,这是杜牧的"闲""静"之"味",实则是悲愤之情。

又如:

> 阶下青苔与红树,雨中寥落月中愁。
>
> （李商隐《端居》）

"寥落"与"愁"是在"端居"中,在秋雨和清月下的愁绪。

其六,三分句式。七字句中,有三个表现动作行为的遣词,如:

> 且放白鹿青崖间,须行即骑访名山。
>
> （李白《梦游天姥吟留别》）

"行""骑""访"是李白告别之后出行的状态、方式和目标。

又如:

> 摐金伐鼓下榆关,旌旆逶迤碣石间。
>
> （高适《燕歌行》）

"摐金""伐鼓"是"下榆关"的阵势,描绘行军的浩荡。

又如:

> 牵衣顿足拦道哭,哭声直上干云霄。
>
> （杜甫《兵车行》）

"牵衣""顿足""拦道哭"为送别的情景。

> 月落乌啼云雨散,游童陌上拾花钿。
>
> （刘禹锡《踏歌词》）

"月落""乌啼""云雨散"三时态描绘,实则是渲染男女歌舞狂欢之态。

二、结构

文字结构一般指文学作品的样式特征,主要是文字的组合、排列及搭配等。《朱子语类》云:"比《语》《孟》较分晓精深,结构得密。""结构"指《论语》《孟子》

篇章组合精密严谨。吴晗《谈写文章》："学习他们的写作方法，结构布局，遣词造句，对写好文章会有很大帮助。"① "结构"是指文章的谋篇布局。由此可知，文章结构包括：承上启下、悬念、照应、铺垫、衔接、伏笔、首尾照应、开门见山、层层深入、先总后分、先景后情、卒章显志等方面。

古诗结构主要表现为四个方面：一是体例，这是形式结构；二是题材，这是内容结构；三是模式，这是叙述结构；四是意蕴，这是审美结构。

（一）体例：形式结构

律绝在形式体例上，有着一定的章法，即四联（八句）或四句有着固定的结构，律诗谓首联、颔联、颈联、尾联，绝句谓首句、次句、转句、末句。

1. 律诗体例：首颔颈尾

律诗每首八句，每两句成一联，计四联。首联是第一、二句，颔联是第三、四句，颈联是第五、六句，尾联是第七、八句。

五律如李白《渡荆门送别》：

> 渡远荆门外，来从楚国游。（首联）
> 山随平野尽，江入大荒流。（颔联）
> 月下飞天镜，云生结海楼。（颈联）
> 仍怜故乡水，万里送行舟。（尾联）

七律如李白《登金陵凤凰台》：

> 凤凰台上凤凰游，凤去台空江自流。（首联）
> 吴宫花草埋幽径，晋代衣冠成古丘。（颔联）
> 三山半落青天外，二水中分白鹭洲。（颈联）
> 总为浮云能蔽日，长安不见使人愁。（尾联）

2. 绝句体例：首次转末

绝句四句，第一句称首句，第二句称次句，第三句称转句，第四句称末句或尾句。

五绝如苏颋《汾上惊秋》：

> 北风吹白云，（首句）
> 万里渡河汾。（次句）
> 心绪逢摇落，（转句）
> 秋声不可闻。（末句）

七绝如王驾《社日》：

---

① 苏双碧，王宏志. 吴晗传 [M]. 上海：上海人民出版社，1998：259.

鹅湖山下稻粱肥，（首句）
豚栅鸡栖半掩扉。（次句）
桑柘影斜春社散，（转句）
家家扶得醉人归。（末句）

（二）题材：内容结构

律诗叙事或抒情，于题材内容形成了一个基本框架，即前后两联抒情，中间两联叙事，构成一个情—景—情内容结构，其中中间两联叙事精细，讲究对仗工整，既是律诗佳句所在，也是对联源头。

五律情—景—情内容结构，如杜甫《登岳阳楼》：

昔闻洞庭水，今上岳阳楼。
吴楚东南坼，乾坤日夜浮。
亲朋无一字，老病有孤舟。
戎马关山北，凭轩涕泗流。

首联写今昔之感，尾联写现实之慨，中间两联分状楼之壮观和己之悲愁。颔联写景精妙："吴楚东南坼，乾坤日夜浮。"状洞庭水势浩瀚，显岳阳楼之壮观，与孟浩然"气蒸云梦泽，波撼岳阳城"和范仲淹"先天下之忧而忧，后天下之乐而乐"成为今天岳阳楼三幅名联。颈联绘境精细："亲朋无一字，老病有孤舟。"自况身世凄凉落寂，同上联写景形成强烈反差，与"有弟皆分散，无家问死生"情境一致。

七律情—景—情内容结构，如杜甫《蜀相》：

丞相祠堂何处寻，锦官城外柏森森。
映阶碧草自春色，隔叶黄鹂空好音。
三顾频烦天下计，两朝开济老臣心。
出师未捷身先死，长使英雄泪满襟。

首联叙事，写追慕"丞相"之心；尾联抒怀，感叹"英雄"之遭际；中间两联分写"祠"之景和"臣"之行。"出师未捷身先死，长使英雄泪满襟"，悲歌抒怀，沉痛淋漓。诸葛祠前的老杜，徘徊良久，不禁汍澜被面，老泪纵横。末联二句，道出千古失意英雄的同感，令人黯然神伤。唐代永贞革新首领王叔文、宋代抗金民族英雄宗泽，在失败或临终时都愤然诵此二语，足见其悲剧效果深远。

绝句有时前两句写景，后两句抒情。五绝如王之涣《登鹳雀楼》：

白日依山尽，黄河入海流。
欲穷千里目，更上一层楼。

前两句写登楼所见之景，后两句写登楼所生之感。

又如白居易《问刘十九》：

绿蚁新醅酒，红泥小火炉。

> 晚来天欲雪，能饮一杯无？

前两句描绘备酒之胜景，后两句写邀客之盛情。

七绝如王昌龄《芙蓉楼送辛渐》：

> 寒雨连江夜入吴，平明送客楚山孤。
> 洛阳亲友如相问，一片冰心在玉壶。

前两句描绘送别之景——凄冷，后两句抒发送别之情——豪迈。

又如李白《黄鹤楼送孟浩然之广陵》：

> 故人西辞黄鹤楼，烟花三月下扬州。
> 孤帆远影碧空尽，唯见长江天际流。

前两句绘送别之美景，后两句抒送别之悠情。"烟花三月下扬州"，陈婉俊称之为"千古丽句"，"孤帆远影碧空尽，唯见长江天际流"，语近情遥，有"手挥五弦，目送飞鸿"之妙。送君之行，三月丽景，江流无际，离心悠远。真可谓："善写情者不贵质言，但将别时景象有感于心者写出，即可使诵其诗者发生同感也。"①

（三）模式：叙述结构

律诗叙述模式一般是起承转合，绝句叙述模式一般是前后照应。

1. 律诗叙述：起承转合

元代范德玑《诗格》："作诗有四法：起要平直，承要舂容，转要变化，合要渊水。"按照诗文写作结构章法而言，"起"是开端，"承"承接上文加以申述，"转"是转折，从另一方面立论，"合"是结束全文。起联破题，次联承其意，第三联用开笔，结句收转，前后相应，以成章法。总而言之：

首联，起，是开头，可叙事。
颔联，承，是过程，可绘景。
颈联，转，是转折，可描摹。
尾联，合，是结果，可评议。

律诗一般首尾两联抒情，中间两联写景，情景交融，虚实相生。以"起承转合"来论诗，关键点在三要素：第一，律诗分四部分；第二，各部分之间有逻辑联系；第三，各部分与诗题（诗意）存在题旨关系。如杜甫《江村》：

> 清江一曲抱村流，长夏江村事事幽。
> 自去自来梁上燕，相亲相近水中鸥。
> 老妻画纸为棋局，稚子敲针作钓钩。
> 但有故人供禄米，微躯此外更何求？

---

① 刘永济. 唐人绝句精华 [M]. 北京：人民文学出版社，1981：48.

通篇写"幽",首联承题写环境之"幽",颔联写动物之"幽",颈联写人事之"幽",尾联写心境之"幽(忧)"。

又如柳宗元《登柳州城楼，寄漳、汀、封、连四州刺史》：

城上高楼接大荒，海天愁思正茫茫。
惊风乱飐芙蓉水，密雨斜侵薜荔墙。
岭树重遮千里目，江流曲似九回肠。
共来百越文身地，犹自音书滞一乡。

诗写柳宗元初到柳州之感，首联承题写登楼之思，颔联写近景，颈联写远景，尾联写登楼之慨。

又如林逋《山园小梅》：

众芳摇落独暄妍，占尽风情向小园。
疏影横斜水清浅，暗香浮动月黄昏。
霜禽欲下先偷眼，粉蝶如知合断魂。
幸有微吟可相狎，不须檀板共金樽。

此诗为咏梅绝唱。首联写梅所处之环境；颔联写梅之外表美，在色与香；颈联写梅之外在美，在品与格；尾联以梅喻人，沁人心脾。欧阳修说："前世咏梅者多矣，未有此句也。"王十朋评价此诗："暗香和月入佳句，压尽古今无诗才。"写心境之"幽(忧)"。

2. 绝句章法：前后照应

东方树《昭昧詹言》云："章法则须一气呵成，开合动荡，首尾一线贯注。"绝句虽短小，但也章法严谨，开合有力，照应有理。主要有四句独立成章、前后两句对照、四句前后照应和四句一结等形式。

一是四句独立成章。绝句四句，一句一绝体式，颇耐玩味，犹谓人生四大乐事："久旱逢甘霖，他乡遇故知。洞房花烛夜，金榜题名时。"绝句句句写景，一句一景，各句之间似无关联，但句与句又彼此照应，构成一个统一完美的意境。如杜甫《绝句》：

两个黄鹂鸣翠柳，一行白鹭上青天。
窗含西岭千秋雪，门泊东吴万里船。

一句一景，看似不相连属、断锦裂缯，实则诗中鹂、鹭、雪、船四景统一于诗人自己的遥想之中，心境与景物融成一体，好一幅"高斋闲坐图"。杜甫一句一景绝句，还屏风式描绘了许多景物图画，如《漫成一首》写"江天听静图"：

江月去人只数尺，风灯照夜欲三更。
沙头宿鹭联拳静，船尾跳鱼拨剌鸣。

这首诗的四句分别写了月、灯、鹭、鱼四景。

又如杜甫另一《绝句》"艳阳沙滩图"：

     迟日江山丽，春风花草香。

     泥融飞燕子，沙暖睡鸳鸯。

沙滩四景——艳阳、春风、燕子和鸳鸯，动静相宜。

再如欧阳修《梦中作》：

     夜凉吹笛千山月，路暗迷人百种花。

     棋罢不知人换世，酒阑无奈客思家。

全诗写了秋夜、春宵、棋罢、酒阑四个不同境界，各自独立，但又都显得凄清、迷茫，表现出作者想超脱人世而又不能忘怀的"仕"与"隐"的矛盾。

再如王安石《题齐安壁》：

     日净山如染，风暄草欲薰。

     梅残数点雪，麦涨一溪云。

写春景——日、风、梅、麦，春意阑珊。

再如徐俯《春游湖》：

     双飞燕子几时回？夹岸桃花蘸水开。

     春雨断桥人不渡，小舟撑出柳阴来。

初春湖边风景清新可爱。四句四景，鲜明逼真，"远近高低各不同"。高处，燕语双飞；低处，嫩桃绽粉；远处，雨帘淅沥；近处，小船泛游。

二是前后两句对照。前两句叙事，后两句抒情；前两句写昔，后两句写今；前两句写实（眼前），后两句写虚（遥想）。如王之涣《登鹳雀楼》，前两句写登楼所见，后两句写登楼所感；又如王安石《北陂杏花》，前两句写杏花之形，后两句写杏花之神。

前两句写昔，后两句写今者，如崔护《题都城南庄》：

     去年今日此门中，人面桃花相映红。

     人面不知何处去，桃花依旧笑春风。

今昔之慨，美丽而富于魅力。

写今昔对比之感的绝句还有：

     旧苑荒台杨柳新，菱歌清唱不胜春。

     只今惟有西江月，曾照吴王宫里人。

              （李白《苏台览古》）

     朱雀桥边野草花，乌衣巷口夕阳斜。

     旧时王谢堂前燕，飞入寻常百姓家。

              （刘禹锡《乌衣巷》）

     昨夜扁舟雨一蓑，满江风浪夜如何？

今朝试卷孤篷看,依旧青山绿树多。

(朱熹《水口行舟》)

与子相逢俱少年,东吴城郭酒如川。
如今白发知多少,风雨扬州共被眠。

(袁凯《扬州逢李十二衍》)

前两句写实,后两句写虚,前属于眼前之事,后属于想象之词,如王维《九月九日忆山东兄弟》:

独在异乡为异客,每逢佳节倍思亲。
遥知兄弟登高处,遍插茱萸少一人。

由此及彼,"遥知"为想象他方之语。

又如白居易《邯郸冬至夜思家》:

邯郸驿里逢冬至,抱膝灯前影伴身。
想得家中夜深坐,还应说着远行人。

"想得"为遥远之地的寒夜独坐之境。

又如王昌龄《送魏二》:

醉别江楼橘柚香,江风引雨入舟凉。
忆君遥在潇湘月,愁听清猿梦里长。

"忆君"为昔日场景,此际属醉别,实虚对比,也是现实与回忆的对比。

三是四句前后照应。绝句首尾圆合,前后照应,方显条理清晰,架构坚实。

结句应前,即结句收合扣回首句,其意有回归之感,架构稳实。这种呼应最为常见,如李白《早发白帝城》:

朝辞白帝彩云间,千里江陵一日还。
两岸猿声啼不住,轻舟已过万重山。

首句写"辞",次句写"还",尾句以"舟过"呼应"辞"与"还",全诗在"辞"与"还"间形成一个紧密"过"程。

又如李清照《夏日绝句》:

生当作人杰,死亦为鬼雄。
至今思项羽,不肯过江东。

首句赞"人杰",次句颂"鬼雄",第三句写"项羽"(属人杰),末句肯定"人杰"行为。

转句应前。此类呼应为第三句呼应前句,尾句则多数为宕开作结或意外作结,如韦庄《金陵图》:

谁谓伤心画不成,画人心逐世人情。
君看六幅南朝事,老木寒云满故城。

首句以"画"点题,次句论"画",转句以"六幅"呼应,后以景抒情收尾。

又如苏轼《赠刘景文》:

> 荷尽已无擎雨盖,菊残犹有傲霜枝。
> 一年好景君须记,最是橙黄橘绿时。

前两句写"好景"之状,转句赞"好景"之情,末句颂"好景"之时。

前后相应。环环相扣,呼应紧密,如刘禹锡《竹枝词九首·其二》:

> 山桃红花满上头,蜀江春水拍山流。
> 花红易衰似郎意,水流无限似侬愁。

首句言山花,次句说江水,第三句"花红"应首句,尾句"水流"应次句,四句两两照应,对应承接,结构严整。

环环相生,照应紧凑,如陆游《示儿》:

> 死去元知万事空,但悲不见九州同。
> 王师北定中原日,家祭无忘告乃翁。

尾句"家祭"应首句"死去",第三句"北定"应次句"不见九州同",一"但"字将"死"与"祭"之间的"悲"愤之情演绎得沉痛无比。

四是四句一结。绝句意连句结,四句意思前后相承,紧密相关,诗句按照时间或事件发展的顺序进行抒写。在语言上下句承接上句,结构上下段承接上段,全诗一意到底,句句相连,意脉不断。承接有两种方式,一则先描述行为结果,再交代产生此行为的原因,属"循因"型;一则先叙述事由,再交代结果,属"溯果"型。

其一,"循因"型,如金昌绪《春怨》:

> 打起黄莺儿,莫教枝上啼。
> 啼时惊妾梦,不得到辽西。

因鸟喜叫,叫声惊梦,梦破愿难成,所以"打起黄莺儿"。四句诗,每一句属一个疑问,下句解答了此疑问,又令人产生一个新疑问,可谓疑窦丛生。此绝句是描绘闺中少妇急切盼望丈夫归来,属无理取闹型。

也有任性专注型,如李端《闺情》:

> 月落星稀天欲明,孤灯未灭梦难成。
> 披衣更向门前望,不忿朝来鹊喜声。

第一句写景,第二句写情,第三句写行,第四句写声,闺中少妇急切盼望丈夫归来。

亦有心生恼恨型,如王昌龄《闺怨》:

> 闺中少妇不知愁,春日凝妆上翠楼。
> 忽见陌头杨柳色,悔教夫婿觅封侯。

四句诗,一个完整的心理流程:无聊,排遣,偶感,生悔意。王昌龄用细腻而

含蓄的笔触描绘了宫闺女子的心理状态及其微妙变化，前三句直写具体行动，末句直述原因，"悔教夫婿觅封侯"回答诗题"闺怨"，水到渠成，自然顺理。

其二，"溯果"型，如李白邀友，有《山中与幽人对酌》：

> 两人对酌山花开，一杯一杯复一杯。
> 我醉欲眠卿且去，明朝有意抱琴来。

第一句写开始喝酒，第二句写喝酒过程，第三句写喝酒结果，第四句写醉后邀饮。深情款款，醇香而绵厚。

李白送友，有《哭晁卿衡》：

> 日本晁卿辞帝都，征帆一片绕蓬壶。
> 明月不归沉碧海，白云愁色满苍梧。

第一句写辞行之状，第二句写途中情形，第三句写行程遇难，第四句写闻讯感受。前两句用赋体叙写经过，实写；后两句用比兴拟况感受，虚写。

绘春之活泼，范成大有《四时田园杂兴》：

> 土膏欲动雨频催，万草千花一饷开。
> 舍后荒畦犹绿秀，邻家鞭笋过墙来。

首句写雨频，次句写花绽，三句写绿秀，末句写春满。

咏绣幛之精美，胡令能有《咏绣幛》：

> 日暮堂前花蕊娇，争拈小笔上床描。
> 绣成安向春园里，引得黄莺下柳条。

赞美刺绣精美妙绝。首句写刺绣取样，次句写描取花样，三句写绣成，末句写刺绣之美。"争拈小笔上床描"写刺绣者的认真，女红工巧，一"拈"字显绣女动作的轻巧和姿态的优美；"引得黄莺下柳条"写绣成之屏风足以乱真，放在花园里，栩栩如生，连黄莺都上当了，离开柳枝向屏风飞来。认真为乱真之底蕴，乱真为认真之风采。

（四）意蕴：审美结构

古诗意在营造一种丰富蕴藉的艺术空间，储蕴一份悠然绵邈的审美情趣，在审美意蕴上追求精练、含蓄和境界。诗贵精练，言约义丰；诗贵含蓄，辞尽意余；诗贵境界，情景相生。

1. 诗贵精练，言约义丰

古诗往往语言简练，含意丰富。《六祖大师法宝坛经》序："夫《坛经》者，言简义丰，理明事备，具足诸佛无量法门。——法门，具足无量妙义；——妙义，发挥诸佛无量妙理。"偈，也是诗，用简短话语揭示生活或人生道理，一语妙谛。

一语精妙，如张祜《宫词》：

> 故国三千里，深宫二十年。
> 一声何满子，双泪落君前。

数字精妙，"三千""二十""一""双"，在无限的时间和空间组合中，感受深宫之苦和思乡之痛。

一语双关，如杜常《华清宫》：

> 行尽江南数十程，晓星残月入华清。
> 朝元阁上西风急，都入长杨作雨声。

"长杨"一语双关，既指长杨宫，也指树木长杨，雨声让思绪飘远。

一语妙趣，如一首禅诗：

> 尽日寻春不见春，芒鞋踏遍陇头云。
> 归来笑拈梅花嗅，春在枝头已十分。

寻春不得，却发现春天竟在自家门庭之内，"睫在眼前长不见，道非身外更何求"。诸佛所证悟的真如法身，原是人人具足，不假外求。

一语天然，如陶渊明《饮酒·其五》：

> 结庐在人境，而无车马喧。
> 问君何能尔？心远地自偏。
> 采菊东篱下，悠然见南山。
> 山气日夕佳，飞鸟相与还。
> 此中有真意，欲辨已忘言。

"采菊东篱下，悠然见南山"，一"见"字蕴含新意无端，既无"图穷匕首见"之"客"观（别人看见），也无"风吹草低见牛羊"之"主"观（自己看见），只有"你见/或者不见/我就在那里/不悲不喜"之"臆"观（心看见）。见（同"现"），观篱侧菊香梦南山，觅山岚暮霭思飞鸟，知觉上的直观性、时间上的同时性、空间上的距离化，使知觉与现象臻于妙合无垠，想象无限。诚然"一语天然万古新，豪华落尽见真淳"。

2. 诗贵含蓄，辞尽意余

苏轼提出："言有尽而意无穷者，天下之至言也。"严羽评述唐诗说："盛唐诸人惟在兴趣，羚羊挂角，无迹可求。故其妙处，透彻玲珑，不可凑泊，如空中之音、相中之色、水中之月、镜中之象，言有尽而意无穷。"（《沧浪诗话·诗辨》）以禅喻诗，标举镜花水月等空灵形象，说明艺术境界的"透彻玲珑"，亦即要达到"言有尽而意无穷"。古诗言简意赡，包蕴深厚而曲折委婉，审美情思隐然潜寓于审美意象之中，因而能将欣赏者的情思引向遥远。含蓄蕴藉、余味无穷为诗作之美感显现，于诗人，则在文本中艺术地建构起开放性的召唤结构；于读者，则意味着艺术审美的深度参与。

诗追求"语尽意不尽"。王寿昌《小清华园诗谈》指出:"诗有三不尽:景尽情不尽,语尽意不尽,兴尽味不尽。"这"三不尽"都很重要,在绝句,"语尽意不尽"尤其关键,"语",指的不单单是语言,还有由语言构成的物象,所以,我们还可以加一句"象尽意不尽"。绝句,就欣赏者而言,应从作品形象的实际出发,探求作者用意,切不可离开作品实际捕风捉影,寻求所谓微言大义。如元人解韦应物《滁州西涧》,刻意求深,说前二句是喻"君子在下,小人在上之象",只抓住"幽草"字面,便以"芳草美人以喻君子"模式比附而不及其余,好诗便给说坏了,无怪乎沈德潜叹道:"此辈难与言诗。"诗人寓意,读者会心,是比兴寄托;而论者随意强加,属比附。语尽意不尽,在于品味。韦应物《滁州西涧》与苏舜钦《淮中晚泊犊头》有异曲同工之妙,苏诗曰:"春阴垂野草青青,时有幽花一树明。晚泊孤舟古祠下,满川风雨看潮生。"垂野空荡无人,景致迷蒙万端,让人想象无穷。一语要眇意无限,可堪解读总会心。若以"野渡无人舟自横"为谜面,猜谜语,谜底多解,如下:

①猜一字(激)。

②猜两韵字(舶、泊)。

③猜一城市(济宁)。

④猜一名胜(逍遥津)。

⑤猜一成语(放荡不羁、放任自流、无人问津)。

⑥猜两俗语(划不来、过不去)。

⑦猜一江湖术语(摆平)。

⑧猜一物理名词(漂移)。

⑨猜一交通术语(空载)。

⑩猜一太空语(太空船)。

⑪猜一经济名词(经济萧条)。

诗讲究"有余蕴"。沈德潜说唐人绝句"有余蕴",即给读者留下更多的想象余地,留有蕴味。诗的蕴味,需要悟。作者要悟,一时间仁兴,忘手忘心,天然不可凑泊;读者要悟,不即不离,不粘不脱,不粘着于原义,又不离原义。原义之外还存在一个再造义,似有非有,非有似有。诚如元好问所说:"诗家圣处,不离文字,不在文字。"绝句在文字的要眇幽约间,营造着一种无法名状的美感。清代王寿昌《小清华园诗谈》云:"诗有三深:情欲深,意欲深,味欲深。"韵味深长,才能使人回味无穷,从而获得深刻久远的审美感受。以杜牧七绝为例品味余蕴,风格俊爽清丽,独树一帜,"在唐贤中另是一种笔意",被沈德潜概括为"远韵远神",艺术性极强。杜牧"绝句最多风调,味永趣长"(贺裳《载酒园诗话·又编》),远韵悠扬,远神清俊。

远韵悠扬,感喟时事,如《将赴吴兴登乐游原一绝》:

　　　　清时有味是无能，闲爱孤云静爱僧。
　　　　欲把一麾江海去，乐游原上望昭陵。

昭陵远望，无限感慨，此诗为杜牧于宣宗大中四年（850年）将离长安到吴兴（今浙江湖州）任刺史时所作，写得深刻简练且沉郁含蓄。

远韵悠扬，感遇生活，如《赠别》：

　　　　娉娉袅袅十三余，豆蔻梢头二月初。
　　　　春风十里扬州路，卷上珠帘总不如。

"春风十里"，无限风光，这是诗人告别扬州的真情流露，诗句空灵清妙，留给人的却是怅然若失的经久回味。

远神清俊，形象优雅，如《齐安郡中偶题》：

　　　　两竿落日溪桥上，半缕轻烟柳影中。
　　　　多少绿荷相倚恨，一时回首背西风。

"一时回首背西风"，"回"与"背"的形象刻画，将荷花独立的自然之美与人世背离的社会之美糅合，圆融一体。

远神清俊，格调高雅，如《山行》：

　　　　远上寒山石径斜，白云深处有人家。
　　　　停车坐爱枫林晚，霜叶红于二月花。

"霜叶红于二月花"，气骨高峻，讴歌生命的积极。

3. 诗贵境界，情景相生

陆时雍在《诗镜总论》中说，"善道景者，绝去形容，略加点缀"，"善言情者，吞吐深浅，欲露还藏"。诗在绘景中营造着一种蕴藉空灵，让人神远，亦即境界产生。境界的产生，除了情景融和外，还伴有思想意趣、审美意识及艺术氛围等，但情与景是营造境界的两种重要元素。

一是景中有情。以景为主，触景生情。王国维说："昔人论诗词，有景语、情语之别，不知一切景语皆情语也。"① 诗中的景致蕴含着诗人深深的情感，是景语，更是情语，情在景内，景蕴情愫。

离别之际，黄莺鸣啼也含情，如戎昱《移家别湖上亭》：

　　　　好是春风湖上亭，柳条藤蔓系离情。
　　　　黄莺久住浑相识，欲别频啼四五声。

柳条欲留，黄莺啼别，春天景物将离情拟人化，别情无极。

春行间，花落鸟啼亦能惹愁绪，如李华《春行即兴》：

　　　　宜阳城下草萋萋，涧水东流复向西。

---

① 王国维. 人间词话 [M]. 墙峻峰，注析. 武汉：长江文艺出版社，2017：151.

芳树无人花自落，春山一路鸟空啼。

全篇不露秋毫情意，却句句写景，句句含情，绿草、芳树、山泉、鸟语，皆宜人之景，代表着凄凉之心，显示着诗人对时代的深沉叹惋。

故地重游，回首间恋旧之情欲说还休（羞），如刘禹锡《杨柳枝》：

清江一曲柳千条，二十年前旧板桥。

曾与美人桥上别，恨无消息到今朝。

见此景，一曲清江，千条碧柳，风景美丽，欲说还休；恋彼人，板桥依旧，美人无踪，欲说还羞。

行旅间，淙淙流水亦会"有情"相伴，如温庭筠《过分水岭》：

溪水无情似有情，入山三日得同行。

岭头便是分头处，惜别潺湲一夜声。

溪水有情，三日同行，相依相伴，潺湲流淌，千古如斯。

风雨亦有情，送别际，迷蒙凄清，如许浑《谢亭送别》：

劳歌一曲解行舟，红叶青山水急流。

日暮酒醒人已远，满天风雨下西楼。

"满天风雨下西楼"，景迷茫，情亦凄黯，借景寓情，以景结情，萧瑟凄清的景致更让人体味一种不言而神伤的韵味。

二是情中有景。以情为主，寓情于景。王国维说："境非独谓景物也，喜怒哀乐亦人心中之一境界。故能写真景物、真感情者，谓之有境界。"① 感情是诗歌的生命，只有真挚的感情，才能使诗歌具有感发的力量。能感发人心的真感情，具有积极向上的审美价值和自然健康的教育意义，诸如孤独感、爱国情和英雄气。诗人登临送目，苍茫与孤独之感油然而生，如陈子昂《登幽州台歌》：

前不见古人，后不见来者。

念天地之悠悠，独怆然而涕下。

人生孤独之慨，成为千古绝唱，一气呵成，悲凉慷慨，将读者引入一种深远阔大的境界之中。

志士临终，爱国之情高涨，如陆游《示儿》：

死去元知万事空，但悲不见九州同。

王师北定中原日，家祭无忘告乃翁。

赍志以殁统一梦，凛然千秋爱国情。诗的情感是炽烈而悲痛的，意境是诚挚而深沉的。

壮士临刑，英雄气概壮山河，如谭嗣同《狱中题壁》：

---

① 王国维. 人间词话 [M]. 墙峻峰, 注析. 武汉：长江文艺出版社，2017：11.

> 望门投止思张俭，忍死须臾待杜根。
> 我自横刀向天笑，去留肝胆两昆仑。

以身许国，慷慨赴死，变法信念坚定，表现出愿为实现自己的理想而献身的英雄气概。

三是情景交融。有情有景，情景相生。王夫之说："景者情之景，情者景之情。"情景交融，浑然一体。情景相生，如《诗经·小雅·采薇》诗句：

> 昔我往矣，杨柳依依。
> 今我来思，雨雪霏霏。

此十六字被称为"《三百篇》中最佳诗句之一"，美在今昔时间对比和哀乐情景相生，郑振铎先生认为其"是《诗经》中最为人所传诵的隽语"，在岁月沧桑间领悟生命脉动，情因景而动，景随情而生。

情景相融，如李商隐《端居》：

> 远书归梦两悠悠，只有空床敌素秋。
> 阶下青苔与红树，雨中寥落月中愁。

将一句简单的"我想你了"，演绎成诗情画意十足的情诗。"素秋"之情清寥凄寒，用"青苔"与"红树"、"雨中"与"月中"，将"寥落"与"愁"摹状得意态万分，景致撩人。

情景相合，如范仲淹《渔家傲·秋思》：

> 塞下秋来风景异，衡阳雁去无留意。四面边声连角起。千嶂里，长烟落日孤城闭。　浊酒一杯家万里，燕然未勒归无计。羌管悠悠霜满地。人不寐，将军白发征夫泪。

全词情景融合无间，好一幅悲壮苍凉的边塞秋风图。意境深远，气象壮美。

中小学古诗"阅读"

ZHONGXIAOXUE GUSHI YUEDU

第五讲　中小学古诗"阅读"要素

《诗大序》曰:"诗者,志之所之也。在心为志,发言为诗。"诗歌是情感内容与言语形式的完美统一。唐代诗僧皎然云:"夫诗者,众妙之华实,六经之菁英。"诗是一种独特的文化现象,其智慧是诗性的,语言是诗性的,思维是诗性的。白居易《与元九书》:"诗者,根情,苗言,华声,实义。"诗,属综合表达,情感是根本,语言是苗叶,声音是花朵,思想是果实,以树喻各要素之效用,也形象地阐明了诗歌内容与形式的关系。王力先生《诗词格律》言律诗有四大特点——四联八句(字数)、押平声韵(押韵)、平仄相应(平仄)、中二对仗(对仗),客观地分析了近体诗(律绝)的语言特质,精练而和谐。现代诗人艾青也认为:"诗,如一般所说,是文学的峰顶,是文学的最高样式。"[①] 诗是文学殿堂的王冠。同样,现代诗人何其芳也说:"诗是一种最集中地反映社会生活的文学样式,它饱含着丰富的想象和感情,常常以直接抒情的方式来表现,而且在精练与和谐的程度上,特别是在节奏的鲜明上,它的语言有别于散文的语言。"理解诗歌、阅读诗歌,必须明晰诗歌内容与形式的关系,重点掌握诗歌的形象、意象和意境三种要素,这也是认识诗歌特点的关键要素。

一、形象

文学艺术最重要的概念是形象,通过形象来反映社会生活和表达思想情感。文学以刻画形象为主,朱光潜说:"哲学、科学都侧重理,文学和其他艺术都侧重象。""文艺是一种'象教',它诉诸人类最基本、最原始而也最普遍的感官机能,所以它的力量与影响永远比哲学、科学深厚广大。"别林斯基说:"哲学家用三段论法,诗人则用形象和图画说话。"古诗,尤以形象性感人,具有极强的形象思维特点。严羽《沧浪诗话》:"诗有别材,非关书也;诗有别趣,非关理也。"诗是形象思维,具有一种悖常性,以形象感知为核心,有时靠直觉、体悟和灵感。因此,形象是理解诗歌的一把钥匙,直观呈现诗歌描绘内容。诗人能够捕捉生活中许多事物的典型特征,通过细致入微的细节或动作描绘,营造让人难忘而真实的感人形象。正如朱自清所说:"任一些颜色,一些声音,一些香气,一些味觉,一些触觉,也都可以有诗。"

---

① 艾青. 诗论[M]. 北京:生活·读书·新知三联书店,2014:105.

《诗与感觉》古诗形象一般有视觉形象、听觉形象、嗅觉形象、味觉形象和触觉形象，以达如见其景、如闻其声、如嗅其香、如味其美和如临其境的效果。

（一）视觉形象

视觉形象所展现的是事物的形状、色彩及状态。

1. 山之形

试读柳宗元《与浩初上人同看山寄京华亲故》：

　　　　海畔尖山似剑铓，秋来处处割愁肠。
　　　　若为化得身千亿，散上峰头望故乡。

"尖山似剑铓"，群山形象直观，像无数利剑的锋芒，"愁肠"仿佛是被它们割断似的，借景抒怀，寓情于景。山形孤立。"万壑有声含晚籁，数峰无语立斜阳"（王禹偁《村行》），"三峰一一青如削，卓立千寻不可干"（辛弃疾《江郎山和韵》）。山势起伏。"苍山如海，残阳如血"（毛泽东《忆秦娥·娄山关》），青山起伏像大海波涛，景色壮阔，气概雄壮；"重重似画，曲曲如屏"（苏轼《行香子·过七里濑》），从纵深看，则重重叠叠，如画景，从横列看，则曲曲折折，如屏风。

2. 秋之色

时过秋分，天气转凉，秋色渐浓。秋色萧瑟感凄凉。"秋风萧瑟天气凉，草木摇落露为霜"（曹丕《燕歌行》），秋风萧瑟，草木零落，白露为霜；"萧萧远树疏林外，一半秋山带夕阳"（寇准《书河上亭壁》），半秋山，一份"萧萧"自然生成；"枯藤老树昏鸦"（马致远《天净沙·秋思》），冷落暗淡，"藤""树""鸦"本常物，可配以"枯""老""昏"色调，一股萧瑟肃杀之气直感秋凉。

秋色明亮觉爽朗，如杜牧《山行》：

　　　　远上寒山石径斜，白云深处有人家。
　　　　停车坐爱枫林晚，霜叶红于二月花。

色调明朗，"霜叶红于二月花"。"不似春光，胜似春光"，似火的枫叶让秋色为之一亮，令人心生喜悦之感。

红枫的耀亮，为秋色平添一份喜庆，如杨万里《秋山二首·其一》：

　　　　乌桕平生老染工，错将铁皂作猩红。
　　　　小枫一夜偷天酒，却倩孤松掩醉容。

红枫在乌桕和青松之间显得格外显眼，属秋色亮点，也展现了秋色中迷人的形象：糊涂的乌桕、淘气的小枫和助人的孤松。

秋色不仅仅是感伤，更是激励，如刘禹锡《秋词二首》：

　　　　自古逢秋悲寂寥，我言秋日胜春朝。
　　　　晴空一鹤排云上，便引诗情到碧霄。

山明水净夜来霜，数树深红出浅黄。

试上高楼清入骨，岂如春色嗾人狂。

两首秋词，一赞秋气，"我言秋日胜春朝"，一首咏秋色，"岂如春色嗾人狂"。气以励志，色以冶情。因此，赞秋气以美志向高尚，咏秋色以颂情操清白。秋色明净清白，不似春色繁华浓艳让人轻狂，色调清澈得让人肃然深沉，自有高雅闲淡之美。

3. 柳之态

因角度或方位以及视角不同，在欣赏景物时会有不同的理解和看法，如苏轼看庐山一样，有《题西林壁》：

横看成岭侧成峰，远近高低各不同。

不识庐山真面目，只缘身在此山中。

前两句写游庐山。第一句写游览的方式不同，有横看和侧看两种，山势随之变化无穷。第二句写游览的视域不同，远近距离风景尽收眼底，远望成岭，近视呈峰；高低角度风景尽显尊容，高瞻，直逼苍穹，低瞰，郁郁葱葱。后两句抒发真趣，趣在看山，说明一个道理：当局者迷。

同是咏柳，因心情不同或时间变化，情致不一。春柳柳色清新让人深感喜悦，秋柳柳色萧飒让人备感凄凉。柳条柔和，让柳色徒增一份伤感情绪。春天，柳色清新，生机勃勃，如高鼎《村居》：

草长莺飞二月天，拂堤杨柳醉春烟。

儿童散学归来早，忙趁东风放纸鸢。

春风骀荡中杨柳轻轻摇摆，着一"醉"字，写活了杨柳的娇姿、柔态和神韵。

柳色清新，内心欣喜，如贺知章《咏柳》：

碧玉妆成一树高，万条垂下绿丝绦。

不知细叶谁裁出，二月春风似剪刀。

柳条依依，在微风中款摆，似美人般婷婷袅袅可爱，欣喜之情洋溢。

秋天，柳色萧飒，感伤至极，如李商隐《柳》：

曾逐东风拂舞筵，乐游春苑断肠天。

如何肯到清秋日，已带斜阳又带蝉。

"已带斜阳又带蝉"，斜阳照柳，秋蝉鸣柳，诗情画意十足，却显示的是稀疏衰落的悲叹之情，与李商隐身世同感。

秋柳枯朽，沧桑无极，如白居易《勤政楼西老柳》：

半朽临风树，多情立马人。

开元一株柳，长庆二年春。

"半朽"描画树,"多情"形容人,又以"开元"和"长庆"概述柳的生长时长,对景伤怀,临柳伤心。历史变迁、自然变化和人世沧桑,凝聚在一棵枯柳之上,语短情长,意境苍茫。

柳态婀娜,惹人眷念,如郑谷《柳》:

半烟半雨江桥畔,映杏映桃山路中。

会得离人无限意,千丝万絮惹春风。

离人眷念,凄楚万分。

柳姿轻盈,引人相思,如刘禹锡《杨柳枝》:

清江一曲柳千条,二十年前旧板桥。

曾与美人桥上别,恨无消息到今朝。

4. 人之状

如见其人,有卧者、坐者、立者和望者。先看卧者与坐者。卧者,独卧无奈,如杜牧《秋夕》:

银烛秋光冷画屏,轻罗小扇扑流萤。

天阶夜色凉如水,卧看牵牛织女星。

坐者,闲坐孤寂,如元稹《行宫》:

寥落古行宫,宫花寂寞红。

白头宫女在,闲坐说玄宗。

"卧看""闲坐"成了宫女的日常行为,可见宫女的百般寂寞、万般无聊。时常"卧看",孤独的生活、满怀的心事、凄凉的心情,耐人寻味;终日"闲坐",凄凉的身世、哀怨的情怀、盛衰的感慨,一览无余。坐者,更如白居易《后宫词》所写,"斜倚熏笼坐到明",写出了坐的妙旨:由希望到失望,由失望到苦望,由苦望到绝望。望穿秋水,秋水无痕。

再看少妇的立与望。立者,少妇见花沉思,凝立如痴,如刘禹锡《和乐天春词》:

新妆宜面下朱楼,深锁春光一院愁。

行到中庭数花朵,蜻蜓飞上玉搔头。

望者,少妇见色思春,颙望似呆,如王昌龄《闺怨》:

闺中少妇不知愁,春日凝妆上翠楼。

忽见陌头杨柳色,悔教夫婿觅封侯。

(二)听觉形象

视觉形象以目观,听觉形象以耳听。所听,有鸟鸣声、犬吠声、风雨声以及钟声。

1. 鸟鸣声

春闻鸟啼声,有孟浩然《春晓》,通过春之声,写春天环境之优美和生机之蓬勃。还有莺啼之惹人喜爱,如苏舜钦的《雨中闻莺》:

娇娥人家小女儿,半啼半语隔花枝。
黄昏雨密东风急,向此飘零欲泥谁?

以娇憨可爱的小女孩咿呀学语,比喻花丛中的莺啼声,可谓别致而亲切。

2. 犬吠声

夜间闻声,犬吠最相警,如刘长卿《逢雪宿芙蓉山主人》:

日暮苍山远,天寒白屋贫。
柴门闻犬吠,风雪夜归人。

犬吠,在白雪苍茫中显得十分惊心,脚步声惊动犬吠,犬吠声惊动行人的脚步,犬吠声明晰,"风雪夜归人"却模糊:是投宿者问路,还是行旅者赶路,抑或是外出者归家?无法释读。

犬吠深宫,却无人理,如王建《宫词三十首·其十三》:

白雪猧儿拂地行,惯眠红毯不曾惊。
深宫更有何人到,只晓金阶吠晚萤。

小狗百无聊赖,尚能与萤火虫逗着玩儿,而宫女们又能与谁交往呢?小狗的叫声,反衬出深宫的冷清与寂寞。

3. 风雨声

夜窗听疏雨,百感交集,如南宋诗人项安世《小雨怀张升之》:

夜窗疏雨不堪听,独坐寒斋万感生。
今夜故人江上宿,如何禁得打蓬声?

水槛听疏雨,美感独特,如晚唐诗人李商隐《宿骆氏亭寄怀崔雍崔衮》:

竹坞无尘水槛清,相思迢递隔重城。
秋阴不散霜飞晚,留得枯荷听雨声。

"留得枯荷听雨声",多么感伤的情调,声音单调而凄清,久听,耿耿无寐。听雨,竟有一种特别的美感,蕴含着一份特有的意境与神韵,幽静寂寥间,无关枯荷的残败飒爽,感喟无限。

4. 钟声

佛家讲究"晨钟暮鼓",但唐诗中钟声时段最佳为日暮钟和夜半钟。日暮钟声最佳者在竹林寺,如刘长卿《送灵澈上人》:

苍苍竹林寺,杳杳钟声晚。
荷笠带夕阳,青山独归远。

钟声杳杳，情韵遥遥，遗响成为两人的共鸣，诗人和上人惜别，深情与沉思兼具。一介宦途失意客，一个方外归山僧。深情，但不为离别感伤，是由于同怀淡泊；沉思，也不为僧儒殊途，是由于旨趣相同。

夜半钟声最佳者在寒山寺。山寺有幸遇张继，霜天渔火听疏钟。张继在"不朽的无眠"中写下《枫桥夜泊》：

> 月落乌啼霜满天，江枫渔火对愁眠。
> 姑苏城外寒山寺，夜半钟声到客船。

诗作魅力所在为"夜半钟声"，属空中之音，有方外之情，于阒寂时聆听清疏回响，确也警醒人心，其钟声之妙主要体现在三端：以声写行、以声衬静和以声传情。寒山寺的"夜半钟声"也一直在中国诗人间传唱，钟声依然，宋代陆游有《宿枫桥》："七年不到枫桥寺，客枕依然半夜钟。风月未须轻感慨，巴山此去尚千重。"明代高启有《将赴金陵出阊门夜泊》："乌啼霜月夜寥寥，回首离城尚未遥。正是思家起头夜，远钟孤棹宿枫桥。"清代王士禛有《夜雨题寒山寺，寄西樵、礼吉》："枫叶萧条水驿空，离居千里怅难同。十年旧约江南梦，独听寒山半夜钟。"

（三）嗅觉形象

嗅觉形象一般以气味为主，其中香气为主要刻画元素，有芳香、暗香以及气香与骨香。

1. 芳香

春天，花草飘香，"桃花历乱李花香"（贾至《春思二首·其一》）；夏天，稻香麦香，"稻花香里说丰年"（辛弃疾《西江月·夜行黄沙道中》），"晴日暖风生麦气，绿阴幽草胜花时"（王安石《初夏即事》）。花草香，春光烂漫，如杜甫《绝句》：

> 迟日江山丽，春风花草香。
> 泥融飞燕子，沙暖睡鸳鸯。

麦花香，盛夏忙碌，如范成大《四时田园杂兴·其二十五》：

> 梅子金黄杏子肥，麦花雪白菜花稀。
> 日长篱落无人过，惟有蜻蜓蛱蝶飞。

蔷薇香，庭院馥郁，如高骈《山亭夏日》：

> 绿树阴浓夏日长，楼台倒影入池塘。
> 水晶帘动微风起，满架蔷薇一院香。

牡丹香，花香袭人，如李白《清平调·其二》：

> 一枝红艳露凝香，云雨巫山枉断肠。
> 借问汉宫谁得似？可怜飞燕倚新妆。

海棠香，幽香氤氲，如苏轼《海棠》：

东风袅袅泛崇光,香雾空蒙月转廊。

只恐夜深花睡去,故烧高烛照红妆。

2. 暗香

暗香妙者莫若梅与菊。梅,"疏影横斜水清浅,暗香浮动月黄昏",清绝高洁;菊,"东篱把酒黄昏后,有暗香盈袖",深沉细腻。

一是梅香幽暗。梅香幽远,齐己有《早梅》:

万木冻欲折,孤根暖独回。

前村深雪里,昨夜一枝开。

风递幽香去,禽窥素艳来。

明年如应律,先发望春台。

"风递幽香去,禽窥素艳来",侧重写梅花的姿色和风韵,内怀"幽香"与外呈"素艳",表明梅花之傲然与高洁,一"递"字生动显露出梅花的内蕴与风致。梅香幽暗幽雅,王安石有《梅花》:

墙角数枝梅,凌寒独自开。

遥知不是雪,为有暗香来。

梅香沁鼻,香溢周遭。凌寒独开喻品格高贵,暗香沁人寓才气横溢。"为有暗香来",信心满满,展示的是孤芳自赏的陶醉感与自信感,诚是"梅须逊雪三分白,雪却输梅一段香"(卢梅坡《雪梅》)。

二是菊香暗淡。暗淡间自有一份高洁,如李商隐《菊花》:

暗暗淡淡紫,融融冶冶黄。

陶令篱边色,罗含宅里香。

3. 气香与骨香

还是以梅与菊为例,来理解和体味其品质香韵。

一是梅,气香清高和骨香清孤。清高香气,王冕有《墨梅》:

我家洗砚池头树,朵朵花开淡墨痕。

不要人夸好颜色,只留清气满乾坤。

墨梅劲秀芬芳、卓然不群,"清气满乾坤",以清香美德自喻,遗世独立,表达不向世俗献媚的高尚情操。

清孤傲骨,郑燮有《山中雪后》:

晨起开门雪满山,雪晴云淡日光寒。

檐流未滴梅花冻,一种清孤不等闲。

雪梅料峭傲立、无香有韵,"一种清孤不等闲",洁身自好,气场满满,表现了清高坚韧的不屈性格。

二是菊,香气冲天和骨气感人。菊香冲天,黄巢有《不第后赋菊》:

> 待到秋来九月八,我花开后百花杀。
>
> 冲天香阵透长安,满城尽带黄金甲。

菊香,不是幽香,也不是清香,而是"冲天香阵",非凡的气势显示了英雄气概,一个"透"字又表明了无所不至的进取精神。

菊香怡人,郑思肖有《寒菊》:

> 花开不并百花丛,独立疏篱趣未穷。
>
> 宁可枝头抱香死,何曾吹落北风中。

"抱香",显菊花不俗不艳不屈不媚,暗示诗人忠贞之气和高洁之品。

(四) 味觉形象

味觉形象一般指味道,味道有酸甜苦涩之分,也有冷热浓淡之别,更有时令美味诱人。

1. 羹汤味

以味探人,如王建《新嫁娘词三首·其三》:

> 三日入厨下,洗手作羹汤。
>
> 未谙姑食性,先遣小姑尝。

虽是味蕾策略,却是新娘心计,通过食味的品尝来了解家庭成员的饮食习惯,与朱庆馀"妆罢低声问夫婿,画眉深浅入时无"一样,探听行为与狡黠心态合情合理,充分显示新嫁娘的灵机慧心。味道也是家庭和谐的一分子,难怪老子云:"治大国如烹小鲜。"

2. 水果酸甜味

甜味,荔枝甘甜,如苏轼《食荔枝》:

> 罗浮山下四时春,卢橘杨梅次第新。
>
> 日啖荔枝三百颗,不辞长作岭南人。

"日啖荔枝三百颗",既写出了荔枝的甜美,也抒发了诗人对岭南的留恋之情。酸味,梅子酸涩,如杨万里《闲居初夏午睡起》:

> 梅子留酸软齿牙,芭蕉分绿与窗纱。
>
> 日长睡起无情思,闲看儿童捉柳花。

"梅子留酸软齿牙",梅酸涩口,一"软"字写出酸味浸润之效,令人牙齿酸软。

3. 时令美味

春天,江鱼鲜;秋天,鲈鱼美。春天尝鲜,苏轼《初到黄州》"长江绕郭知鱼美,好竹连山觉笋香",江鱼鲜美,春笋清香。亦有《惠崇春江晚景二首·其一》:

> 竹外桃花三两枝,春江水暖鸭先知。

> 蒌蒿满地芦芽短，正是河豚欲上时。

春暖花开，蒌蒿、芦芽鲜嫩，河豚正鲜美，也是品鲜尝美之时。秋天，思念家乡的味道，"乃思吴中菰菜、莼羹、鲈鱼脍，曰：'人生贵得适志，何能羁宦数千里以要名爵乎！'遂命驾而归。"（《晋书·张翰传》）张翰因思念家乡美味而弃官，足见家乡味道的魅力。欧阳修为张翰写过十分动情的诗句：

> 清词不逊江东名，怆楚归隐言难明。
>
> 思乡忽从秋风起，白蚬莼菜脍鲈羹。

家乡美味却也成了归隐的最佳由头，张翰的"莼鲈之思"也成为一个美妙的文学故事。辛弃疾《水龙吟》也慨叹："休说鲈鱼堪脍，尽西风，季鹰归未？"

（五）触觉形象

触觉形象一般指人的身体接触物质后所产生的温度（寒与暖）、湿度（干与湿）、强度（软与硬）以及触觉（痛与快）之类的印象。

1. 寒与暖

以白居易《寒闺怨》和《问刘十九》为例。

一是独居女子对环境冷暖的反应十分敏感，感寒气逼人，如《寒闺怨》：

> 寒月沉沉洞房静，真珠帘外梧桐影。
>
> 秋霜欲下手先知，灯底裁缝剪刀冷。

一个"寒"字凸显寒冷，叶落秋霜寒意生；一个"冷"字彰显凄凉，人千里兮共明月。"天寒岁暮，征夫不归，冬衣未成，秋霜欲下，想到亲人不但难归，而且还要受冻，岂能无怨？于是，剪刀上的寒冷，不但传到了她的手上，而且也传到了她心上。"（沈祖棻《唐人七绝诗浅释》）

二是邀约的热情暖意，令人激情澎湃，如《问刘十九》：

> 绿蚁新醅酒，红泥小火炉。
>
> 晚来天欲雪，能饮一杯无？

诗间流溢出的是暖意融融的友情，一杯薄酒代表的是浓郁的情谊。新酒、火炉和暮雪，三个意象似乎无联系，实则构成了诗作的气韵、境界和情味，令人备感温暖。

2. 湿意无端

干湿一般由水分的多少而论，干指水分缺失，而湿指水分充足甚至饱满。湿，从水显声，"水"因"显"而"湿"，是一种视觉性——触觉性的感官能产生官能性的审美效应。花湿感形象净化，衣湿觉情韵漫化，云湿感境地诗化。

一是花湿，呈现一种清新或空旷感，如芙蓉花湿：

> 晓看红湿处，花重锦官城。

（杜甫《春夜喜雨》）

芙蓉花经一夜雨水浸润，更加娇艳欲滴。

又如杏花湿：

> 沾衣欲湿杏花雨，吹面不寒杨柳风。
>
> （志南和尚《绝句》）

杏花雨、杨柳风，一片春意盎然。

又如桂花湿：

> 中庭地白树栖鸦，冷露无声湿桂花。
>
> （王建《十五夜望月》）

冷露无声湿桂花，悠远而耐人寻味。

二是衣湿，表达一份冷清或孤寂感，如人衣湿：

> 山路元无雨，空翠湿人衣。
>
> （王维《山中》）

山行湿衣，也是常态，"纵使晴明无雨色，入云深处亦沾衣"（张旭《山中留客》）。"空翠湿人衣"，"空"与"湿"相矛盾，在一片翠雾笼罩中，浸染与滋润间，自然有种细雨湿衣的错觉，虽有凉意却有妙趣。

又如青衫湿：

> 座中泣下谁最多？江州司马青衫湿。
>
> （白居易《琵琶行》）

青衫湿，既是写实，也是述怀。身份写实为司马。白居易当时被贬为九江郡司马，从九品，唐代八、九品文官着青色。"同是天涯沦落人，相逢何必曾相识"，同声相应中同病相怜。

又如罗巾湿：

> 泪湿罗巾梦不成，夜深前殿按歌声。
>
> （白居易《后宫词》）

一边是泪湿罗巾，彻夜难眠；一边是终宵歌舞，纵情欢娱。以他人欢笑反衬自己哀怨，用泪湿来体现内心的孤寂与郁闷，"弦凝指咽声停处，别有深情一万重"（白居易《夜筝》）。

三是云湿，营造一种空灵或迷蒙境，如崔橹《华清宫三首·其三》：

> 门横金锁悄无人，落日秋声渭水滨。
> 红叶下山寒寂寂，湿云如梦雨如尘。

"湿云如梦雨如尘"，绘色绘状，逼真。含雨的云浮游天际，像梦一般迷离；而云端飘落的雨丝，却又像灰尘一样四处随风飘散。情致哀怨，文字凄美。生活中有太多的不完美，亦有太多的遗憾。可叹，我的人生轻渺如雨尘，没有一丝重量，瞬间消失无痕。"云浮如梦幻，雨密似烟尘。"这句诗句，用英语可"硬译"为："The

cloud is dreaming, the rain is dusting, and my soul is leaving."湿云是一种自然状态，也是一种生命形式，更是一种情感体悟。"云湿山如动，天低雨欲垂"（文天祥《即事》），云湿如时代变化；"云湿纱窗，雨湿纱窗"（辛弃疾《一剪梅》），云湿有情韵；"许浑千首湿，杜甫一生愁"，云湿也是诗人诗风特质。

3. 触感有形

触感主要指皮肤等与物体接触时所产生的感觉，或暖意凉意，或乐情哀情。

一是触物有感。触春风感春暖，如南宋志南和尚《绝句》写春之温柔：

> 古木阴中系短篷，杖藜扶我过桥东。
> 沾衣欲湿杏花雨，吹面不寒杨柳风。

春风拂面，温暖和煦，全无半点寒意，只感春意盎然。

触秋风感秋凉，如刘禹锡《秋风引》：

> 何处秋风至？萧萧送雁群。
> 朝来入庭树，孤客最先闻。

秋风起，叶飘落，雁南飞，聊发孤客思归心，对时序和物候的特殊敏感只有诗人最直接。

触簟席感凄凉，如温庭筠《瑶瑟怨》：

> 冰簟银床梦不成，碧天如水夜云轻。
> 雁声远过潇湘去，十二楼中月自明。

深秋夜深，触凉席觉冷，女主独居凄凉，寂寞难眠，体现了深深的幽怨之情。

触衾冷知落雪，如白居易《夜雪》：

> 已讶衾枕冷，复见窗户明。
> 夜深知雪重，时闻折竹声。

二是触景生情。陆机《文赋》："遵四时以叹逝，瞻万物而思纷，悲落叶于劲秋，喜柔条于芳春。"情因景生，景以情合，二者相互渗透以致融合状态，可谓"情景交融"，为诗词最高境界。情景交融，情与景的相融关系可为四端：乐景乐情、乐景哀情、哀景哀情和哀景乐情。王夫之《姜斋诗话》："以乐景写哀，以哀景写乐，一倍增其哀乐。"情景交融，哀乐互生，反衬有力。

其一，乐景生乐情。逢春暖花开生欣喜之意，如杜甫《绝句》：

> 迟日江山丽，春风花草香。
> 泥融飞燕子，沙暖睡鸳鸯。

春光明媚，春风和煦，在景色清新中感心情愉悦。逢秋收在即生快乐之感，如"稻花香里说丰年，听取蛙声一片"（辛弃疾《西江月·夜行黄沙道中》），闻稻香而感农家乐；"多雨红榴折，新秋绿芋肥"（王维《田家》），望田园丰收而怡然自得。

其二，乐景衬哀情。杜丽娘面对"姹紫嫣红开遍"的园林春色，没有"赏心乐

事"的喜悦,却觉得"春色恼人",感叹"良辰美景奈何天"。杜甫流寓成都,春来时有《绝句》:

> 江碧鸟逾白,山青花欲燃。
> 今春看又过,何日是归年?

以明丽的春光来表露自己沉重的乡思,以景寓情,情深意长。

岑参梁园吊古,繁盛之中感荒凉,如《山房春事二首·其二》:

> 梁园日暮乱飞鸦,极目萧条三两家。
> 庭树不知人去尽,春来还发旧时花。

诗前两句写萧条之景,显颓败之象;后两句以"旧时花"的艳丽春色反衬沉痛之情,语极含蓄。

许浑宣城送别友人,在山清水秀间感别离,有《谢亭送别》:

> 劳歌一曲解行舟,红叶青山水急流。
> 日暮酒醒人已远,满天风雨下西楼。

"红叶青山水急流",丹枫红叶映衬碧绿秋水,鲜艳又明丽,大好秋光却徒增愁绪。"满天风雨下西楼",一片惆怅空虚,以明丽之景衬托黯淡之情,让人读之不言而神伤。

其三,哀景生哀情。闻一多说:"黄昏与秋是传统诗人的时间与季候。"秋至自有一种零落感,如杜甫夔州《登高》:

> 风急天高猿啸哀,渚清沙白鸟飞回。
> 无边落木萧萧下,不尽长江滚滚来。
> 万里悲秋常作客,百年多病独登台。
> 艰难苦恨繁霜鬓,潦倒新停浊酒杯。

"万里悲秋常作客,百年多病独登台",苍凉恢廓的秋景不免让人感时喟世,"艰难苦恨"四字抑扬顿挫,四声排列,正如诗人一生沉浮,"悲秋"主题自然高涨。文人自古悲秋,由宋玉始,秋气属悲,"秋风秋雨愁煞人"(秋瑾),离人逢秋愈加愁怨,如《长亭送别》:

> [正宫][端正好]碧云天,黄花地,西风紧。北雁南飞。晓来谁染霜林醉?总是离人泪。

秋色自带清悠淡远之致,望之神伤。日暮秋风,萧瑟中自然感伤,戴叔伦有《过三闾庙》:

> 沅湘流不尽,屈子怨何深。
> 日暮秋风起,萧萧枫树林。

江上秋风,枫林摇落,拜谒屈子,睹物思人,"萧萧枫树林",以景结情堪妙,幽怨不尽,情伤无限。施补华《岘佣说诗》:"并不用意而言外自有一种悲凉感慨之

气，五绝中此格最高。"

其四，哀景生乐情。勘破生死，明彻达观，面对死亡，豁达超脱，陶渊明有《拟挽歌辞》：

> 亲戚或余悲，他人亦已歌。
> 死去何所道，托体同山阿。

贬谪诗人刘禹锡面对"二十三年弃置身"的生活洗礼，表现出"诗豪"惆怅中的达观。"沉舟侧畔千帆过，病树前头万木春。"阐明达观情怀：不屈服，要向上。

清代思想家龚自珍清醒认识到清王朝已进入"衰世"，却从衰败中看出新生："落红不是无情物，化作春泥更护花。"忧伤的感怀之中蕴藏着献身的壮怀。浪漫诗人李白抒写边塞艰苦中的豪迈之情，如《塞下曲》：

> 五月天山雪，无花只有寒。
> 笛中闻折柳，春色未曾看。
> 晓战随金鼓，宵眠抱玉鞍。
> 愿将腰下剑，直为斩楼兰。

前三联写边塞苦寒的哀景，末联展示将士奋勇杀敌的豪情。

4. 通感

通感，也叫"联觉"，是把视觉、听觉、嗅觉、味觉和触觉沟通起来的一种修辞方法。通感有着现实感受的心理依据，如高尔基所说："你一面读，一面想象色彩、气味、声音、感觉，非常鲜明地想象这一切，在一首诗里体味许多活的形象。"

通感有时视、听、嗅一体。钱锺书先生释其云："寻常眼、耳、鼻三觉亦每通有无而忘彼此，所谓'感觉之共产'；即如花，其入目之形色、触鼻之气息，均可移音响以揣称之。"（《管锥编》）名句有"红杏枝头春意闹"，着一"闹"字境界全出；"疏影横斜水清浅，暗香浮动月黄昏"，"暗香"一词赋梅，便觉神清骨秀和幽独超逸。视、听、嗅一体，桃花灿烂，如郎士元《听邻家吹笙》：

> 凤吹声如隔彩霞，不知墙外是谁家。
> 重门深锁无寻处，疑有碧桃千树花。

桃花绽放缤纷，以视觉形象写听觉感受，似真似幻，有力地表现着笙乐的美妙与动听，却也有"芙蓉泣露香兰笑"（李贺《李凭箜篌引》）之效。

视、听、嗅一体，梅花香溢，如高适《塞上听吹笛》：

> 雪净胡天牧马还，月明羌笛戍楼间。
> 借问梅花何处落，风吹一夜满关山。

"梅花落"妙趣。雪净月明夜，苍茫一片，登临戍楼闻羌笛，所闻本是笛声曲调，所感却是落梅花片，甚至还有香气，写声成象，色香满关山，虚实交错，通感间美妙阔远。

通感有时视、听、嗅、触一体。贺铸状愁名句："试问闲愁都几许？一川烟草，满城风絮，梅子黄时雨。"妙笔使愁情形象可感，使无形变有形，将抽象变形象，将无可捉摸变有形有质。"烟草"可视，"风"声可闻，飘"絮"、细"雨"可视可感，"梅子"可嗅，闲愁有趣。罗大经云："以三者比愁之多，尤为新奇，兼兴中有比，意味更长。"营造清新淡雅诗意，通感透彻，白居易有《夜雪》：

> 已讶衾枕冷，复见窗户明。
> 夜深知雪重，时闻折竹声。

夜雪形象无法捕捉，只能侧面烘托，从触觉（"冷"）、视觉（"明"）、感觉（"知"）、听觉（"闻"）四个角度生动传神地写雪落。

抒发幽约情怀，通感隽永，杜牧有《金谷园》：

> 繁华事散逐香尘，流水无情草自春。
> 日暮东风怨啼鸟，落花犹似坠楼人。

"香尘"诉诸视觉，"流水"诉诸视觉与听觉，"春草""日暮"诉诸视觉，"啼鸟"诉诸听觉与视觉，"落花"诉诸嗅觉，而"坠楼人"诉诸感觉，路过金谷园，感怀多端。临荒园，"事如春梦了无痕"（苏轼），自然景物是无情的，绿珠却是多情的，诗人是触境"感"情的。

二、意象

意象是诗歌的符号语言，是中国古典诗词中的一个独特而经典的概念，指创作主体通过艺术思维所创作的包融主体思绪意蕴的艺术形象。其中，意是内在的抽象的心意，象是外在的具体的物象；意源于内心并借助于象来表达，象其实是意的寄托物。台湾诗人余光中在《论意象》中说："意象（imagery）是构成诗的艺术基本条件之一。……所谓意象，即是诗人内在之意诉之于外在之象，读者再根据这外在之象还原为诗人的内在之意。"内在之意和外在之象是构成意象的两大主体，缺一不可。中国诗学非常重视"意"与"象"的关系，亦即关注诗中"心"与"物"、"情"与"景"、"神"与"形"的关系，存心于物，移情于景，凝神于形，寓意于象。

（一）意象的生成

意象的生成是艺术思维加工的结果，意象并不是单纯的自然物象，而是经过诗人艺术加工的感情物象。它既有第一自然物象的个别特征和属性，更有诗人赋予的特殊内涵与情韵。意象的生成经过了一个拟象—立象—成象的过程。

1. 言不尽意

这是意象生成的前提条件。《周易·系辞传上》："书不尽言，言不尽意。"将意

（情感）、言（言语）、书（文字）三个层面的表达问题揭示得十分明白：书文不足以表达所有言语，言语不足以表达所有心意。所谓"笔跟不上手，手跟不上心"，亦是此道理。将情感通过语言（文字）表达出来，确实是文学创作的关键难题，"言不尽意"是文字表达和文学创作的通病。"诗言志（抒情）"属文学传统，而古典诗词要求"言有尽而意无穷"，严羽《沧浪诗话·诗辨》论诗："故其妙处透彻玲珑不可凑泊，如空中之音、相中之色、水中之月、镜中之象，言有尽而意无穷。"文学表达的难度在"言不尽意"，而诗词表现的最佳路径是"言有尽而意无穷"。同是表达离别之情，诗词遣词不一，妙趣各异。

其一，以景结情，情谊悠长，如：

> 孤帆远影碧空尽，唯见长江天际流。
>
> （李白《黄鹤楼送孟浩然之广陵》）
>
> 山回路转不见君，雪上空留马行处。
>
> （岑参《白雪歌送武判官归京》）

其二，直抒胸臆，情怀豁达，如：

> 莫愁前路无知己，天下谁人不识君。
>
> （高适《别董大》）
>
> 洛阳亲友如相问，一片冰心在玉壶。
>
> （王昌龄《芙蓉楼送辛渐》）

其三，绘景造境，情韵绵绵，如：

> 执手相看泪眼，竟无语凝噎。
>
> （柳永《雨霖铃》）
>
> 离愁渐远渐无穷，迢迢不断如春水。
>
> （欧阳修《踏莎行》）

2. 立象尽意

这是意象生成的载体基础。《周易·系辞传上》曰，"圣人立象以尽意，设卦以尽情伪"，"圣人有以见天下之赜，而拟诸其形容，像其物宜，是故谓之象"。"象"是一切文学作品表现或重现生活的基本细胞，亦可谓之典型。古典诗词非常讲究塑象，营造意象或借鉴意象以表达诗人内心的情愫与感怀。如花鸟意象为诗词常见，"感时花溅泪，恨别鸟惊心"（杜甫《春望》）属唐诗感伤，"无可奈何花落去，似曾相识燕归来"（晏殊《浣溪沙》）是宋词闲淡。无论诗词，立象以尽意，象成而情达。有时，一种意象有多种表达形态，如思乡意象有衡阳雁、故乡月和莼鲈思，送别意象有长亭、南浦和灞桥等；有时，一种意象蕴含多种情致，如梅花意象、竹意象象征多样性格和品质。

一是思乡意象：衡阳雁、故乡月和莼鲈思。

其一，衡阳雁。湖南衡阳南边有回雁峰，秋末大雁由北向南飞来，至此停留不再南飞，遇春而回，"衡阳雁"遂成想回归家乡的代称。王勃《滕王阁序》，"雁阵惊寒，声断衡阳之浦"，雁凄凉；范仲淹《渔家傲》，"衡阳雁去无留意"，雁思归。"万里衡阳雁，今年又北归"（杜甫《归雁》），衡阳雁是诗人的化身，漂泊间欲回家。行旅途中，归雁是回家的信使，"乡书何处达？归雁洛阳边"（王湾《次北固山下》）；贬谪山城，闻雁鸣而惹乡思，"夜闻归雁生乡思，病入新年感物华"（欧阳修《戏答元珍》）。温庭筠《瑶瑟怨》虽写女子别离之怨，却也含诗人思乡之念：

　　冰簟银床梦不成，碧天如水夜云轻。

　　雁声远过潇湘去，十二楼中月自明。

其二，故乡月。"露从今夜白，月是故乡明"（杜甫《月夜忆舍弟》），月亮成为思乡的代名词。李白《静夜思》："举头望明月，低头思故乡。"由瞬间直觉直达精神深处的永恒，道出了天下人心中所共有的思乡情结。故乡月，一在空间"共"存，如"但愿人长久，千里共婵娟"（苏轼《水调歌头》）；一在时间"共"享，如"海上生明月，天涯共此时"（张九龄《望月怀远》）。

中秋月最圆，也最易撩发乡思，王建《十五夜望月》在友情中感乡思：

　　中庭地白树栖鸦，冷露无声湿桂花。

　　今夜月明人尽望，不知秋思落谁家。

苏轼《中秋月》由兄弟情而生乡思：

　　暮云收尽溢清寒，银汉无声转玉盘。

　　此生此夜不长好，明月明年何处看。

其三，莼鲈思。典出《晋书·张翰传》："翰因见秋风起，乃思吴中菰菜、莼羹、鲈鱼脍，曰：'人生贵得适志，何能羁宦数千里以要名爵乎！'遂命驾而归。"① 因思念家乡美味"莼羹鲈脍"，便毅然弃官归乡，"莼鲈之思"成为思乡成语。辛弃疾《水龙吟》名句："休说鲈鱼堪脍，尽西风，季鹰归未？"苏轼妙句"季鹰真得水中仙""直为鲈鱼也自贤"，李白反用其意，有《秋下荆门》：

　　霜落荆门江树空，布帆无恙挂秋风。

　　此行不为鲈鱼鲙，自爱名山入剡中。

二是送别意象：长亭、南浦、灞桥。

其一，长亭。具体地址无考，车马所行道旁，供行旅休憩或饯别之用。庾信《哀江南赋》："十里五里，长亭短亭。"谓十里一长亭，五里一短亭。"长亭"成为一个蕴含着依依惜别之情的意象，送别诗词中不断出现，如李白《菩萨蛮》："何处是

---

① 房玄龄，等. 晋书（卷八二～卷一三〇）[M]. 曹文柱，等标点. 长春：吉林人民出版社，1995：1440.

归程？长亭更短亭。"柳永《雨霖铃》："寒蝉凄切，对长亭晚，骤雨初歇。"李叔同《送别》："长亭外，古道边，芳草碧连天。"

长亭虽无稽，李白定格在《劳劳亭》：

> 天下伤心处，劳劳送客亭。
> 春风知别苦，不遣柳条青。

杜牧定格在故乡，有《题齐安城楼》：

> 呜轧江楼角一声，微阳潋潋落寒汀。
> 不用凭栏苦回首，故乡七十五长亭。

其二，南浦。谓南边水岸，舟行所在，送别之地。南浦送别，有屈原"子交手兮东行，送美人兮南浦"（《九歌》）；南浦伤心，有江淹"春草碧色，春水渌波，送君南浦，伤如之何"（《别赋》）。南浦成为送别诗中离愁别绪情怀的标识，有王维"送君南浦泪如丝，君向东州使我悲"（《送别》）；有白居易"南浦凄凄别，西风袅袅秋"（《南浦别》）；有冯延巳"南浦、南浦，翠鬓离人何处"（《三台令》）；有石孝友"北沙门，南浦岸。望得眼穿肠断"（《更漏子》）。

南浦，总让人黯然神伤，如范成大《横塘》：

> 南浦春来绿一川，石桥朱塔两依然。
> 年年送客横塘路，细雨垂杨系画船。

其三，灞桥。在长安城东，位于潼关、蒲津关和蓝田关三关道路交汇处，唐时，灞河边种柳数万株，春来柳絮飘舞宛若飞雪，"灞桥风雪"因此而扬名。折柳示意成为灞桥送别经典动作，有李白"秦楼月，年年柳色，灞陵伤别"（《忆秦娥》）；柳永"参差烟树灞陵桥，风物尽前朝"（《少年游》）。

灞桥折柳送别，盛行一时，有罗隐《柳》：

> 灞岸晴来送别频，相偎相倚不胜春。
> 自家飞絮犹无定，争解垂丝绊路人。

三是梅花意象。梅开百花之先，独天下而春，因清雅俊逸为画家所重，以冰清玉洁、凌寒留香为诗家所赏，"疏影横斜水清浅，暗香浮动月黄昏"（林逋《山园小梅》），写出了梅花的神韵，"疏影""暗香"成为梅花的代名词，梅以凌霜、高洁、坚韧的品格给人以奋发的激励。梅"品"不一，张谓、王安石之梅，清香玉洁。张谓《早梅》：

> 一树寒梅白玉条，迥临村路傍溪桥。
> 不知近水花先发，疑是经冬雪未销。

诗人与寒梅在精神上高度契合，"一树寒梅白玉条"，形色兼备，气韵袭人。

异曲同工之妙者，有王安石《梅花》：

> 墙角数枝梅，凌寒独自开。

遥知不是雪，为有暗香来。

陆游之梅，孤傲高坚，有《卜算子·咏梅》：

驿外断桥边，寂寞开无主。已是黄昏独自愁，更著风和雨。　　无意苦争春，一任群芳妒。零落成泥碾作尘，只有香如故。

《梅花绝句二首》其一：

闻道梅花坼晓风，雪堆遍满四山中。
何方可化身千亿，一树梅花一放翁。

陆游以梅自喻，赞美其"花中气节最高坚"，俨然梅的化身。

王冕之梅，幽独超逸，有《墨梅》：

我家洗砚池头树，朵朵花开淡墨痕。
不要人夸好颜色，只留清气满乾坤。

诗人将画格、诗格、人格融和一体，读者需把家中梅、画中梅和心中梅区别对待，不媚俗苟活，遗世而独立。

四是竹意象。苏轼说："宁可食无肉，不可居无竹。无肉令人瘦，无竹令人俗。"确实，竹代表了文人士大夫清高脱俗的雅趣。竹"格"各异，有虚心品格，有高风亮节，有坚韧毅力。

竹有虚心品格。板桥先生有联赞竹："虚心竹有低头叶，傲骨梅无仰面花。"白居易也说："水能性淡为吾友，竹解心虚即我师。"竹的虚心，是诗人喜爱它的缘由。钱起有《暮春归故山草堂》：

谷口春残黄鸟稀，辛夷花尽杏花飞。
始怜幽竹山窗下，不改清阴待我归。

竹有高风亮节。竹子长得笔直，一节一节，中空外直，虚怀若谷，高风亮节，是气节的象征。朱淑真有《咏直竹》：

劲直忠臣节，孤高列女心。
四时同一色，霜雪不能侵。

竹有坚韧毅力。郑板桥一生只画兰、竹、石，自称"四时不谢之兰，百节长青之竹，万古不败之石，千秋不变之人"。他直言"竹即我，我即竹"，竹子品格与板桥脾性契合，高度融合，《竹石》宣示：

咬定青山不放松，立根原在破岩中。
千磨万击还坚劲，任尔东西南北风。

3. 意象独照

这是意象生成的审美境界。《文心雕龙》"神思"篇云："文之思也，其神远矣。故寂然凝虑，思接千载；悄焉动容，视通万里；吟咏之间，吐纳珠玉之声；眉睫之前，

卷舒风云之色；……玄解之宰，寻声律而定墨；独照之匠，窥意象而运斤……"① 诗词中，意象是诗人经过审美创造的第二自然或艺术境界，以期唤起读者的想象与联想。陈植锷《诗歌意象论》称："意象是以语词为载体的诗歌艺术的基本符号。"② 意象是诗人在审美活动中通过自身想象与情感酝酿所创造的形象，是读者阅读过程中再创造的语言符号。袁行霈《中国诗歌艺术研究》也说："一个诗人有没有独特的风格，在一定程度上取决于是否建立了他个人的意象群。"如果能够分析诗歌中意象的特质、特色和艺术特征，就能判断诗歌整体风格和诗人个性创作特色。诗歌风格由诗歌意象呈现，而诗歌意象又在诗歌风格中升华提炼，二者相互促进、相互融合，从而形成具有鲜明特色的意象群和诗派诗风。下面以蝉意象、月意象、衰煞意象和鸿意象观照。

一是蝉意象。蝉，是中国诗歌中的独特意象，既是文人的高洁心态，也是价值取向，蝉可以说是诗人的化身或代言。以三首咏蝉诗为例，清代施补华《岘佣说诗》云："《三百篇》比兴为多，唐人犹得此意。同一《咏蝉》，虞世南'居高声自远，端不藉清风'，是清华人语；骆宾王'露重飞难进，风多响易沉'，是患难人语；李商隐'本以高难饱，徒劳恨费声'，是牢骚人语。比兴不同如此。"③ 三人因地位、遭际和性格不同，赋予蝉意象不同的情韵。

二是月意象。醉酒思维、远游姿态和明月情怀是李白诗歌的三大价值取向，李白远游，其间亦有一种挥之不去的乡愁，这种乡愁与明月情缘深厚，酒兴和醉态在崇拜孤独和拒斥孤独的精神矛盾中，创造了一种人月共舞的心理神话。李白"得月"之奥秘，有"峨眉月"之依恋、"关山月"之苍茫、"玲珑月"之含思和"床前月"之深曲。

其一，"峨眉月"之依恋，有李白《峨眉山月歌》：

峨眉山月半轮秋，影入平羌江水流。
夜发清溪向三峡，思君不见下渝州。

诗人以月光的宁静弥漫在诗作间，意象灵动而具有朦胧清幽的美。月亮成了诗词中一道靓丽的风景线，悲欢离合、缠绵悱恻尽蕴其中。千里蜀江之上，人和月相得，将生命赋予山、月、秋、江，"峨眉月"成为扎根于李白生命本原的一个意象，也引起同乡苏东坡的共鸣，有《送张嘉州》：

峨眉山月半轮秋，影入平羌江水流。
谪仙此语谁解道，请君见月时登楼。

其二，"关山月"之苍茫，有展示了一派雄浑舒展的《关山月》：

---

① 刘勰. 文心雕龙 [M]. 黄叔琳，注. 杭州：浙江古籍出版社，2011：103.
② 陈植锷. 诗歌意象论 [M]. 北京：中国社会科学出版社，1990：64.
③ 郑奠，谭全基. 古汉语修辞学资料汇编 [M]. 北京：商务印书馆，1980：657.

明月出天山，苍茫云海间。
　　长风几万里，吹度玉门关。

　　开篇四句展示了一幅以明月为中心的，涵容天山、云海、长风、玉门关的边塞风光图，那种苍茫云海、长风万里的景象，充溢着盛唐魄力，赋予明月意象以盛唐的雄浑，一种从容自由的雄浑，在一片辽阔的古战场中进行民族命运和个体生命的体验。

　　其三，"玲珑月"之含思，有李白《玉阶怨》：
　　玉阶生白露，夜久侵罗袜。
　　却下水晶帘，玲珑望秋月。

　　通篇写"玉阶"周遭之象，全诗"怨"意弥漫。四句短诗，写久待望月之态，显幽深细微之情，创幽邃深远之境，诗意绵密幽深，深得诗家蕴藉奥秘。

　　其四，"床前月"之深曲。《静夜思》，二十个字，妇孺皆知。它表达的就是与人类生命的本原相联系的一种原始记忆。故乡儿时的明月，是人们生命的最原始的、最纯洁的证明。在举头、低头之间，人和月产生了瞬间的精神遇合。"举头望明月，低头思故乡"，李白道出了天下人共有的思乡情。

　　三是衰煞意象。李商隐生于大唐没落时代，一生游幕不得志，政治昏弱、社会凋敝及现实残酷让他感伤的心态也发生着变化，失望乃至绝望的心境成了他诗歌的主调，弥漫着衰飒式微的情绪。精密的遣词和绮丽的诗作间充盈着淡淡的悲剧气质：
　　秋阴不散霜飞晚，留得枯荷听雨声。
　　　　　　　　　　　　　　　　（《宿骆氏亭寄怀崔雍崔衮》）
　　客散酒醒深夜后，更持红烛赏残花。
　　　　　　　　　　　　　　　　（《花下醉》）
　　夕阳无限好，只是近黄昏。
　　　　　　　　　　　　　　　　（《登乐游原》）
　　回头问残照，残照更空虚。
　　　　　　　　　　　　　　　　（《槿花二首·其二》）
　　如何肯到清秋日，已带斜阳又带蝉。
　　　　　　　　　　　　　　　　（《柳》）

　　枯荷、残花、夕阳、残照及秋柳，皆衰败没落之景，却深受诗人赏识，传达出诗人一种无奈的心境和惋惜的情绪。

　　衰煞之境，莫若"巴山夜雨"，有《夜雨寄北》：
　　君问归期未有期，巴山夜雨涨秋池。
　　何当共剪西窗烛，却话巴山夜雨时。

　　"巴山夜雨"的重言之笔，写凄风苦雨，衰煞至极。在反复跌宕中，诗人欲说还休，欲罢不能，将缠绵悱恻的情思演绎得愁肠百结，动人心扉。

四是鸿意象。苏轼一生六起六落,生活也算颠沛,鸿意象在诗词中非常独特。

其一,"飞鸿踏雪泥",有《和子由渑池怀旧》:

人生到处知何似,应似飞鸿踏雪泥。

泥上偶然留指爪,鸿飞那复计东西。

"飞鸿雪泥"也成为诗人一生的命运谶语。

其二,"杳杳没孤鸿",如《水调歌头·黄州快哉亭赠张偓佺》:

落日绣帘卷,亭下水连空。知君为我新作,窗户湿青红。长记平山堂上,欹枕江南烟雨,杳杳没孤鸿。认得醉翁语,山色有无中。

与《后赤壁赋》中"孤鹤"相仿,隐约似见却又高远难闻。

其三,"缥缈孤鸿影",如《卜算子·黄州定慧院寓居作》:

缺月挂疏桐,漏断人初静。谁见幽人独往来,缥缈孤鸿影。

孤高自许中却有一份冷清和寂寞。

(二) 意象的特质

1. 概括性

这是意象的形象特征。古典诗词中意象具有强烈的概括性,某种意象一经形成,无论在任何诗人笔下,都具有相同或相近的意思。意象具有某种质的规定性,不能随意改变;同时,意象也具有内涵的不确定性,即不可精确量化或数字化。

一是广泛性,这是质的规定性。如以柳寓留,柳本是自然界一种树木,诗词中常作意象,包含着比自然之柳更为丰富的情感内涵。柳作为意象,已经象征着留别和怀旧等感情,在诗词中令读者心境动荡。柳者,"留"也,有留别难舍之意。《诗经·小雅·采薇》:"昔我往矣,杨柳依依。今我来思,雨雪霏霏。"第一次将杨柳意象附着悲伤色彩,后世诗人沿用。唐人无论是灞桥送别,还是长亭饯别,折柳成为经典动作,亦是离别之情的寄托,如王维《送元二使安西》:

渭城朝雨浥轻尘,客舍青青柳色新。

劝君更尽一杯酒,西出阳关无故人。

折柳、饮酒和歌唱于灞桥侧,留别之情不言而喻。

又如李白《劳劳亭》:

天下伤心处,劳劳送客亭。

春风知别苦,不遣柳条青。

柳条牵动人心,离愁别绪高涨。

又如杨巨源《和练秀才杨柳》:

水边杨柳曲尘丝,立马烦君折一枝。

惟有春风最相惜,殷勤更向手中吹。

春风杨柳"相惜"之情和"殷勤"之态，让人同情伤感。宋人词作柳意象显得蕴藉风流，含蓄着一份留恋难忘之情，如：

  多情自古伤离别，更那堪，冷落清秋节！今宵酒醒何处？杨柳岸，晓风残月。

（柳永《雨霖铃》）

  柳阴直，烟里丝丝弄碧。隋堤上、曾见几番，拂水飘绵送行色。

（周邦彦《兰陵王·柳》）

  春色三分，二分尘土，一分流水。细看来，不是杨花，点点是离人泪。

（苏轼《水龙吟·次韵章质夫杨花词》）

柳意象，蕴含着"旧"意，承载着时间转换意识，成为文人思维的定势，是历史积淀的生活写照。庾信《枯树赋》："昔年种柳，依依汉南。今看摇落，凄怆江潭。树犹如此，人何以堪！"柳树荣枯，与人世沧桑同感，读之诗意万端。柳无情，"依旧"自绿，如韦庄《台城》：

  江雨霏霏江草齐，六朝如梦鸟空啼。
  无情最是台城柳，依旧烟笼十里堤。

柳无情，见证"别"离，如刘禹锡《杨柳枝》：

  清江一曲柳千条，二十年前旧板桥。
  曾与美人桥上别，恨无消息到今朝。

柳"多情"，感知世事沧桑，如白居易《勤政楼西老柳》：

  半朽临风树，多情立马人。
  开元一株柳，长庆二年春。

二是模糊性，这是质的暗示性。虽说意象具有质的规定性，无法改变，但意象在呈现过程中有时却显得姿态万千，没有破坏质的规定性的同时展示态的多端性。如以物喻愁，愁本虚无情绪，在诗词中以物喻愁有多样，却始终坚持愁情的幽约与感伤品质。

愁有长度：

  白发三千丈，缘愁似个长。

（李白《秋浦歌》）

  离愁渐远渐无穷，迢迢不断如春水。

（欧阳修《踏莎行》）

愁有宽度：

  自在飞花轻似梦，无边丝雨细如愁。

（秦观《浣溪沙》）

愁有深度：

忧端齐终南，澒洞不可掇。

（杜甫《自京赴奉先县咏怀五百字》）

请量东海水，看取浅深愁。

（李群玉《雨夜呈长官》）

愁有重量：

只恐双溪舴艋舟，载不动许多愁。

（李清照《武陵春》）

愁有数量：

夕阳楼上山重叠，未抵愁春一倍多。

（寇准《长安春日》）

愁有体积：

春去也，飞红万点愁如海。

（秦观《千秋岁》）

愁有状态：

剪不断，理还乱，是离愁。

（李煜《相见欢》）

愁有势能：

问君能有几多愁？恰似一江春水向东流。

（李煜《虞美人》）

愁有情韵：

试问闲愁都几许？一川烟草，满城风絮，梅子黄时雨。

（贺铸《青玉案》）

2. 想象性

这是意象的情感特征。象征派诗人庞德给意象下过定义："一个意象是在一刹那时间里呈现理智和情感的复合物的东西。"① 此定义告诉我们意象包含几种要素：情感、理智以及承载它们的载体。

其一，在于意的同感。意象之所以形象感人，在于诗人对描绘对象有着深切的体会，且体会有着某种只可意会的同感。如登高意象和望远意象，登高望远是一种空间的变换，物理意义上的高远与登临者心理上的各种情绪便易于借助空间场景的变化而趋于同构。

一是登楼。登楼感怀，或豪迈，或深沉，或感伤。高远之致，有王之涣《登鹳

---

① 庞德. 意象主义者的几"不"[M]//琼斯. 意象派诗选. 裘小龙，译. 桂林：漓江出版社，1986：152.

雀楼》：

　　　　　　　白日依山尽，黄河入海流。
　　　　　　　欲穷千里目，更上一层楼。

"欲穷千里目，更上一层楼。"将道理与景致、情事融合得天衣无缝，登楼蕴意：要站得高方看得远。

深厚之慨，有李德裕《登崖州城作》：

　　　　　　　独上高楼望帝京，鸟飞犹是半年程。
　　　　　　　青山似欲留人住，百匝千遭绕郡城。

受政敌打击而贬谪崖州，登楼间包孕着无限的忧郁与感伤。

感思之念，有韦应物《登楼寄王卿》：

　　　　　　　踏阁攀林恨不同，楚云沧海思无穷。
　　　　　　　数家砧杵秋山下，一郡荆榛寒雨中。

秦观《泗州东城晚望》：

　　　　　　　渺渺孤城白水环，舳舻人语夕霏间。
　　　　　　　林梢一抹青如画，应是淮流转处山。

二是登山。"登山临水兮送将归"（宋玉《九辩》），登山望乡，有王勃《山中》：

　　　　　　　长江悲已滞，万里念将归。
　　　　　　　况属高风晚，山山黄叶飞。

以及《九日登高》：

　　　　　　　九月九日望乡台，他席他乡送客杯。
　　　　　　　人情已厌南中苦，鸿雁那从北地来。

九日登高，遥望故乡，客中送客，愁思倍加，见北雁飞来而自己不能回归，在强烈对比中将思乡的愁情推向高峰。

三是望远。"悲歌可以当泣，远望可以当归"（佚名《悲歌》），远望以当归，常采用以此写彼的手法，通过"想""忆"等字眼来勾连起远方：

　　　　　　　邯郸驿里逢冬至，抱膝灯前影伴身。
　　　　　　　想得家中夜深坐，还应说着远行人。

　　　　　　　　　　　　　　　　（白居易《邯郸冬至夜思家》）

　　　　　　　醉别江楼橘柚香，江风引雨入舟凉。
　　　　　　　忆君遥在潇湘月，愁听清猿梦里长。

　　　　　　　　　　　　　　　　（王昌龄《送魏二》）

通过"遥知""遥忆"等词眼来联想他时或他人：

　　　　　　　独在异乡为异客，每逢佳节倍思亲。
　　　　　　　遥知兄弟登高处，遍插茱萸少一人。

　　　　　　　　　　　　　　（王维《九月九日忆山东兄弟》）

> 门前乌桕树，霜月迷行处。
> 遥忆独眠人，早寒惊梦频。

（顾贞观《菩萨蛮》）

通过"计程""游程"等词眼来联系彼此的风雨行程和心路历程：

> 酴醾香梦怯春寒，翠掩重门燕子闲。
> 敲断玉钗红烛冷，计程应说到常山。

（郑会《题邸间壁》）

> 长洲苑外草萧萧，却算游程岁月遥。
> 唯有别时今不忘，暮烟秋雨过枫桥。

（杜牧《怀吴中冯秀才》）

其二，在于象的联想。以流水意象和落花意象为例，诗人常用流水和落花来描摹时间的流逝，流水无情，落花有意。

一是流水无情。流水是表现时间的最佳景观，流水属无情。子在川上曰："逝者如斯夫！不舍昼夜。"（《论语·子罕》）流水的"水"与生命的"时"，相似性关联，极大地丰富了时间内在的文化蕴含，形成了文学中"涵流光于流波，溶逝景于逝水"（钱锺书语）的独特景观。

一者，流水无情而有形。长江滚滚，"滚滚长江东逝水，浪花淘尽英雄"；黄河滔滔，"大河上下，顿失滔滔"。面对滚滚滔滔，引发对生命短暂、渺小的感叹，张九龄有《登荆州城望江》：

> 滔滔大江水，天地相终始。
> 经阅几世人，复叹谁家子。

二者，流水无情而有声，韩琮有《暮春浐水送别》：

> 绿暗红稀出凤城，暮云楼阁古今情。
> 行人莫听宫前水，流尽年光是此声。

年光似水声，听闻潺潺湲湲，既是一种聆听，聆听有声的美妙，也是一种提醒，提醒无声的流逝。潺湲一夜，流淌的是时光的悄然；一夜潺湲，撩拨的是离人的心绪。温庭筠有《过分水岭》：

> 溪水无情似有情，入山三日得同行。
> 岭头便是分头处，惜别潺湲一夜声。

李涉有《再宿武关》：

> 远别秦城万里游，乱山高下出商州。
> 关门不锁寒溪水，一夜潺湲送客愁。

三者，流水无情而独忘，杜牧有《金谷园》：

> 繁华事散逐香尘，流水无情草自春。

> 日暮东风怨啼鸟，落花犹似坠楼人。

"流水无情草自春"，不管世间沧桑，流水照样潺湲。

渐闻水流，无限感思，王安石有《夜闻流水》：

> 千丈崩奔落石硠，秋声散入夜云悲。
> 州桥月下闻流水，不忘钟山独宿时。

流水无论有形有声，或是无情无义，皆是诗人永恒而无限的慰藉。"流水"所蕴含的正是一种文化心灵的孤独与痛苦，诗人在对着"流水"探讨生命永恒时，构成了人类一切精神活动最内在、最本质的东西，他们真诚地面对自己的灵魂，执着于探索生命的永恒，从而使"流水"具有了独特的价值。

二是落花有意。落花是表现时间的最佳景物，孟浩然有首惜花诗叫《春晓》，感叹"花落知多少"在于一"落"字。而落花也有忧有喜。

落花有意因零落，严恽有《落花》：

> 春光冉冉归何处，更向花前把一杯。
> 尽日问花花不语，为谁零落为谁开。

严恽侧重"零落"，春日落花，牵动着诗人一颗痛苦而敏感自怜的心。而杜牧《和严恽秀才落花》则侧重"开"，有意为绽放：

> 共惜流年留不得，且环流水醉流杯。
> 无情红艳年年盛，不恨凋零却恨开。

春将老，花已落。花落脆弱，痛楚感伤，欧阳修有《丰乐亭游春》：

> 红树青山日欲斜，长郊草色绿无涯。
> 游人不管春将老，来往亭前踏落花。

红日西斜，游人不舍，不由感叹对美好春光的留恋与怜惜。

龚自珍有《己亥杂诗》：

> 浩荡离愁白日斜，吟鞭东指即天涯。
> 落红不是无情物，化作春泥更护花。

"落红不是无情物，化作春泥更护花"，说明一种志向：不为独香，而为护花。这不是落花的葬词，而是新生的赞歌。落花，最容易使人联想到青春的消逝和生命的陨落。以落花的意象，以人对落花的观照，表现出时间对人生、对生命的那种穿透力、破坏性，读之，令人受到一种刹那间的心灵的冲击和震颤。

落花有意最有味者，莫若王淇《春暮游小园》：

> 一从梅粉褪残妆，涂抹新红上海棠。
> 开到荼蘼花事了，丝丝天棘出莓墙。

荼蘼的花语是悲伤的回忆，"开到荼蘼花事了"，造语平淡而情致感伤，读之顿生凄凉。没有大发韶光将逝、青春不再的哀叹，然一切尽在不言中。那些远去的岁

月,是生命中的印记,惋惜也好,遗憾也罢,终归已无从把握。

3. 灵动性

这是意象的审美特征。明代陆时雍《诗镜》探析了意象的基本要求,指出:"树之可观者在花,人之可观者在面,诗之可观者,意象之间而已。要在精神满而色泽生。""精神满而色泽生"就是意象的审美要求,"精神满"即"意"的要求,"色泽生"是"象"的要求,"意"起主导作用。意象是诗人灵性的抒发,也是诗意所在。

一要有"山中习静观朝槿"(王维)的审美观照方式。这是用诗的方式表达生活的感知,"有情天地内,多感是诗人"(顾非熊),诗人会诗意性地理解和感知生活。如以色彩青白感知山水之美:

> 遥望洞庭山水色,白银盘里一青螺。
>
> (刘禹锡《望洞庭》)

以形声动感感知读书之乐:

> 窗竹影摇书案上,野泉声入砚池中。
>
> (杜荀鹤《题弟侄书堂》)

以动静反差感知兴衰之叹:

> 芳树无人花自落,春山一路鸟空啼。
>
> (李华《春行即兴》)

以行动缓急感知流连之醉:

> 细数落花因坐久,缓寻芳草得归迟。
>
> (王安石《北山》)

二要有"花有清香月有阴"(苏轼)的审美玩味心理。这是用诗的方式表达哲学的思考,叶燮《原诗》将"只可意会不可言传"的审美思维称为"不可名言之理"。这种"不可名言之理"蕴蓄诗间,读之让人有一种"掬水月在手,弄花香满衣"(于良史)之审美享受。如花前月下体验"夜色深沉",苏轼有《春宵》:

> 春宵一刻值千金,花有清香月有阴。
> 歌馆楼台声细细,秋千院落夜沉沉。

诗歌明白如话却又立意深沉,"花有清香月有阴",描绘良辰美景清丽幽雅,却委婉地表达着某种谴责之意,措辞华美含蓄,耐人寻味。

花落燕归间体味"韶光易逝",晏殊有《浣溪沙》:

> 一曲新词酒一杯,去年天气旧亭台。夕阳西下几时回?
> 无可奈何花落去,似曾相识燕归来。小园香径独徘徊。

"无可奈何花落去,似曾相识燕归来",工巧且浑成,流利而含蓄。在万物复兴间感时光流逝,却有盛景不常之感。

现代诗人艾青说："意象是具体化了的感觉。"① 意象要具有形象概括性、情感想象性和审美灵动性。首先是形象生动，意象是诗人倾注情感色彩的心有所系的独特景物，既形象鲜明又有所倾向。其次是情韵丰富，在意的同感间产生象的联想，联想是意象的情感生命，没有联想就无所谓意象。最后是审美灵动，意象诚是"状难写之景如在目前，含不尽之意见于言外"（梅尧臣），要求写景如在眼前，而意境悠长深远。朱光潜《诗的意象与情趣》有言："诗是心感于物的结果。有见于物为意象，有感于心为情趣。"②

（三）意象的组合

意象营造，还要注意构成或组合为一个有机的整体，朱光潜先生《文艺心理学》指出，文艺作品都必须具备完整性，它虽然可以同时连用许多意象，而这许多意象却不能散漫零落，必须为完整的有机体。意象组合要以相融为主。如写"喜"状，有打油诗："久旱逢甘霖，他乡遇故知。洞房花烛夜，金榜题名时。"虽四句各言一境同写"喜"，却有拼凑之嫌，不似一个完整的意象（境界），显得有些不相融。绘"愁"情，有名句："枯藤老树昏鸦，小桥流水人家，古道西风瘦马。"三句十景皆荒凉寂寞之状，乃是"断肠人"的愁情外射，意象真切感人，情景相融。意象组合要以意为主。同理，在诗歌鉴赏中，也应当以意为主。意象组合有多种方式，主要以正反相成、虚实相生和时空相形为常用手法。

1. 正反相成

两种意象组合，内涵相近或相似，属于同一主题或类似旋律，再次鸣奏，敲击读者心灵，造成强烈的印象。

一是相正相成。王维山水田园诗静美，深契辋川山水精神，释放出心灵的悠然与淡雅，在静静的自然体验间感知生活的某种惬意或心领神会。如斜晖静照，有《鹿柴》：

空山不见人，但闻人语响。
返景入深林，复照青苔上。

静蕾绽放，有《辛夷坞》：

木末芙蓉花，山中发红萼。
涧户寂无人，纷纷开且落。

空谷幽静，有《山中》：

荆溪白石出，天寒红叶稀。
山路元无雨，空翠湿人衣。

---

① 艾青. 诗论［M］. 北京：生活·读书·新知三联书店，2014：63.
② 朱光潜. 朱光潜全集：第九卷［M］. 合肥：安徽教育出版社，1993：369.

田园静美，有《田园乐七首·其六》：

>桃红复含宿雨，柳绿更带朝烟。
>花落家童未扫，莺啼山客犹眠。

空山静谧，有《鸟鸣涧》：

>人闲桂花落，夜静春山空。
>月出惊山鸟，时鸣春涧中。

"人闲桂花落，夜静春山空"，"人闲"与"夜静"相融合，使自然人化了，传达出诗人与自然完全融合的和谐感与愉悦情，诚然谓"自然和谐"。黑格尔《美学》说："一种使人感到快乐的表现必须显得是由自然产生的，而同时却又像是心灵的产品，产生时无须通过自然物产生时所须通过的手段。这种对象之所以使我们欢喜，不是因为它很自然，而是因为它制作得很自然。"①

王维行旅诗及边塞诗动态美宏阔，在领略祖国山河壮美的瞬间，抒发心中的感动与喜悦。如：

>郡邑浮前浦，波澜动远空。
>
>（《汉江临泛》）
>
>大漠孤烟直，长河落日圆。
>
>（《使至塞上》）
>
>忽过新丰市，还归细柳营。
>
>（《观猎》）

眺望江畔城池，远近相映；欣赏沙漠风光，壮美无比；观看围猎活动，迅猛有加。一切活动都在动态中生成，动感十足。

二是相反相成。两个意象以相反的意蕴来构置，形成对比与反差，传达出更加强烈的感情。哀乐相生："朱门酒肉臭，路有冻死骨。"（杜甫《自京赴奉先县咏怀五百字》）用生动形象的对比，揭示不合理的社会现实。朱门内外，一生一死，一枯一荣，一乐一哀，是截然不同的两个世界。悲欣相交："桃李春风一杯酒，江湖夜雨十年灯。"（黄庭坚《寄黄几复》）欢聚属短暂，离别是长久，一朝的欢欣是长期压抑换来的，"一杯酒"开怀释放的是"十年灯"的隐忍坚守。有时，悲喜相转，喜胜于悲，如："自古逢秋悲寂寥，我言秋日胜春朝。"（刘禹锡《秋词》）

盛衰相变，以衰衬盛，如李白《苏台览古》：

>旧苑荒台杨柳新，菱歌清唱不胜春。
>只今惟有西江月，曾照吴王宫里人。

以盛衬衰，如李白《越中览古》：

---

① 黑格尔. 美学：第一卷［M］. 朱光潜，译. 北京：商务印书馆，1979：210.

> 越王勾践破吴归，义士还家尽锦衣。
> 宫女如花满春殿，只今惟有鹧鸪飞！

《唐宋诗醇》云："前《苏台览古》，通首言其萧索，而末一语兜转其盛。此首《越中览古》从盛时说起，而末句转入荒凉，此立格之异也。"

写景状物，动中见静，静中见动，动静交错，变化无穷，如刘攽《雨后池上》：

> 一雨池塘水面平，淡磨明镜照檐楹。
> 东风忽起垂杨舞，更作荷心万点声。

好一幅动静结合的雨后美景图，前两句展示雨后池上的静态美，后两句描绘雨后池塘的动态美。

动静结合的沙滩春日美景图，杜甫有《绝句》：

> 迟日江山丽，春风花草香。
> 泥融飞燕子，沙暖睡鸳鸯。

诗人描写景致清丽工致，对于春的动静感受微妙入神。

动静结合的溪畔初夏美景图，杜甫有《绝句漫兴九首·其七》：

> 糁径杨花铺白毡，点溪荷叶叠青钱。
> 笋根雉子无人见，沙上凫雏傍母眠。

前两句写景，动景孕静；后两句状物，静物思动。景物相间相融，各得其妙。世界万物，有动有静，变化不尽。动和静，是物质运动的存在方式和表现形态。人的意识反映世界的动静，文学艺术表现人对世界的感受和体验。主体与客体之间关系的不同，使得主体对客体的感受和体验十分复杂。静的客体，有时被主体感受为动的；动的客体，有时却又被主体感受为静的。客体的动态，有时会使人产生静意；客体的静态，有时却又使人产生动感。

2. 虚实相生

虚实结合，是古典诗歌惯常手法，以无穷遐想和绵长回味为诗歌特质，使得诗歌表情达意更为深刻而充分，主要有如下情形：写景为实，抒情为虚，如李白《黄鹤楼送孟浩然之广陵》和杨万里《晓出净慈寺送林子方》；物象为实，想象为虚，如《竹石》和《墨梅》；眼前为实，过去（未来）为虚，如苏轼《念奴娇·赤壁怀古》和柳永《雨铃霖》；己方为实，对方为虚，如王维《九月九日忆山东兄弟》和杜甫《月夜》；客观为实，主观为虚，如杜甫《江南逢李龟年》和李清照《渔家傲》等。以实写虚，有李煜《虞美人》"问君能有几多愁？恰似一江春水向东流"，以具体的江水来描摹抽象的愁情；以虚写实，如李白《蜀道难》，用神话传说来造设蜀道形象；虚实相生，如李商隐《锦瑟》，用"庄生晓梦""望帝春心""沧海月明""蓝田日暖"四个典故来状情，让情感真切而又深藏，确有种朦胧美。

一是以实写虚。清代刘熙载《艺概·诗概》："山之精神写不出，以烟霞写之；

春之精神写不出,以草树写之。故诗无气象,则精神亦无寓矣。"① 化虚为实,诗词形象更为生动。以流水写别情,如李白《黄鹤楼送孟浩然之广陵》:

故人西辞黄鹤楼,烟花三月下扬州。

孤帆远影碧空尽,唯见长江天际流。

滚滚长江水,似是起伏滔滔的离别心情,也像与友人绵绵的不舍之情。

以波涛写志向,如黄檗和李忱的《瀑布联句》:

千岩万壑不辞劳,远看方知出处高。

溪涧岂能留得住,终归大海作波涛。

瀑布化为波涛,虽历经坎坷却依然向前,只要志存高远就能无惧艰险。

二是以虚写实。明代戏曲理论家王骥德《曲律》说:"戏剧之道,出之贵实,而用之贵虚。……以实而用实也易,以虚而用实也难。"虽是讲戏剧,诗歌亦是此理。"出之贵实"要以现实为依据,即生活真实;"用之贵虚"就是文艺创作的想象和虚构,即艺术真实。以虚写实,即用艺术真实来表现生活真实。

诗叙历史,如杜甫《江南逢李龟年》:

岐王宅里寻常见,崔九堂前几度闻。

正是江南好风景,落花时节又逢君。

岐王李范,本名李隆范,唐玄宗李隆基之弟,后被改名受幽禁,只能纵情声色以度日。崔九即崔涤,前中书令崔湜之弟。崔湜因依附太平公主被玄宗所杀,崔涤仍任殿中监为玄宗效力,个中滋味难言。杜甫也未"寻常"光顾岐王宅和崔九堂。杜甫于开元十三年(725 年)由洛阳入长安,岐王与崔九都死于开元十四年(726 年),杜甫与他们相交不到一年。曾于岐王宅或崔九堂听过李龟年歌唱,不一定是座上宾,更不可能"寻常"闻听。开元十八年(730 年)杜甫离开长安,开始长达四十年的漫游与漂泊,说"寻常"属不实。"寻常见""几度闻"说明歌舞升平,融洽祥和,达官显贵雍容华美,好一派大唐盛世风。诗写一去不复返的大唐气势,梦一样的回忆,毕竟改变不了眼前的现实。

诗道心境,如张继《枫桥夜泊》:

月落乌啼霜满天,江枫渔火对愁眠。

姑苏城外寒山寺,夜半钟声到客船。

钟声无寐:"夜半钟声到客船",用钟声来状写诗人的行程、所处和心境。以声写行:漂泊江南,以钟声写目睹之萧条。以声写静:写秋夜深永与寂寥,衬托时势清寒。以声传情:用杳杳钟声来传递飘摇心情。"夜半钟声"蕴含了月落、乌啼和霜降的环境,暗合着愁眠的情愫和心境。

---

① 刘熙载. 艺概 [M]. 杭州:浙江人民美术出版社,2017:87.

三是虚实相生。清代画家方薰说:"古人用笔,妙有虚实。所谓画法,即在虚实之间。虚实使笔生动有机,机趣所之,生发不穷。"画家妙笔机趣,在于虚实相生;诗家圣处,也在虚实相生。

一如李商隐《夜雨寄北》:

　　　　君问归期未有期,巴山夜雨涨秋池。
　　　　何当共剪西窗烛,却话巴山夜雨时。

"巴山夜雨"两次出现,却是由实而虚,通过重构空间和转换视角来实现虚实相生效果,让人在凄清冷静间感知"深情绵邈",却也浪漫美丽。

二如苏轼《江城子·乙卯正月二十日夜记梦》:

　　　　十年生死两茫茫,不思量,自难忘。千里孤坟,无处话凄凉。纵使相逢应不识,尘满面,鬓如霜。　夜来幽梦忽还乡,小轩窗,正梳妆。相顾无言,惟有泪千行。料得年年肠断处,明月夜,短松冈。

上片写实境,写眼前的流落的颓废失意;下片写梦境,写梦中相会的痛楚凄凉。上片意象写实,下片意象写虚,是想象的实。

三如欧阳修《踏莎行》:

　　　　候馆梅残,溪桥柳细。草薰风暖摇征辔。离愁渐远渐无穷,迢迢不断如春水。　寸寸柔肠,盈盈粉泪。楼高莫近危阑倚。平芜尽处是春山,行人更在春山外。

上片写实,以明媚春光衬托离愁别恨;下片写虚,以想象楼头思妇来刻画悲愁。

四如岑参《春梦》:

　　　　洞房昨夜春风起,故人尚隔湘江水。
　　　　枕上片时春梦中,行尽江南数千里。

梦前之思,写实;思后之梦,写虚。"片时"与"千里"互相映衬,梦醒时分,用时间的速度和空间的广度,来显示感情的强度和深度。

诗词意象,既可化虚为实,以虚显实,将抽象感情与哲理赋予具体而生动的形象,也可化实为虚,由实入虚,化景物为情思,从而达到虚中见实或实在虚中的妙境。虚与实,二者之间还可以互相联系、互相渗透与互相转化,以达到虚中有实、实中有虚的境界,如金圣叹评《水浒传》所说:"文到入妙处,纯是虚中有实,实中有虚。"

3. 时空相形

时间和空间是运动着的物质存在的基本方式,时空作为一个坐标,规定了物质运动的特征与秩序。诗歌非历史年表和地理图形,不可能按时间和地点顺序来记录,有时诗句与诗句之间、意象与意象之间的衔接是跳跃的,甚至是突变性的。意象组合,在时空上,有似电影中的蒙太奇,主要是时间跳跃、空间构置和时空组合三种。

一是时间跳跃。在今昔时间转换与对比中,感叹岁月消磨和生命消退。《诗经·小

雅·采薇》："昔我往矣，杨柳依依。今我来思，雨雪霏霏。"时间推进间，生命感动不同，哀乐情致不一。唐代崔护有《题都城南庄》：

> 去年今日此门中，人面桃花相映红。
> 人面不知何处去，桃花依旧笑春风。

随着时间变化，两场景相同却物是人非，昔日寻春遇艳激动，今日却是再寻不遇怅惘，桃花依旧，人面无缘。

北宋欧阳修有《生查子·元夕》：

> 去年元夜时，花市灯如昼。
> 月上柳梢头，人约黄昏后。
> 今年元夜时，月与灯依旧。
> 不见去年人，泪湿春衫袖。

抚今追昔，语短情长。既有回味的温馨甜蜜，也有感怀的惆怅忧伤。

南宋蒋捷有《虞美人·听雨》：

> 少年听雨歌楼上，红烛昏罗帐。壮年听雨客舟中，江阔云低、断雁叫西风。
> 而今听雨僧庐下，鬓已星星也。悲欢离合总无情，一任阶前、点滴到天明。

以"听雨"为凭，展示人生"少年""壮年"和"而今（老年）"三个时期，行为、感觉和心态完全不一样。每一个时期，都是一种意象（红烛、断雁、老僧），人生感喟万端，情感体验心酸。岁月悄逝间，既有个性烙印，也有时代折光，少年风流、壮年飘零和晚年孤冷，足以透见一个时代的兴衰嬗变。

二是空间构置。诗人喜用两个表示空间的方位名词对举，画面叠加，精练而概括，在一种宏大的空间感召下，追忆那共时性的话语。如：

> 岐王宅里寻常见，崔九堂前几度闻。
>
> （杜甫《江南逢李龟年》）
>
> 朱雀桥边野草花，乌衣巷口夕阳斜。
>
> （刘禹锡《乌衣巷》）
>
> 靖安宅里当窗柳，望驿台前扑地花。
>
> （白居易《望驿台》）
>
> 回乐峰前沙似雪，受降城外月如霜。
>
> （李益《夜上受降城闻笛》）

诗句前两句都设置了两个意境相仿的空间，两个方位名词的组合，构置一种遥想万端、令人回味的场景，场景清晰且深有感触，在场景的回味和徘徊中去思家怀乡和感时伤世。

三是时空组合。将时间与空间对比，形成一种悠远的空旷感。

时空相形，人生孤寂感，如陈子昂《登幽州台歌》：

> 前不见古人，后不见来者。
> 念天地之悠悠，独怆然而涕下。

前三句俯仰古今，目极天地，分别从时空落笔，末句凸显自我孤独形象。

时空相形，人生凄凉感，如王勃《别薛华》：

> 送送多穷路，遑遑独问津。
> 悲凉千里道，凄断百年身。
> 心事同漂泊，生涯共苦辛。
> 无论去与住，俱是梦中人。

"千里"悲凉，"百年"凄断，人生送别太过感伤。

时空相形，人生忧患感，如杜甫《登高》：

> 风急天高猿啸哀，渚清沙白鸟飞回。
> 无边落木萧萧下，不尽长江滚滚来。
> 万里悲秋常作客，百年多病独登台。
> 艰难苦恨繁霜鬓，潦倒新停浊酒杯。

"万里悲秋常作客，百年多病独登台"，"万里""百年"分别写时空，绘出了诗人"潦倒"的境况和"艰难苦恨"的漂泊生活。杜甫的诗句，时空的深广与人生忧恨的厚重相映照，有：

> 窗含西岭千秋雪，门泊东吴万里船。
>
> （杜甫《绝句》）
>
> 一去紫台连朔漠，独留青冢向黄昏。
>
> （杜甫《咏怀古迹五首·其三》）
>
> 丛菊两开他日泪，孤舟一系故园心。
>
> （杜甫《秋兴八首·其一》）

其他诗人的诗句，时空交错，宇宙意识浑厚，却也现实感触强烈，以浩瀚的苍穹意识来衬托凝结的生活感喟，如：

> 淮水东边旧时月，夜深还过女墙来。
>
> （刘禹锡《石头城》）
>
> 鸡声茅店月，人迹板桥霜。
>
> （温庭筠《商山早行》）
>
> 楼船夜雪瓜洲渡，铁马秋风大散关。
>
> （陆游《书愤》）

诚如余光中先生所言："纵的历史感，横的地域感。纵横相交而成十字路口的现实感。"诗歌以时间为经，以空间为纬，时空交错间现实感受凸显，在铺叙中自有一种语言张力和情感触动，往往引起读者的无限揣摩和想象。刘禹锡《石头城》，写

"旧时月"照"女墙",在穿越历史深邃中感慨时代的沧桑与寂寞;温庭筠《商山早行》,写行旅间看到"茅店月"与"板桥霜",意象组合间,于旅途中感岁月不居和客行之悲;陆游《书愤》,"夜雪"中"瓜洲渡"和"秋风"中"大散关",皆宏大壮阔意象,壮中生悲,郁间书愤。

(四) 意象的种类

"意象"一词,自刘勰《文心雕龙》使用此术语开始,便成为一种审美意象。首先,意象的性质为意匠经营之象。它属于一种"意中之象",是作者构思中的内心图像,与"立象尽意"中的"表意之象"一脉相承。其次,意象的生成必须经过心物交感。"神与物游"正是指的这一过程,即心与物的交会状态,情意得物象的赋形而渐觉鲜明,物象亦经情意的提炼而更见条理。最后,意象要达到"意象透莹"和"意象浑融"的效果。也就是说,意与象达到一体化,相互之间不再有任何间隔。

意象的种类因分类的标准不同而不同,现从《诗经》"赋比兴"手法角度来理解意象的作用与意义,将意象分为描述性意象、比喻性意象和象征性意象。

1. 描述性意象

一是叙事。如《诗经·周南·芣苢》写采摘芣苢,三章分写开始、过程和结果,六个动词——采、有、掇、捋、袺和襭,在不断变化中完成采摘。余冠英《诗经选》:"开始是泛言往取,最后是满载而归,欢乐之情可以从这历程见出来。"汉乐府《陌上桑》叙述罗敷与太守故事,《孔雀东南飞》为"古今第一长诗"(沈德潜),叙述焦仲卿与刘兰芝爱情故事。叙写战事,绝句时间节点把握到位,将时间定格在一刹那,反映战争的激烈或战斗的精彩。

一如检阅,令旗意象生动,有卢纶《和张仆射塞下曲六首·其一》:

> 鹫翎金仆姑,燕尾绣蝥弧。
> 独立扬新令,千营共一呼。

二如攻城,火号意象耀亮,有王建《赠李愬仆射二首·其一》:

> 和雪翻营一夜行,神旗冻定马无声。
> 遥看火号连营赤,知是先锋已上城。

三如追逃,弓刀意象刺眼,有卢纶《和张仆射塞下曲六首·其三》:

> 月黑雁飞高,单于夜遁逃。
> 欲将轻骑逐,大雪满弓刀。

四如报捷,哨骑意象醒目,有王昌龄《从军行七首·其五》:

> 大漠风尘日色昏,红旗半卷出辕门。
> 前军夜战洮河北,已报生擒吐谷浑。

二是绘景。如《诗经·小雅·采薇》以"赋"绘景:"昔我往矣,杨柳依依。今

我来思，雨雪霏霏。"郑振铎先生认为其是"《诗经》中最为人所传诵的隽语"，写景妙致。清人王夫之评曰："以乐景写哀，以哀景写乐，一倍增其哀乐。"绘景意象在柳和雪，景致一柔和一苍茫。诗歌绘景，风花雪月，景致不一。

一如风，有李峤《风》：

解落三秋叶，能开二月花。

过江千尺浪，入竹万竿斜。

前两句写出了风之力，后两句写出了风之态。

二如花，有荷花之色，如杨万里《晓出净慈寺送林子方》：

毕竟西湖六月中，风光不与四时同。

接天莲叶无穷碧，映日荷花别样红。

有梅花之香，如王安石《梅花》：

墙角数枝梅，凌寒独自开。

遥知不是雪，为有暗香来。

有菊花之韵，如元稹《菊花》：

秋丛绕舍似陶家，遍绕篱边日渐斜。

不是花中偏爱菊，此花开尽更无花。

三如雪，有白居易《夜雪》：

已讶衾枕冷，复见窗户明。

夜深知雪重，时闻折竹声。

前两句以视觉写雪，后两句以听觉写雪。

四如月，最美莫过中秋月，苏轼有《中秋月》：

暮云收尽溢清寒，银汉无声转玉盘。

此生此夜不长好，明月明年何处看。

前两句写中秋月的时间演变，后两句写中秋月的空间转换。

三是状境。关于境界、境地和境况描绘，王国维《人间词话》云："有有我之境，有无我之境。'泪眼问花花不语，乱红飞过秋千去。''可堪孤馆闭春寒，杜鹃声里斜阳暮。'有我之境也。'采菊东篱下，悠然见南山。''寒波澹澹起，白鸟悠悠下。'无我之境也。有我之境，以我观物，故物皆著我之色彩；无我之境，以物观物，故不知何者为我，何者为物。"① 诗境分有我之境和无我之境，一动一静，一宏壮一优美。

有我之境，生动而宏阔，如李白《望天门山》：

天门中断楚江开，碧水东流至此回。

---

① 王国维. 人间词话 [M]. 南宁：广西人民出版社，2017：4.

两岸青山相对出，孤帆一片日边来。

"开""回""来"动态状写了天门山的开阔之势。

无我之境，静谧而幽美，如李白《山中问答》：

问余何意栖碧山，笑而不答心自闲。

桃花流水窅然去，别有天地非人间。

"桃花流水"的闲状反映出"碧山"的静美。

2. 比喻性意象

比，即"比方于物也"或"以彼物比此物也"。意象通过比喻使被描绘的事物或景物更加生动形象。比喻性意象有明喻、隐喻之别，陈望道《修辞学发凡》指出："明喻的形式是'甲如同乙'，隐喻的形式是'甲就是乙'；明喻在形式上只是相类的关系，隐喻在形式上却是相合的关系。"①

一是明喻性意象。流水寓情。流水无情却有韵，如鱼玄机《江陵愁望寄子安》：

枫叶千枝复万枝，江桥掩映暮帆迟。

忆君心似西江水，日夜东流无歇时。

流水无情却有声，如韩琮《暮春浐水送别》：

绿暗红稀出凤城，暮云楼阁古今情。

行人莫听宫前水，流尽年光是此声。

亦如温庭筠《过分水岭》：

溪水无情似有情，入山三日得同行。

岭头便是分头处，惜别潺湲一夜声。

流水无情却含愁，如：

花红易衰似郎意，水流无限似侬愁。

（刘禹锡《竹枝词九首·其二》）

问君能有几多愁？恰似一江春水向东流。

（李煜《虞美人》）

花自飘零水自流，一种相思，两处闲愁。

（李清照《一剪梅》）

水流似境，如李白《宣州谢朓楼饯别校书叔云》"抽刀断水水更流，举杯消愁愁更愁"，以抽刀断水之状来比喻举杯消愁之态，显而易见。

水流无论有声还是无声，无论有情还是无情，都是诗人心中的感喟，写出了人生的追求和生命的思考，如张若虚《春江花月夜》：

人生代代无穷已，江月年年只相似。

---

① 陈望道. 修辞学发凡［M］. 上海：上海教育出版社，1976：77.

不知江月待何人，但见长江送流水。

二是隐喻性意象。隐喻中，被比对象与比喻对象不是相似关系，而是等同关系，隐喻目的在于增强效果、强调意义。

隐喻明理。隐喻能贴切而形象地说明诗人的表情达意，如《孔雀东南飞》"君当作磐石，妾当作蒲苇"，刘兰芝以"蒲苇"自比，将焦仲卿比作"磐石"，暗示两人爱情要像磐石和蒲苇一样坚韧，爱情坚贞道理说得透彻。

又如，说明"时间是检验真理的标准"：

试玉要烧三日满，辨材须待七年期。

（白居易《放言》）

又如，安慰之语合情合理，"不管他人闲话，做最好的自己"：

睫在眼前长不见，道非身外更何求。

（杜牧《登池州九峰楼寄张祜》）

隐喻显情。在隐喻中却充分地展现了诗人所要表达的情致与情韵，如：

在天愿作比翼鸟，在地愿为连理枝。

（白居易《长恨歌》）

过尽千帆皆不是，斜晖脉脉水悠悠。

（温庭筠《望江南》）

水是眼波横，山是眉峰聚。

（王观《卜算子·送鲍浩然之浙东》）

"比翼鸟""连理枝"形象比喻，强调了唐明皇与杨贵妃的爱情深挚；"斜晖脉脉水悠悠"，"斜晖"似女子情感含情脉脉，"水"似男子情感悠悠一去不复返；水是"眼波横"，山是"眉峰聚"，山水是美人的眉目，足见喜爱之情。

3. 象征性意象

兴，即"先言他物以引起所咏之词"，塑造具有感兴意味的形象，以引起读者的兴趣和思考。黑格尔《美学》论述象征："我们在象征里应该分出两个因素，第一是意义，其次是这意义的表现。意义就是一种观念或对象，不管它的内容是什么，表现是一种感性存在或一种形象。"① 如菊花象征雅致，荷花象征清廉，鸽子象征和平，喜鹊象征吉祥，硕鼠刺重敛，红梅赞英雄。象征的意义和表现意义的形象之间的关系，既具有一定的明确性又有点暧昧性，黑格尔说："象征在本质上是双关的或模棱两可的。"诗人艾青也指出："象征是事物的影射，是事物互相间的借喻，是真理的暗示和譬比。"象征种类主要有寓意象征、谐音双关和咏物寓情。以刘禹锡为例，寓意象征如"沉舟侧畔千帆过，病树前头万木春"，谐音双关

---

① 黑格尔. 美学：第二卷 [M]. 朱光潜，译. 北京：商务印书馆，1979：10.

如"东边日出西边雨,道是无晴却有晴",咏物寓情如"百亩庭中半是苔,桃花净尽菜花开"。

一是寓意象征。先看团扇见弃,源于汉乐府民歌《怨歌行》,亦名《团扇诗》:"裁为合欢扇,团团似明月。……弃捐箧笥中,恩情中道绝。"从此,这柄"团扇"便约定俗成地成了弃妇的象征,如:

奉帚平明金殿开,且将团扇共徘徊。

(王昌龄《长信秋词五首·其三》)

团扇,团扇,美人病来遮面。

(王建《宫中调笑·团扇》)

人生若只如初见,何事秋风悲画扇。

(纳兰性德《木兰花》)

再看鸿雁传情。出自《汉书·苏武传》:"天子射上林中,得雁,足有系帛书,言武等在某泽中。""鸿雁"成了信差的美称,鸿雁传书成为游子思乡或怀亲的情感寄托,如:

鸿雁长飞光不度,鱼龙潜跃水成文。

(张若虚《春江花月夜》)

鸿雁几时到,江湖秋水多。

(杜甫《天末怀李白》)

寄声欲问塞南事,只有年年鸿雁飞。

(王安石《明妃曲二首·其一》)

雁字回时,月满西楼。

(李清照《一剪梅》)

再看明月寄思。谢庄《月赋》云:"美人迈兮音尘阙,隔千里兮共明月。"明月自此成为人们寄托思念的载体,如:

海上生明月,天涯共此时。

(张九龄《望月怀远》)

秦时明月汉时关,万里长征人未还。

(王昌龄《出塞》)

共看明月应垂泪,一夜乡心五处同。

(白居易《望月有感》)

春风又绿江南岸,明月何时照我还。

(王安石《泊船瓜洲》)

但愿人长久,千里共婵娟。

(苏轼《水调歌头》)

二是谐音双关。

其一，谐音蕴意。歌谣善用谐音，如《西洲曲》："低头弄莲子，莲子清如水。""莲"者，怜也，"清"者，情也，语蕴含蓄。又如《读曲歌》："思欢久，不爱独枝莲，只惜同心藕。""莲"与"怜"、"藕"与"偶"双关。再如《子夜歌》："雾露隐芙蓉，见莲不分明。""芙蓉"与"夫容"、"莲"与"怜"双关。谐音双关可使语言表达得含蓄、幽默，而且能加深语意，给人以深刻印象。

双关述伤，薛涛有《送友人》：

水国蒹葭夜有霜，月寒山色共苍苍。
谁言千里自今夕，离梦杳如关塞长。

一者，"夜有霜"，自然景致，绘景；二者，"夜有伤"，离人情致，抒情。

双关写怨，温庭筠有《新添声杨柳枝词二首·其二》：

井底点灯深烛伊，共郎长行莫围棋。
玲珑骰子安红豆，入骨相思知不知。

"烛"者，当读作"嘱"，叮咛也；游戏之一的"长行"（双陆）应读作游子的"长行"；"围棋"者，违期也；"入骨相思"，既是指嵌入骰子的红豆（相思子），也是指女子的一片痴情。"莫违期"是"深嘱"的内容，为后面"入骨相思"作铺垫，相思之怨刻画得淋漓尽致。

其二，语义双关。陈望道《修辞学发凡》："双关是用了一个语词同时关顾着两种不同事物的修辞方式。"① 如朱庆馀《闺意献张水部》：

洞房昨夜停红烛，待晓堂前拜舅姑。
妆罢低声问夫婿，画眉深浅入时无。

从"闺意"角度看，诗的意境风流蕴藉又不失矜庄之致，饶有生活情味，已是优美动人之作。但此诗还有深一层意蕴。诗题一作《近试上张水部》，原来是诗人朱庆馀在科举考试前，向张籍探问自己的作品是否会赢得主考官的赏识，因此他以新妇自比，以新郎比张籍，以公婆比主考，借此诗含蓄表达他的不安与期待，这就使诗的意境具有弦外之音。对此，张籍《酬朱庆馀》写道：

越女新妆出镜心，自知明艳更沉吟。
齐纨未足时人贵，一曲菱歌敌万金。

同样运用比兴，以采菱越女比朱庆馀，赞其明艳、歌美，打消了朱庆馀"入时无"的顾虑。这两首赠答诗的构思都很巧妙，通篇暗示，属写人别寓意蕴的双璧。

三是咏物寓情。诗歌有时注重自然物象本身的描绘以及由此触发的诗人深沉情感的抒写，走感兴和移情的路途，是谓"借彼物理，抒我心胸"（廖燕语）。

---

① 陈望道. 修辞学发凡 [M]. 上海：上海教育出版社，1976：91.

寓情于凤，有后来者居上之念，如李商隐《寄酬韩冬郎》：

> 十岁裁诗走马成，冷灰残烛动离情。
> 桐花万里丹山路，雏凤清于老凤声。

"雏凤清于老凤声"，将韩冬郎父子比作凤凰，表明"青出于蓝而胜于蓝"的事实，将概括的描写转化为具体的形象，令人神往。"雏凤声清"，寄寓子弟优秀，才华出众。

托志于竹，有坚韧之志，如郑板桥《竹石》：

> 咬定青山不放松，立根原在破岩中。
> 千磨万击还坚劲，任尔东西南北风。

竹为君子，有挺拔不折、刚正不阿、岁寒不凋和不图虚华的气节。郑板桥的竹子，亦有着不屈、执着的坚定精神。

三、意境

意境的艺术形象萌芽于先秦时期，经汉魏陆机、刘勰、钟嵘等文论家开拓与努力，至唐代王昌龄、皎然、司空图，意境理论已经成熟。宋代严羽以禅喻诗，开辟了意境理论的新视野，到明清，意境在文学创作和文学批评中普遍运用，有王士禛"神韵说"。近代，王国维集古今意境理论之大成。

宗白华先生在《中国艺术意境之诞生》一文中将意境概括为："化实景而为虚境，创形象以为象征，使人类最高的心灵具体化、肉身化，这就是'艺术意境'。"① 意境的和谐应体现在情景相融、主客相谐和虚实相生等方面，即"超以象外，得其环中"，其审美意蕴非常丰富。意境较意象要丰富得多，意境是情与景谐、神与物游、意与境浑所构成的艺术整体。

（一）情与景谐

这是意境的结构性特征，即撷景，诗歌既要有情感因素的诱发激活，也要有景物因素的载体呈现。王夫之说："景者情之景，情者景之情。"王国维也说："一切景语皆情语也。"情与景是构成诗歌意境的两大元素，情景要搭配合理，情与景谐是诗歌意境生成的组成原则。

1. 触景生情

写景小诗，花鸟惹愁绪，有李华《春行即兴》：

> 宜阳城下草萋萋，涧水东流复向西。
> 芳树无人花自落，春山一路鸟空啼。

---

① 宗白华. 艺境 [M]. 北京：北京大学出版社，1986：159.

诗人春天途经宜阳（唐代福昌县城，现洛阳市辖县），见花落鸟啼而生感世伤怀之情。

偶见江村景致，生闲适心态，有司空曙《江村即事》：

钓罢归来不系船，江村月落正堪眠。
纵然一夜风吹去，只在芦花浅水边。

看见江村静美，羡慕钓者悠闲，全然无拘无束的老庄思想呈现。

南宋诗人吴惟信游春兴起，有《苏堤清明即事》：

梨花风起正清明，游子寻春半出城。
日暮笙歌收拾去，万株杨柳属流莺。

全诗勾勒苏堤幽美，前两句写白天之热闹，后两句写夜间之幽静，以无情之莺的快乐来抒写有情之人的喜悦之情。

2. 融情入景

"一叶落而知秋"，秋山萧瑟，意境幽静，有王维《山中》：

荆溪白石出，天寒红叶稀。
山路元无雨，空翠湿人衣。

整个景致凸显"寒"字和"空"字，诗人空灵的思想意趣在一片秋色中显露无遗。

明月千里寄相思，秋夜漫长，意境凄清，有李商隐《端居》：

远书归梦两悠悠，只有空床敌素秋。
阶下青苔与红树，雨中寥落月中愁。

秋夜寂寥，诗人将孤寂的思念之情融入"青苔""红树"以及"雨"景与"月"色中，景致显冷寂凄清之态。

3. 情景交融

王夫之《姜斋诗话》说："情景名为二，而实不可离。神于诗者，妙合无垠。巧者则有情中景，景中情。"情景交融，情感表达和景物描绘相得益彰，融为一体。

秋风中闻萧瑟，有戴叔伦《过三闾庙》：

沅湘流不尽，屈子怨何深。
日暮秋风起，萧萧枫树林。

"日暮秋风起"，撩发诗人情绪，"萧萧枫树林"，情伤无限。诗作情景交融，于景色有一种深情体验，施补华评此诗说："并不用意而言外自有一种悲凉感慨之气，五绝中此格最高。"

细雨中听人生，有蒋捷《虞美人·听雨》：

少年听雨歌楼上，红烛昏罗帐。壮年听雨客舟中，江阔云低、断雁叫西

风。而今听雨僧庐下，鬓已星星也。悲欢离合总无情，一任阶前、点滴到天明。

少年歌楼听雨，中年客舟听雨，老年僧庐听雨，景随情移，越发深沉而凝重，如雨滴落下。雨景如人生。

（二）神与物游

这是意境的融合性特征，即构思，是指诗人在孕育或酝酿诗作时所进行的思维活动，目的是达到"心物感应"。庄子谓"乘物以游心"，即诗歌表现中景物的描绘要与情感的表达形成相互呼应的效果。陆机说："精骛八极，心游万仞。""心游"即为构思之妙。刘勰说："故思理为妙，神与物游。神居胸臆，而志气统其关键；物沿耳目，而辞令管其枢机。""神与物游"，构思中心与物要融合，缘心感物，兴会适然，物我两忘。以陆游《梅花绝句》为例：

1. 缘心感物

缘心感物，主客体达到审美统一，心与物、情与景实现了双向互动交流。因为梅花凌寒绽放，与陆游心境仿若，所以陆游钟情，如：

> 小亭终日倚阑干，树树梅花看到残。
> 只怪此翁常谢客，元来不是怕春寒。

2. 兴会适然

心物相感，触于灵感的生发，杨万里认为"兴会"是："我初无意于作是诗，而是物是事适然触乎我，我之意亦适然感乎是物是事。触生焉，感随焉，而是诗出焉。"诗歌重视兴会"适然"，即特别注意灵感的生发，当梅花绽放的一刹那，就触发了陆游的诗兴感悟，况物自比，感兴自如，如：

> 幽谷那堪更北枝，年年自分著花迟。
> 高标逸韵君知否，正是层冰积雪时。

3. 物我两忘

物即是我，我即是物，物我一体。陆游人梅合一，凸现了其高标绝俗的人格，如：

> 闻道梅花坼晓风，雪堆遍满四山中。
> 何方可化身千亿，一树梅花一放翁。

（三）意与境浑

这是意境的想象性特征，即韵味，是指诗歌意境要具有想象空间或韵味无穷。刘勰说："是以诗人感物，联类不穷。流连万象之际，沉吟视听之区。写气图貌，既随物以宛转，属采附声，亦与心而徘徊。"这是意境想象性的具体写照。刘勰亦说："文之思也，其神远矣。故寂然凝虑，思接千载；悄焉动容，视通万里；吟咏之间，吐纳珠玉之声；眉睫之前，卷舒风云之色。"这说明意境具有无限广阔的天地和无限丰富的内容。叶燮《原诗》说："诗之至处，妙在含蓄无垠，思致微渺，其寄托在可言不可言之间，其旨归在可解不可解之会，言在此而意在彼。"诗的意境要通过想象，才能产生所谓的"言外之意""景外之景"和"象外之象"。

1. 言外之意

诗贵含蓄，给读者留下丰富想象的余地，才有言外之意或味外之旨。司空图在《与李生论诗书》中说："噫！近而不浮，远而不尽，然后可以言韵外之致耳。"可谓意境深远，具有言外之意，含蓄不尽。以刘禹锡七绝为例，其诗"感慨无穷"而"用笔极曲"，感知诗歌言外之意。

其一，咏史深邃，如《石头城》：

山围故国周遭在，潮打空城寂寞回。

淮水东边旧时月，夜深还过女墙来。

诗人以山、水、明月和城墙等荒凉景色，写景之中，深寓着对六朝兴亡和人事变迁的慨叹，悲凉之气笼罩全诗。

其二，咏物细微，如《乌衣巷》：

朱雀桥边野草花，乌衣巷口夕阳斜。

旧时王谢堂前燕，飞入寻常百姓家。

以"堂前燕"这一细小景物来反映一个深刻而宏大的主题：王朝兴衰、权贵冷暖和人生沉浮。

其三，咏怀细腻，如《杨柳枝》：

清江一曲柳千条，二十年前旧板桥。

曾与美人桥上别，恨无消息到今朝。

故地重游，怀念故人之意欲说还休，尽于言外传之，是此诗的含蓄之妙。

2. 景外之景

诗贵形象，形象生动是诗歌引人入胜的佳处和妙境。宋代梅尧臣说："状难写之景如在目前，含不尽之意见于言外，然后为至矣……作者得于心，览者会以意，殆难指陈以言也……"（欧阳修《六一诗话》）梅尧臣的话道出了描绘景物的"略道其仿佛"之妙，也是我们解决文学语言与审美体验疏离、对立的思路，即以语言去写景状物，从言外去追寻所要表达之意，达到元好问所谓"诗家圣处，不离文字，不在文字"的审美体验。陆时雍《诗镜总论》有言，"善道景者，绝去形容，略加点缀"，"善言情者，吞吐深浅，欲露还藏"。诗歌在绘景中营造着一种蕴藉空灵，让人神远。以绝句结句为例，基本两种：一为警句，一为景句。绝句结句警句皆直抒胸臆，触物起情而产生景外之景，营造一种开放而有境地的景象；绝句结句景句皆即

景生情，蕴情于景而产生景外之景，创设一种灵动而有蕴涵的景象。因此，南宋沈义府《乐府指迷》说："结句须要放开，含有余不尽之意，以景结情最好。"

其一，送别绝句警句，景外之景令人感慨万分，如：

> 千里黄云白日曛，北风吹雁雪纷纷。
> 莫愁前路无知己，天下谁人不识君。

（高适《别董大》）

> 渭城朝雨浥轻尘，客舍青青柳色新。
> 劝君更尽一杯酒，西出阳关无故人。

（王维《送元二使安西》）

> 寒雨连江夜入吴，平明送客楚山孤。
> 洛阳亲友如相问，一片冰心在玉壶。

（王昌龄《芙蓉楼送辛渐》）

"天下谁人不识君"，前行之境广阔，安慰之语豁达，存豪迈之感；"西出阳关无故人"，前行之地可想荒凉，劝慰之言已尽，沉痛之情犹然；"一片冰心在玉壶"，告白直爽且坚定。

其二，送别绝句景句，景外之景令人心旌摇荡，如：

> 醉别江楼橘柚香，江风引雨入舟凉。
> 忆君遥在潇湘月，愁听清猿梦里长。

（王昌龄《送魏二》）

> 水纹珍簟思悠悠，千里佳期一夕休。
> 从此无心爱良夜，任他明月下西楼。

（李益《写情》）

> 劳歌一曲解行舟，红叶青山水急流。
> 日暮酒醒人已远，满天风雨下西楼。

（许浑《谢亭送别》）

遥忆，"愁听清猿梦里长"，送别魏二，别意犹在。在梦中都能听见友人行旅途中猿猴清幽的啼声，一则展示了友人行旅的孤寂，二则显示了自己思念的愁苦。

"西楼"与"南浦"一样，属送别之所。李煜的"无言独上西楼"，情致悠悠，情意幽幽；李清照的"月满西楼"，相思隐隐，思念沉沉。"西楼"在无形中带上了一种忧伤的情调。"任他明月下西楼"，风清月朗，于心灰意懒之人来说，不过形同虚设，管他月上东楼，还是月下西楼，月亮是月亮，我是我，两不相涉，用"良夜"与"明月"来衬托"西楼"的孤独惆怅之情，含蓄而深邃。

"满天风雨下西楼"，写别后酒醒的惆怅空寂，不直接抒写离愁，而是宕开写景，暮色的苍茫黯淡、风雨的迷蒙凄清，与诗人当时的心境正好相契合，从中可感受到

一份萧瑟凄冷的情怀。"满天风雨下西楼",借景寓情,离情充溢周遭,更含蓄,更具感染力,有一种不言而神伤的情韵。

3. 象外之象

诗贵想象,意境妙处在于想象,使读诗之人能获得无限的美感享受,产生无穷余味,司空图在《与极浦书》中引戴容州评语云:"诗家之景,如蓝田日暖,良玉生烟,可望而不可置于眉睫之前也。"

其一,象外之意。它是一种特殊的意象,以切切实实的具体形象组织诗句,作者的情感或情绪在诗中无丝毫表现,也无一字点染,却能直抒胸臆。这种纯以具象取胜的组合意象,谓之"逸格",如王勃《江亭夜月送别》:

> 乱烟笼碧砌,飞月向南端。
> 寂寞离亭掩,江山此夜寒。

四句诗从低、高、远、近四个角度渲染了"江亭夜月"的氛围,将"烟""月""亭""夜"四景组合刻画得精细质实,不言送别却离别之情满溢。

又如李白《玉阶怨》:

> 玉阶生白露,夜久侵罗袜。
> 却下水晶帘,玲珑望秋月。

每一句诗都写了一个具体的事物或行为,每一个意象都是切实可感触的。宫女望月的行为,孕育着行为背后的情愫。实质上,这首宫怨诗,是通过象外之意来凸显的。通篇写"玉阶"周遭之象,全诗"怨"意弥漫。

其二,意外之象。诗人极力彰显自己的抒情特质,直接倾诉内心情感的波澜,甚至在诗句中不作具体形象的勾画,读者却从作品直抒胸臆的诗句中,又生成了另外一种形象——具体的象或虚构的象。诗人的自我形象,在诗中仿佛没有出现,却又是抒情语言的主体,即意外之象,如陈子昂《登幽州台歌》:

> 前不见古人,后不见来者。
> 念天地之悠悠,独怆然而涕下。

苍茫天地间凸立了一位志存高远、茕茕孑立的诗人形象,诗人形象并不是诗句直接塑造的,而是在意象组合中,在审美感受中出现的,属意外之象。

夜阑独上楼,愁更愁,赵嘏有《江楼感旧》:

> 独上江楼思渺然,月光如水水如天。
> 同来望月人何处?风景依稀似去年。

"独上"江楼,在"月光如水水如天"的迷茫恬静之中,月色水光是那么清丽绝俗。在优美景象间,"望月人"属意外之象,缕缕怀念引发淡淡惆怅,让诗作"思渺然"的意蕴变得更加深远而空灵。

第六讲 中小学古诗"阅读"基础之一：确音

确音，即弄清楚古诗词中的多音字、异读字、通假字和同源字等。通过确音，可进一步了解古诗词中相关字词的准确意义。

一、多音字

多音字，指一个字有两个或两个以上的读音，不同的读音表义不同、用法不同，词性也往往不同。多音字即同字而音义不同。古诗多音字一般用于人名、地名和专名，有时还需异读。

（一）人名

古人的名、字有一定的联系意义，所以名字中出现多音字应根据其命名的含义来定音。《礼记·檀弓下》有"幼名，冠字"之说，即古人出生不久就要取名，成年后还要有字。东汉班固《白虎通义·姓名》曰："或旁其名为之字者，闻其名即知其字，闻字即知其名。"名与字之间常常有意义上的联系。其一，名与字意义相近。如陶渊明字元亮，诸葛亮字孔明，"明""亮"同义，光照好；周瑜，字公瑾，诸葛瑾，字子瑜，"瑾""瑜"同义，皆美玉。其二，名与字意义相反。如子贡本名端木赐，"贡"是向上进献，"赐"是向下赏赐；朱熹字元晦，"熹"是光明，"晦"是阴暗；赵孟頫字子昂，"頫"同"俯"，为低头，与"昂"（抬头）相反。其三，名与字意义相关。如仲由字子路，"由"是经过，与"路"相关；苏辙字子由，"辙"是车轮印，"由"乃经过，亦有所关联。

古人名字需读准。一如春秋时军事家伍员，字子胥，楚国人，吴国大夫，"员"读作 yún 而非 yuán，因"员"读 yún 有"众多"之意，"胥"有"皆、都"之意，与"众多"意义相关。二如西晋名臣周处，《世说新语》载"除三害"故事，"处"读作 chǔ 而非 chù，周处，字子隐，"处"读 chǔ 为"居住"意，含义为"隐居"，"处士"即"隐士"。三如唐代名人卢藏用，字子潜，"藏"读作 cáng 而非 zàng，"藏"与"潜"意义相近，都有"隐藏"之意，成语"用舍行藏"即此谓。四如宋代大儒张载，字子厚，"载"读作 zǎi 而非 zài，源于《易经》："地势坤，君子以厚德载物。"

诗人名字亦须读准。一如张说，字道济，前后三次为相，执掌文坛三十年，为

开元前期一代文宗,与许国公苏颋齐名,号称"燕许大手笔"。其名"说"读作 yuè 而非 shuō,源于《尚书·兑命》,说的是商君武丁得贤臣傅说而成治道的故事,陆德明《经典释文》载:"说,本又作'兑',音'悦'。"《论语·学而》:"有朋自远方来,不亦说乎?"杨伯峻《论语译注》释为:"音读和意义跟'悦'字相同,高兴、愉快的意思。"

二如刘长卿,字文房,"长"读作 zhǎng 而非 cháng。刘长卿之名源于西汉司马相如。司马相如字长卿,文章大家,因慕名战国时期的蔺相如而改名;又蔺相如因渑池会后被封为上卿,为众卿之长,故司马相如字长卿,刘长卿之名中的"长"理应念 zhǎng。同理,诗句中亦要读准"长"音,如"道狭草木长"(陶渊明),"宁为百夫长,胜作一书生"(杨炯),"可怜闺里月,长在汉家营"(沈佺期)和"草长莺飞二月天"(高鼎)。山西东南部有相邻两县——长治和长子,东边谓长(cháng)治,西边谓长(zhǎng)子。

其他诸多诗词名家名字亦有此类:

晏几道,字叔原,北宋词人,为"小晏","几"读作 jī 而非 jǐ,"几"有"接近、靠近"之意,而"原"为"推究本原"之意,如韩愈《原道》,"几"与"原"意义相近。曾几,字吉甫,南宋诗人,有诗《三衢道中》。"几"读作 jī 而非 jǐ,其名字源于《易经·系辞下》:"几者,动之微,吉之先见者也。君子见几而作,不俟终日。"这个"几"由"隐微、不明显"引申为"事情的苗头或预兆",这个意义后来写作"机"。像唐代史学家刘知几,字子玄,同此理。

秦观,初字太虚,后字少游,北宋词人,有《鹊桥仙》《踏莎行·郴州旅舍》等名篇。"观"读作 guàn 而非 guān,源于《庄子·知北游》:"外不观乎宇宙,内不知乎大初,是以不过乎昆仑,不游乎太虚。""观"为"观察"之意。陆游,字务观,南宋诗人,"务观"的读音应同理。

元好问,字裕之,金代诗人,有诗《同儿辈赋未开海棠》。"好"读作 hào 而非 hǎo,语出《尚书·仲虺之诰》:"好问则裕,自用则小。""好问"就是今天的"勤学好问"之意。

翁卷,字灵舒,"永嘉四灵"之一,有诗《乡村四月》。"卷"读作 juǎn 而非 juàn,"卷"为"翻卷"与"舒"(舒展)意义相应。

温庭筠,本名岐,字飞卿,晚唐诗人、词人,诗与李商隐齐名,谓"温李",词与韦庄齐名,谓"温韦",有《商山早行》《过陈琳墓》《苏武庙》《菩萨蛮》等名篇。他因少年时客游江淮受辱,遂由"岐"改名"庭筠","筠"应读作 yún 而非 jūn,有时别称"温庭云",筠,《北梦琐言》作"云"。字"飞卿",似作"云"为是,其弟名"庭皓"可证,然两唐书上皆写作"筠"。

贾岛,字浪仙,一作阆仙,人称"诗奴",与孟郊有"郊寒岛瘦"之称。"阆"

读作 láng 而非 làng，读 làng，有四川地名"阆中"。"阆仙"读 láng，为阆苑地，神仙所居，谓海上仙岛，名"岛"与字"阆仙"有意义联系。

高适，字达夫，一字仲武，有诗歌《燕歌行》《别董大》等。"适"与"达""武"有意义联系，谓行走之意。适，音 kuò，意义为"疾速"，多用于人名，如南宫适，周朝名臣，《论语》《封神演义》中都出现此人物，都注音为 kuò。又如南宋金石家洪适，三兄弟被誉为"三洪"——洪适、洪遵、洪迈，他本名"造"改为"适"，字景伯，"适"，"疾速"意，与"景（影）"意义相关，同"遵""迈"意义相类。王力《古汉语常用字字典》将此二人之名都注为音 kuò，段玉裁《说文解字注》："适，疾也……读与括同。"适，音 shì，意义为"到……去"，一般写作"適"。南宋诗人叶适，字正则，号水心居士。现代名人胡适，字适之，应取义唐代善饮左相李適之。高适之名，《全唐诗》《唐诗三百首》《唐诗鉴赏辞典》都写作"高適"，而《高适诗集编年笺注》（刘开扬）、《唐诗三百首新编》（马茂元、赵昌平）多写作"高适"，无论怎样，还是应念作 shì。

岑参，与高适齐名，有《白雪歌送武判官归京》《走马川行奉送封大夫出师西征》《逢入京使》等诗。岑参可以曾参、曹参之名来定音。一是曾参，"参"音 shēn，字子舆，世尊其"宗圣"，称"曾子"。按意，字子舆，与孟子，名轲，字子舆一样，"参"应是"骖"意，也应念 cān。但实际流传中，都读作 shēn。杨伯峻《论语译注》注"参"作"音 shēn"。唐宋以"曾参"名字入诗且为韵脚，押的是"侵韵"，如王安石《次韵平甫喜唐公自契丹归》："留犁挠酒得戎心，绣袷通欢岁月深。奉使由来须陆贾，离亲何必强曾参。"清代车万育《声律启蒙》"十二侵"部："眉对目，口对心。锦瑟对瑶琴。晓耕对寒钓，晚笛对秋砧。松郁郁，竹森森。闵损对曾参。""参"都押"侵韵"，音 shēn。二是曹参，"参"音 cān，字敬伯，"参"有"参拜"之意。此外，可从岑参的兄弟命名来看。岑参的父亲岑植，做过刺史，有子五：岑渭、岑况、岑参、岑秉、岑亚。五人取名并非循着"兄弟连名"的命名方法，难断其意，仅从其兄名"况"为"比况"意可猜测"参"为"比勘、验证"意，可读 cān。还可以从岑参家族的兴衰史来看。其伯父岑羲相睿宗，作诗《参迹枢揆》，"参"有重振相国家声之义，因此曾参之"参"当读 cān。

（二）地名

并州，古地名，在今山西太原一带，如刘皂《旅次朔方》：

> 客舍并州已十霜，归心日夜忆咸阳。
> 无端更渡桑干水，却望并州是故乡。

又如：

> 焉得并州快剪刀，剪取吴淞半江水。
>
> （杜甫《戏题王宰画山水图歌》）

再如地名镐（hào）京、阳夏（jiǎ）、阿房（páng）宫，又如国名大宛（yuān）、龟（qiū）兹、身（yuān）毒以及族名吐谷（yù）浑、先零（lián）、吐蕃（bō）。

（三）专名

如词牌名。《清平乐》，"乐"读作 yuè，原为唐教坊曲名，取用汉乐府"清乐""平乐"这两个乐调而命名，后用作词牌，像辛弃疾有《清平乐·村居》。《永遇乐·京口北固亭怀古》，"乐"读作 lè，源于唐中叶书生与邻家女的忧伤故事，叙写人生经常（"永"）遇到（"遇"）到的哀乐（"乐"）情事。诚如四川乐（lè）山，浙江乐（yuè）清，都是如此。

如事物名。槛，读 jiàn，为栏杆；读 kǎn，为门槛。

> 竹坞无尘水槛清，相思迢递隔重城。
> 秋阴不散霜飞晚，留得枯荷听雨声。
> （李商隐《宿骆氏亭寄怀崔雍崔衮》）

槛，音 jiàn，本意栅栏，引申为栏杆。北京前门有大栅（shí）栏，乌镇有西栅（zhà）和东栅（zhà）。诗中有：

> 阁中帝子今何在？槛外长江空自流。
> （王勃《滕王阁》）

> 槛菊愁烟兰泣露，罗幕轻寒，燕子双飞去。
> （晏殊《蝶恋花》）

（四）因义定音

1. "朝"字读音

读 zhāo，名词，早晨，与"暮"相对，如：

> 君不见高堂明镜悲白发，朝如青丝暮成雪。
> （李白《将进酒》）

> 我醉欲眠卿且去，明朝有意抱琴来。
> （李白《山中与幽人对酌》）

> 朝辞白帝彩云间，千里江陵一日还。
> （李白《早发白帝城》）

> 自古逢秋悲寂寥，我言秋日胜春朝。
> （刘禹锡《秋词》）

> 画栋朝飞南浦云，珠帘暮卷西山雨。
> （王勃《滕王阁》）

> 渭城朝雨浥轻尘，客舍青青柳色新。
> （王维《送元二使安西》）

朝为越溪女，暮作吴宫妃。

（王维《西施咏》）

小楼一夜听春雨，深巷明朝卖杏花。

（陆游《临安春雨初霁》）

两情若是久长时，又岂在朝朝暮暮。

（秦观《鹊桥仙》）

读 cháo，动词，与"上朝"相关，如：

一封朝奏九重天，夕贬潮州路八千。

（韩愈《左迁至蓝关示侄孙湘》）

2. "重"字读音

读 zhòng，名词为"重量"意，引申为分量大，与"轻"相对，又有"重大"意，动词为"重视"等意，如：

汉皇重色思倾国，御宇多年求不得。

（白居易《长恨歌》）

遂令天下父母心，不重生男重生女。

（白居易《长恨歌》）

鸳鸯瓦冷霜华重，翡翠衾寒谁与共？

（白居易《长恨歌》）

商人重利轻别离，前月浮梁买茶去。

（白居易《琵琶行》）

晓看红湿处，花重锦官城。

（杜甫《春夜喜雨》）

读 chóng，为"重复"或"重新"意，如：

移船相近邀相见，添酒回灯重开宴。

（白居易《琵琶行》）

凄凄不似向前声，满座重闻皆掩泣。

（白居易《琵琶行》）

两岸猿声啼不住，轻舟已过万重山。

（李白《早发白帝城》）

枝间新绿一重重，小蕾深藏数点红。

（元好问《同儿辈赋未开海棠》）

京口瓜洲一水间，钟山只隔数重山。

（王安石《泊船瓜洲》）

重门深锁无寻处,疑有碧桃千树花。

(郎士元《听邻家吹笙》)

3. "骑"字读音

读 qí,动词,骑(马),如:

郎骑竹马来,绕床弄青梅。

(李白《长干行》)

此身合是诗人未?细雨骑驴入剑门。

(陆游《剑门道中遇微雨》)

牧童骑黄牛,歌声振林樾。

(袁枚《所见》)

读 jì,名词,一人一马,如:

欲将轻骑逐,大雪满弓刀。

(卢纶《和张仆射塞下曲六首·其三》)

翩翩两骑来是谁?黄衣使者白衫儿。

(白居易《卖炭翁》)

一骑红尘妃子笑,无人知是荔枝来。

(杜牧《过华清宫绝句三首·其一》)

萧关逢候骑,都护在燕然。

(王维《使至塞上》)

锦帽貂裘,千骑卷平冈。

(苏轼《江城子·密州出猎》)

4. "将"字读音

读 jiāng,副词,"将要"意;连词,"和""与"意;动词,"扶""持"或"带领"意。如:

爷娘闻女来,出郭相扶将。

(《木兰诗》)

将军百战死,壮士十年归。

(《木兰诗》)

谁能将旗鼓,一为取龙城。

(沈佺期《杂诗》)

李白乘舟将欲行,忽闻岸上踏歌声。

(李白《赠汪伦》)

暂伴月将影，行乐须及春。

（李白《月下独酌》）

心将流水同清净，身与浮云无是非。

（岑参《太白胡僧歌》）

欲将轻骑逐，大雪满弓刀。

（卢纶《和张仆射塞下曲六首·其三》）

读 jiàng，动词，"带兵"意，引申为"将领"，如：

使臣将王命，岂不如贼焉？

（元结《贼退示官吏》）

有时还读作 qiāng，如李白诗歌《将进酒》，"将"谓"请"意。又如《诗经·卫风·氓》："将子无怒，秋以为期。"

5. "教"字读音

读 jiào，有"使、令、让"之意，相当于英语中的"let"。念 jiào 还有"教育、教导"意，一般偏口语，如：

曲罢曾教善才服，妆成每被秋娘妒。

（白居易《琵琶行》）

打起黄莺儿，莫教枝上啼。

（金昌绪《春怨》）

忽见陌头杨柳色，悔教夫婿觅封侯。

（王昌龄《闺怨》）

承恩不在貌，教妾若为容。

（杜荀鹤《春宫怨》）

但使龙城飞将在，不教胡马度阴山。

（王昌龄《出塞》）

谁为含愁独不见，更教明月照流黄。

（沈佺期《独不见》）

十三教汝织，十四能裁衣。

（《孔雀东南飞》）

自是桃花贪结子，错教人恨五更风。

（王建《宫词一百首·其十九》）

似花还似非花，也无人惜从教坠。

（苏轼《水龙吟·次韵章质夫杨花词》）

酒边难使客愁惊，帐底不教春梦到。

（周邦彦《玉楼春》）

读 jiāo，动词，"教授、传授"意，相当于英语中的"teach"，如：

> 二十四桥明月夜，玉人何处教吹箫？
>
> （杜牧《寄扬州韩绰判官》）

（五）订正字音或韵脚

1. 校正字音，明确字意

如王维《观猎》诗句：

> 忽过新丰市，还归细柳营。

"还"读音为"xuàn"，意为"迅速、立即"，与"忽"同义，都作为时间副词来修饰动词"过"与"归"，词类相同，词意相仿，后继以两地名"新丰市"和"细柳营"，对仗工整。

又如毛泽东《沁园春·雪》末句：

> 俱往矣，数风流人物，还看今朝。

其中，"数"音 shǔ，指比较而言其中最为突出者，如"数一数二"。"还"的读音多重，意义多样：读 hái，状态副词，表示行为不变且信念坚定，动作依旧；读 huán，同"环"，表示巡视周遭，肯定当下；读 xuán，时间副词，表示现在、马上、立刻会实现；读 bù，否定语气，表示不看今朝，期待未来。

2. 订正韵脚，理解诗意

如刘禹锡《望洞庭》：

> 湖光秋月两相和，潭面无风镜未磨。
>
> 遥望洞庭山水色，白银盘里一青螺。

"和"在此读作 hé，为"平和"本意，可理解为"融和"。"和"字精练，现水天一色融和画境。"和"为"五歌韵"，像骆宾王《鹅》（鹅、歌、波）与贺知章《回乡偶书》（多、磨、波）都是"五歌韵"。而杜牧《沈下贤》："斯人清唱何人和，草径苔芜不可寻。一夕小敷山下梦，水如环珮月如襟。""和"念 hè，为"唱和"之意，且为仄声不押韵。

又如，王安石《泊船瓜洲》：

> 京口瓜洲一水间，钟山只隔数重山。
>
> 春风又绿江南岸，明月何时照我还。

"间"在此读作 jiān，平声，首句入韵绝句。其一，根据诗韵来看。"间""山""还"属于上平"十五删韵"，"间"在此念 jiān，为"中间"意，非"间隔"意。其二，根据字义来究。"一水间"源于《古诗十九首》"盈盈一水间，脉脉不得语"，为成词，是形容空间距离（之遥），而此处诗句不是，此处是要描绘时间距离（之速）。其三，根据诗意来察。"一水间"是形容时间之快，说明行程急忙。李白《早发白帝

城》:"朝辞白帝彩云间,千里江陵一日还。两岸猿声啼不住,轻舟已过万重山。"同是"删韵","彩云间"也是说明时间之快,衬行程之疾速和心情之急切喜悦。又如刘伯承所作《记羊山集战斗》,展现战争之激烈,亦用此韵和"间"(中间,显疾速)意:"狼山战捷复羊山,炮火雷鸣烟雾间。千万居民齐拍手,欣看子弟夺城关。"

3. 读准字音,明确字意

可参看王维《少年行四首·其三》,从诗题到每一句诗句,都有多音字,需读准方能意明:

一身能擘两雕弧,虏骑千重只似无。
偏坐金鞍调白羽,纷纷射杀五单于。

二、异读字

(一) 破音异读

破音异读,也叫破读。破读是中古通过声调的变化来引起词性的变化,以表达词义的一种方法。像"衣",名词读阴平,如用作动词,则破读为去声,有"衣锦还乡";"王",名词为阴平,动词为去声,有"大楚兴,陈胜王";"胜",平声,一为"尽"意,有"不胜枚举",一为"能承受"意,有"武王靡不胜"(《诗经·商颂·玄鸟》)。又如:

玉山翘翠步无尘,楚腰如柳不胜春。

(杨炎《赠元载歌妓》)

可怜细丽难胜日,照得深红作浅红。

(皮日休《重题蔷薇》)

二十五弦弹夜月,不胜清怨却飞来。

(钱起《归雁》)

(二) 古音异读

如叶公好龙,"叶"读作 shè,"叶"用作地名、人名、姓氏时旧读 shè,像今天河南还有叶(shè)县。有时也是少数民族语异读,像单于、可汗、吐谷浑、大宛等,如:

月黑雁飞高,单于夜遁逃。

(卢纶《和张仆射塞下曲六首·其三》)

校尉羽书飞瀚海,单于猎火照狼山。

(高适《燕歌行》)

昨夜见军帖,可汗大点兵,军书十二卷,卷卷有爷名。

(《木兰诗》)

前军夜战洮河北，已报生擒吐谷浑。

（王昌龄《从军行七首·其五》）

胡马大宛名，锋棱瘦骨成。

（杜甫《房兵曹胡马诗》）

昔骑天子大宛马，今乘款段诸侯门。

（李白《江夏赠韦南陵冰》）

（三）通假异读

可见下文"通假字"部分。

三、通假字

通假字，主要是"因音通假"。清代赵翼《陔余丛考》有言："字之音同而异义者，俗儒不知，辄误写用，世所谓别字也。"通假字就是古人写的"别字"，两字仅"音同"，意义上是没有联系的。假字的意义是"错字"，若按假字理解，意义上是"假的""错误的"。

（一）俭—险

俭，通"险"，如秦韬玉《贫女》诗句：

谁爱风流高格调，共怜时世俭梳妆。

"俭"，不能理解为"俭朴"，要理解为"险"，有"高（峨）"之意。此处"俭梳妆"，非言贫女平时的生活习惯俭朴，乃言贫女"爱"（羡慕）时尚，所梳"峨髻"之高。

（二）争—怎

争，通"怎"。张相《诗词曲语辞汇释》云："自来谓宋人用怎字，唐人只用争字。"如：

诚知老去风情少，见此争无一句诗。

（白居易《题峡中石上》）

游人一听头堪白，苏武争禁十九年。

（杜牧《边上闻笳》）

若是有情争不哭，夜来风雨葬西施。

（韩偓《哭花》）

紫绶纵荣争及睡，朱门虽富不如贫。

（陈抟《归隐》）

四、同源字

"同源字"是训诂术语，王力在《同源字论》一文中对"同源字"定义为："凡音义皆近,音近义同,或义近音同的字,叫做同源字。这些字都有同一来源。"① 凡语义相通(或相同),声音相近(或相通转)的字称为"同源字"。同源字就是汉字所代表的词的意义引申后又形成了不同的字。同源字主要以字音为先决条件研究字与字之间的语源关系,古人称之为"谐声训诂",即因声求义的"声训"。

(一)班、半、判、别、辨、片

> 挥手自兹去,萧萧班马鸣。
>
> (李白《送友人》)

其中,"班马"为分道扬镳的马,离群分开的马,非成群的马。"班,《说文解字》刀部:分瑞玉也。"将玉一分为二,有"分开"之意。再如"别"字,亦有"分开"之意,如李白《送友人》"此地一为别",再如骆宾王《易水送别》"此地别燕丹"。

(二)缺、阙、玦、决

> 缺月挂疏桐,漏断人初静。
>
> (苏轼《卜算子·黄州定慧院寓居作》)
>
> 人有悲欢离合,月有阴晴圆缺。
>
> (苏轼《水调歌头·中秋词》)

"缺",本表示器皿(缶)有缺口,"缺月""月缺"是指圆月有缺口。月圆是画,月缺是诗,王安石有"缺月昏昏漏未央,一灯明灭照秋床"。

又如:

> 城阙辅三秦,风烟望五津。
>
> (王勃《送杜少府之任蜀州》)
>
> 待从头、收拾旧山河,朝天阙。
>
> (岳飞《满江红》)
>
> 伤心秦汉经行处,宫阙万间都做了土。
>
> (张养浩《山坡羊·潼关怀古》)
>
> 西风残照,汉家陵阙。
>
> (李白《忆秦娥》)

阙,音què,《说文解字》谓:"门观也。"指宫殿、祠庙、陵墓前的高台,左右各一,中有道路,以其"阙然为道",谓之"阙"。

玦,缺玉,代表"诀别";环,圆玉,代表"团圆"。如纳兰性德《蝶恋花》:

> 辛苦最怜天上月,一昔如环,昔昔都成玦。

---

① 王力. 同源字典 [M]. 北京:商务印书馆,1982:3.

决决，水流貌，溪水从山石缺处流出，如卢纶《山店》：

> 登登山路行时尽，决决溪泉到处闻。
> 风动叶声山犬吠，一家松火隔秋云。

（三）兹、此、斯、是

像《论语》中不用"此"字，文中有七十余处表示"这、这个、这里"意思时，无一处用"此"字，只用"兹"和"斯"或"是"等字，如"文不在兹"（《论语·子罕》），"逝者如斯夫"（《论语·子罕》），"是谁之过与"（《论语·季氏将伐颛臾》）。其他诗词则无此讲究，如：

> 挥手自兹去，萧萧班马鸣。
>
> （李白《送友人》）
>
> 此地一为别，孤蓬万里征。
>
> （李白《送友人》）
>
> 只在此山中，云深不知处。
>
> （贾岛《寻隐者不遇》）
>
> 蓬山此去无多路，青鸟殷勤为探看。
>
> （李商隐《无题》）
>
> 风一更，雪一更，聒碎乡心梦不成，故园无此声。
>
> （纳兰性德《长相思》）
>
> 余亦能高咏，斯人不可闻。
>
> （李白《夜泊牛渚怀古》）
>
> 冠盖满京华，斯人独憔悴。
>
> （杜甫《梦李白二首·其二》）

第七讲　中小学古诗"阅读"基础之二：定形

定形，即明确古今字、异体字、繁简字、形近字等在古诗词中的运用规律。通过定形，可深入了解古诗词中看似不相关用字间的关系。

一、古今字

古今字，是不同时代记录同一个词使用的不同形体的字，使用年代较早的是古字，使用年代较晚的是今字。古今字中古与今是相对的，段玉裁《说文解字注》言："古今无定时，周为古则汉为今，汉为古则晋宋为今，随时异用者谓之古今字，非如今人所言古文、籀文为古字，小篆、隶书为今字也。"

古今字与通假字有别，通假字是两字没有意义上的联系，只是音同而已，而古今字则不同，两字既有意义上的联系，也有字音上的相通。古今字在意义结构上一般有联系，其具有时间先后的历时性，即古字在前，今字在后。如"然—燃"，古字"然"有"灬"表示火，今字"燃"另加"火"作形旁构成形声字。再如"昏—婚""要—腰""禽—擒""内—纳""责—债"等。而通假字一般在意义上是没有联系的，如"蚤—早""倍—背""与—举"等。古今字在读音上有联系。绝大多数今字是以古字为声符另加形符构成形声字，古字为声符，如"见—现""景—影""反—返""那—哪"。

（一）见—现

风吹草低见牛羊。

（《敕勒歌》）

采菊东篱下，悠然见南山。

（陶渊明《饮酒·其五》）

旧时茅店社林边，路转溪桥忽见。

（辛弃疾《西江月·夜行黄沙道中》）

"悠然见南山"中"见"同"现"，"出现"意。"见"读作 xiàn，脍炙人口，美不胜收。一老面孔"见"字蕴含新意无端，既无"图穷匕首见"之"客"观（别人看见），也无"风吹草低见牛羊"之"主"观（自己看见），只有"你见/或者不见/我就在那里/不悲不喜"之"臆"观（心看见）。见（同"现"，出现），观篱侧菊香

梦南山，览山岚暮霭思飞鸟，知觉上的直观性、时间上的同时性、空间上的距离化，使知觉与现象臻于妙合无垠，想象无限。诚然"一语天然万古新，豪华落尽见真淳"。

（二）那—哪

> 问渠那得清如许，为有源头活水来。
>
> （朱熹《观书有感》）
>
> 那堪玄鬓影，来对白头吟。
>
> （骆宾王《在狱咏蝉》）
>
> 更那堪，冷落清秋节！
>
> （柳永《雨霖铃》）

那，同"哪"，诗词中常见此用法。

（三）景—影

> 返景入深林，复照青苔上。
>
> （王维《鹿柴》）

景，同"影"，"影子"意，《诗经》有云："高山仰止，景行行止。"

（四）间（閒）—闲

> 人闲桂花落，夜静春山空。

"閒"是"间"的异体字，"闲"是"间"的今字，与"静"相对且意和。

二、异体字

异体字就是指声音和意义都相同而存在着几种写法的字。由于言语异声、文字异形，难免出现大量的异体字。这种音义悉同、形体变异的字在《说文解字》中被称为"重文"。因此，在注释时不能注为"同"或"通"，应注为"亦写作"。如"避贤初罢相，乐圣且啣杯"（李适之《罢相作》）中"啣"，亦写作"衔"，"用嘴含"意，亦如"衔远山，吞长江，浩浩汤汤，横无际涯"（《岳阳楼记》）。

异体字是汉字特有的造字原则和结构体制形成的字，其基本类型有四种。

（一）构字方法不同产生异体字

"泪—淚"，"泪"是会意字，"淚"是形声字。又如：

　　妆—粧　　岩—巖　　尘—塵　　村—邨

例："绿树村边合，青山郭外斜"（孟浩然《过故人庄》）。

村，亦写作"邨"，与对句"郭"属同类字（都有"右邑旁"），意近。

又例：王维《鹿柴》，其中"柴"，读 zhài，也写作"砦"，今统一写作"寨"。

（二）形声字的形符不同产生异体字

陇，亦写作"垄"，田埂，像《史记·陈涉世家》有"辍耕之垄上"。白居易《观刈麦》则有"小麦覆陇黄"。田埂许是山地间叫"陇"，平地间叫"垄"，亦如武陵山区将"洞"写作"峒（峝）"。又如：

  陇—垄 炮—砲 瓶—缾 咏—詠

（三）形声字的声符不同产生异体字

"叹（嘆）—歎"，"叹（嘆）"从口，"歎"从欠。又如：

  袴—裤 韵—韻 烟—煙

杜甫《奉赠韦左丞丈二十二韵》有"纨绔不饿死"，曹雪芹《红楼梦》有"寄言纨绔与膏粱"。绔，亦写作"袴（裤）"。

苏轼《浣溪沙》有"村南村北响缫车"，缫，亦写作"繅"，与蚕丝相关。

（四）形符声符的位置不同产生异体字

书法典故中的"鵞池"，"鵞"为上声下形，"鹅"为左声右形。又如：

  群—羣 略—畧 峰—峯 够—夠

袁枚《独秀峰》有"突然一峯插南斗"，峰，亦写作"峯"，像桂林独秀峰摩崖石刻有"秀多群峯"。

三、繁简字

繁简字就是在不同时期由于汉字笔画多与少、繁与简而产生的对应字。如"憐—怜""親—亲"等。繁体字虽然笔画较多，但在确定字义上相对容易，有利于阅读与理解文意；简体字减少了字符的笔画，节约了书写的时间，有利于大众掌握文化知识。

（一）胡—鬍

> 但使龙城飞将在，不教胡马度阴山。
>
> （王昌龄《出塞》）
>
> 何日平胡虏，良人罢远征。
>
> （李白《子夜吴歌·秋歌》）
>
> 遗民泪尽胡尘里，南望王师又一年。
>
> （陆游《秋夜将晓出篱门迎凉有感》）
>
> 胡未灭，鬓先秋，泪空流。
>
> （陆游《诉衷情》）

例如电影《知音》中有镜头是一副对联："上马击狂胡，下马草军书。"其中将"胡"字写成繁体应是错的，"胡"，古代西北民族统称，它的繁体形式就是"胡"，而不是"鬍"。

(二) 个—箇—個

> 七八个星天外，两三点雨山前。
>
> （辛弃疾《西江月·夜行黄沙道中》）
>
> 两个黄鹂鸣翠柳，一行白鹭上青天。
>
> （杜甫《绝句》）
>
> 白发三千丈，缘愁似个长。
>
> （李白《秋浦歌》）

"个"作量词时，繁体为"箇"，与竹子相关，后引申为与人相关的"個"。但"缘愁似个长"中"个"为"此、这"的意思，它的繁简形式都是"个"。

四、形近字

形近字指字形结构相近但字意却不同的字，形近字需区分。一如人名，"颢"与"灏"。写《黄鹤楼》的崔颢，不能写作"崔灏"，其名与宋代程颢之名是一样的道理。二如地名，"猇"与"虢"。猇亭在湖北宜昌，虢国在今河南郑州境内。三如时名，"己亥"与"乙亥"。龚自珍有《己亥杂诗》，共315首，作于道光十九年，即公元1839年（己亥年），有时误念"己"为"已"（干支中无"已"字），"已"又讹变为"乙"，乙亥年与己亥年实则间隔24年。

(一) 陵—棱

动力火车有首歌曲《当》，琼瑶作词，开篇歌词为："当山峰没有棱角的时候，当河水不再流……"误唱许多年，歌词源于汉乐府《上邪》：

> 上邪！我欲与君相知，长命无绝衰。山无陵，江水为竭，冬雷震震，夏雨雪，天地合，乃敢与君绝。

"山无陵"绝不是"山峰没有棱角"，"陵"，音 líng，为大土山，"棱"，音 léng，谓棱角。"山无陵"是自然异象，高山变平地，沧海变桑田，用其难来比拟痴情不改。

(二) 霏霏—靡靡

张渠编舞《采薇》，后有影星模仿传唱。歌词中有《诗经·小雅·采薇》：

> 昔我往矣，杨柳依依。今我来思，雨雪霏霏。

但传唱的《采薇》则有将"霏霏"唱作"靡靡"的情况。"霏霏"，音 fēifēi，雨雪或烟云很盛的样子，如韦庄《台城》诗句："江雨霏霏江草齐，六朝如梦鸟空啼。"靡靡，音 mǐmǐ，迟缓貌，如《诗经·王风·黍离》："行迈靡靡，中心摇摇。"将"霏霏"唱作"靡靡"，大谬矣。

（三）场（場）—塲

孟浩然《过故人庄》有诗句：

> 开轩面场圃，把酒话桑麻。

其中"场圃"的"场"有"場"和"塲"两种写法：写作"場"，音 cháng，是"场"的繁体，谓打谷场；写作"塲"，音 yì，谓田垠。开轩，看见的应是田园风光，主要是田埂和菜园，这要贴切些；开窗所见为打谷场和菜园，也可，然境未免有点不和。

（四）岐—歧

"岐"为山名，是"山"字旁，与封地相关；"歧"为岔路，是"足"字旁，与行走相关。

> 岐王宅里寻常见，崔九堂前几度闻。
>
> （杜甫《江南逢李龟年》）
>
> 无为在歧路，儿女共沾巾。
>
> （王勃《送杜少府之任蜀州》）
>
> 多歧路，今安在？
>
> （李白《行路难》）

有时，通过形近字教学，可以更好地理解诗意。

例：耕—耘，织—绩

> 昼出耘田夜绩麻，村庄儿女各当家。
> 童孙未解供耕织，也傍桑阴学种瓜。
>
> （范成大《四时田园杂兴·其三十一》）

"耘"为除草，"绩"为搓麻，都是具体农活，通常分别在白天和夜间进行；而"耕织"合称耕种纺织，犹言农桑，如贾谊《过秦论》："内立法度，务耕织，修守战之具。"诗中"耘""绩"为具体行为动作，分说昼夜劳作，"耕织"为概指，合称言小农生活。一具写，一概写。

例：销—锁

> 折戟沉沙铁未销，自将磨洗认前朝。
> 东风不与周郎便，铜雀春深锁二乔。
>
> （杜牧《赤壁》）

"销"，言明时间的销蚀（之久）；"锁"，言明空间的锁闭（之深）。

例：宵—霄

> 七夕今宵看碧霄，牵牛织女渡河桥。
> 家家乞巧望秋月，穿尽红丝几万条。
>
> （林杰《乞巧》）

宵，为时间，"夜"也，如"元宵""良宵"，白居易有诗《寒闺夜》："为惜影相伴，通宵不灭灯。"霄，为空间，"天空"也，如"云霄""九霄"，刘禹锡有诗《秋词》："晴空一鹤排云上，便引诗情到碧霄。"

例：条—绦

> 碧玉妆成一树高，万条垂下绿丝绦。
> 不知细叶谁裁出，二月春风似剪刀。
>
> （贺知章《咏柳》）

"条"，量词，白描柳枝形状；"绦"，名词，丝带，拟人化状柳枝。

第八讲　中小学古诗"阅读"
基础之三：明义

明义，即明确古诗词中偏义复词、同语反义词以及古今异义词等的含义，以帮助阅读古诗词。

一、偏义复词

两个意义相关或相反的语素组合成一个词，在特定语境中，实际只取其中一个语素的意义，另一个语素只起陪衬音节的作用，这类词就叫偏义复词。如曹操《短歌行》"契阔谈䜩，心念旧恩"中"契阔"即为偏义复词，"契"是投合，"阔"是疏远，偏义"契"，两相契合，在一起谈心宴饮。又如"作息""生死""去来"等词。

（一）作息

> 昼夜勤作息，伶俜萦苦辛。
>
> （《孔雀东南飞》）

其中，"作息"是偏义复词，偏义"作"，"息"是衬字，"勤"字只能修饰"作"。

（二）生死

> 问世间，情是何物，直教生死相许？
>
> （元好问《摸鱼儿·雁丘词》）

金庸《白马啸西风》中多次出现此句，后经琼瑶将其作为主题词用于《梅花三弄》，此句更是红遍大江南北。前句词句7字，格式为3+4，后句断句为"直教（人）＋生死相许"，"生死"偏义"死"，情致真纯需生死抉择，以死明誓。演唱者姜育恒也是用一滑音过渡，唱腔中还是在"生死"间徘徊，而非像大众模唱者那样直接唱成4+3（"直教人生＋死相许"）。

林则徐有名句：

> 苟利国家生死以，岂因祸福避趋之。

其中"国家""生死""祸福""避趋"四词皆为偏义复词。

（三）去来

> 去来江口守空船，绕船月明江水寒。
>
> （白居易《琵琶行》）

"去来"偏义"去",离去。

(四)巷陌

> 寻常巷陌,人道寄奴曾住。
>
> (辛弃疾《永遇乐·京口北固亭怀古》)

"巷陌"偏义"巷","陌"为衬字。

二、同语反义词

相同的字词在不同的语境中,有时意义正好是相对或相反的,即同语异义。如"臭""落""杂"等,皆为此类。

(一)臭

臭,本意念 xiù,谓气味(有香有臭),在"闻味"意义上后写作"嗅"。古语有云:"与善人居,如入芝兰之室,久而不闻其香;与恶人居,如入鲍鱼之肆,久而不闻其臭。""臭"字此处为"臭味"意。而俗语"不能流芳百世,也要遗臭万年",应是同语反复,而非反语相斥,"臭"字此处为"香味",与"芳"同义。又如:

> 一言芬若桂,四海臭如兰。
>
> (骆宾王《咏怀》)

"臭"为"香味",与"芬"同义。

> 朱门酒肉臭,路有冻死骨。
>
> (杜甫《自京赴奉先县咏怀五百字》)

> 富家厨肉臭,战地骸骨白。
>
> (杜甫《驱竖子摘苍耳》)

"臭"为"飘香",非"臭味","朱门"与"富家"应是酒肉飘香。

> 香茎与臭叶,日夜俱长大。
>
> (白居易《问友》)

"臭"为"臭味",与"香"相对,"香茎"者为兰,"臭叶"者为艾。

(二)落

屈原《离骚》:"朝饮木兰之坠露兮,夕餐秋菊之落英。"此中"落英"之"落"为花开,"落"不能与"坠"同义来解。而陶渊明《桃花源记》:"芳草鲜美,落英缤纷。"此中"落英"之"落"为花谢。陆宗达、王宁在《文献语义学与辞书编纂:古代文献词义的探求》一文中有言:"'落'的本义是草木凋落,植物的种子与果实成熟而脱离草木叫落,胎儿生长成熟而脱离母体也叫落。所以,'落'与'离'相通。植物的种子落下时,子囊要破裂,胎儿堕自母体时,衣胞要破裂。所以,'落'又与'裂'相通。就生物的生长过程来说,这是'终',而就收获物的存在来说,这又是

'始'，所以'落'可以训'始'。"① 如：

> 夜来风雨声，花落知多少。
>
> （孟浩然《春晓》）

"花落"中"落"为花开，意为喜悦；"落"为花谢，意为感伤。

> 正是江南好风景，落花时节又逢君。
>
> （杜甫《江南逢李龟年》）

此处"落花"应为"花开"，"落花时节"应有三谓：一是语意上，"江南好风景"可具象化为："江南好，风景旧曾谙。日出江花红胜火，春来江水绿如蓝。"自然是"花开"时节。二是语源上，"落花时节"《现代汉语词典》上释为暮春三月，而"暮春三月，江南草长，杂树生花，群莺乱飞"，为"花开"之景。三是语蕴上，"落花时节"是"花开"盛况，与诗人和李龟年的衰状形成反差，对比鲜明，蕴涵丰富。再如一些诗句中，"落"即"花谢"之意：

> 篱落疏疏一径深，树头花落未成阴。
>
> （杨万里《宿新市徐公店》）

> 杨花落尽子规啼，闻道龙标过五溪。
>
> （李白《闻王昌龄左迁龙标遥有此寄》）

> 无可奈何花落去，似曾相识燕归来。
>
> （晏殊《浣溪沙》）

> 簌簌衣巾落枣花，村南村北响缲车，牛衣古柳卖黄瓜。
>
> （苏轼《浣溪沙》）

> 落红不是无情物，化作春泥更护花。
>
> （龚自珍《己亥杂诗》）

（三）杂

刘勰《文心雕龙》"情采"篇云："五色杂而成黼黻，五音比而成韶夏。"其中，"杂"即搭配协调，与"比"义相类。"杂然相许"（《愚公移山》），"杂然"，即整齐，异口同声；"杂然而前陈者，太守宴也"（欧阳修《醉翁亭记》），"杂然"，整齐，排放有序。

又如：

> 相见无杂言，但道桑麻长。
>
> （陶渊明《归园田居》）

"杂"为纷乱，"无杂言"即话题一致——"但道桑麻长"。

---

① 陆宗达，王宁. 文献语义学与辞书编纂：古代文献词义的探求［J］. 辞书研究，1982 (2)：18-28.

> 天地有正气，杂然赋流形。
>
> （文天祥《正气歌》）

"杂然"为统一整齐，只有"正气"，非囚室中"七气"，也非"混杂、杂乱"的样子，乃心中"一气"——正气。

三、古今异义词

古汉语中有一些字形相同而与现在的词意义用法不同的词，即古今异义词。如"逝将去女，适彼乐土"（《魏风·硕鼠》）和"去国怀乡"（《岳阳楼记》）中的"去"，古义是"离开"，后来演变为"到某地去"。又如"好""走""恨"等，皆为此类。

（一）好

好，意为漂亮，如"好鸟相鸣"（《与朱元思书》），"好鸟"即漂亮的鸟；"秦氏有好女，自名为罗敷"（《陌上桑》），"好女"即美女，"罗敷"就是美女的代名词。又如：

> 水光潋滟晴方好，山色空蒙雨亦奇。
>
> （苏轼《饮湖上初晴后雨》）

"好"为西湖最美所在，谓晴雨时山水景色。

> 正是江南好风景，落花时节又逢君。
>
> （杜甫《江南逢李龟年》）

"好"为江南优美所在，风景宜人，风光旖旎。

> 自知颜色好，愁被彩光凌。
>
> （王建《同于汝锡赏白牡丹》）

"好"为牡丹之美，颜色艳丽。

> 山中好处无人别，涧梅伪作山中雪。
>
> （顾况《山中赠客》）

"好"为山中景色秀美，心旷神怡。

（二）走

走，意为跑。如"走狗""走马观花""飞沙走石"等。又如：

> 儿童急走追黄蝶，飞入菜花无处寻。
>
> （杨万里《宿新市徐公店》）

> 何当金络脑，快走踏清秋。
>
> （李贺《马诗》）

> 嗟余听鼓应官去，走马兰台类转蓬。
>
> （李商隐《无题》）

> 轮台九月风夜吼，一川碎石大如斗，随风满地石乱走。
>
> （岑参《走马川行奉送封大夫出师西征》）

(三) 恨

恨，古代表示"遗憾、不满"的意思，如：

> 还君明珠双泪垂，恨不相逢未嫁时。
>
> （张籍《节妇吟·寄东平李司空师道》）
>
> 长恨春归无觅处，不知转入此中来。
>
> （白居易《大林寺桃花》）
>
> 自是桃花贪结子，错教人恨五更风。
>
> （王建《宫词一百首·其十九》）
>
> 江流石不转，遗恨失吞吴。
>
> （杜甫《八阵图》）

恨，有时由遗憾转为怨恨，但还达不到仇恨的程度。像"欢娱嫌夜短，寂寞恨更长"中的"恨"即是"怨恨"意。又如：

> 天长地久有时尽，此恨绵绵无绝期。
>
> （白居易《长恨歌》）
>
> 但见泪痕湿，不知心恨谁。
>
> （李白《怨情》）
>
> 多少泪珠无限恨，倚阑干。
>
> （李璟《摊破浣溪沙》）
>
> 人生自是有情痴，此恨不关风与月。
>
> （欧阳修《玉楼春》）

(四) 市

市，贸易，做买卖。有成语"日中为市"，即中午开始做买卖。又"郑商人弦高将市于周"（《左传》），弦高是郑国人，去成周经商，半路遇到袭击郑国的秦国军队，遂有"弦高犒师"故事。又如：

> 愿为市鞍马，从此替爷征。
>
> （《木兰诗》）
>
> 牛困人饥日已高，市南门外泥中歇。
>
> （白居易《卖炭翁》）
>
> 昨日入城市，归来泪满巾。
>
> （张俞《蚕妇》）

(五) 可怜

可怜，古义"可爱"，如"可怜体无比，阿母为汝求"（《孔雀东南飞》），又引申为"可喜""可羡"；今义，对他人的不幸表示怜悯，如"可怜天下父母心"。又如：

可怜九月初三夜,露似真珠月似弓。

(白居易《暮江吟》)

浅束深妆最可怜,明眸玉立更娟娟。

(张仲立《浣溪沙·题情》)

可怜春浅游人少,好傍池边下马行。

(白居易《曲江早春》)

姊妹弟兄皆列土,可怜光彩生门户。

(白居易《长恨歌》)

(六) 但

但,古义为"只(只是),仅",表条件或假设关系,如口头语"但愿如此",而今义"但是"表转折关系,如:

不闻爷娘唤女声,但闻黄河流水鸣溅溅。

(《木兰诗》)

江上往来人,但爱鲈鱼美。

(范仲淹《江上渔者》)

空山不见人,但闻人语响。

(王维《鹿柴》)

晓镜但愁云鬓改,夜吟应觉月光寒。

(李商隐《无题》)

死去元知万事空,但悲不见九州同。

(陆游《示儿》)

但使龙城飞将在,不教胡马度阴山。

(王昌龄《出塞》)

但使主人能醉客,不知何处是他乡。

(李白《客中作》)

四、方言词

因地域特色而产生的词语,在诗中有时难以理解,甚至误读,如:

问渠那得清如许,为有源头活水来。

(朱熹《观书有感》)

渠,是客家方言第三人称代词"佢"(它)的同音假借。

知否兴风狂啸者,回眸时看小於菟。

(鲁迅《答客诮》)

小於菟:小老虎。於菟:音 wūtù,虎的别称。《左传·宣公四年》:"楚人谓乳穀,谓虎於菟……"

中小学古诗"悦读"

ZHONGXIAOXUE GUSHI
YUEDU

第九讲　中小学古诗"悦读"要素

中国古代有所谓小学一科，具体又分文字学、音韵学和训诂学三门。文字学以形为主，兼说音义，如《说文解字》；音韵学以音为主，也有释义的，如《广韵》；训诂学以义为主，但往往通过形、声来说义，如《尔雅》。三者之间既有区别，又有联系。古诗"悦读"，要能深刻理解诗歌内涵及意义，必须要具小学功底，于文字学、音韵学及训诂学有一定积累和了解。

一、文字学

说到文字学，必然要谈到许慎与《说文解字》。许慎是中国古代伟大的文字学家。《说文解字》是世界上最早的字典之一。对许慎以及《说文解字》的研究被后人称为"许学"或"说文学"。在当代，"许学"与"甲骨学""敦煌学""红学"并称"四大显学"。《说文解字》全书收字9353个，重文1163个。按540个部首排列，始"一"终"亥"。

文字学是以文字为研究对象建立起来的一门科学，其文字的主要形式是汉字，所以亦称"汉字学"。在中国，对汉字的研究，于汉代伊始。一千八百多年来，汉字学实际上包含以下四个方面的内容。

（一）汉字形义学

从理论上讲，汉字形义学是要抓住汉字因词的意义而构形的特点，探讨如何通过汉字形体的分析达到它所记录的词的词义这一目的，并从中总结出汉字形义统一的规律。从实践上讲，是要借助字形的分析来探讨古代文献的词义，为古书阅读和古籍整理提供语言释读的依据。

许慎《说文解字》"叙"曰："仓颉之初作书，盖依类象形，故谓之文。其后形声相益，即谓之字，字者言孳乳而浸多也。"这段话表达了许慎对文和字的论断：文和字是汉字的两个发展阶段，也就是说汉字经历了由图画符号过渡为标音符号的历史过程。汉字由独体的"文"到合体的"字"的发展过程，也显示了文字的孳乳状态。许慎的认识还是很客观的、唯物的。"依类象形"即描绘外界事物的形象和状态；"形声相益"是偏旁加音符，也就是由图画文字发展为标音文字。从《说文解字》全书来统计，依类象形的"文"，仅占百分之二十左右，形声相益的"字"则占百分之八十左右。

例一：

　　　　海内存知己，天涯若比邻。

（王勃《送杜少府之任蜀州》）

　　比，紧挨着。成语"鳞次栉比"中"比"就是这个意思。《说文解字》释曰："密也，二人为从，反从为比。"与"比"形体相像的还有一个"从"字，一个"北"字。从，听从。成语"言听计从""从善如流"中"从"还保留此义。《说文解字》释曰："相听也，从二人。"《曹刿论战》中有两个"从"："小惠未遍，民弗从也。""可以一战。战则请从。"前者意为听从，后者意为跟从。又如《史记·项羽本纪》："沛公旦日从百余骑来见项王……"北，相反，《说文解字》释曰："背也，从二人相背。""北"作此意。又如"士无反北之心"（《战国策·齐策六》），"北"也作此意。

例二：

　　　　蜀之鄙有二僧：其一贫，其一富。

（彭端淑《为学》）

　　　　肉食者鄙，未能远谋。

（《曹刿论战》）

　　　　先帝不以臣卑鄙，猥自枉屈……

（诸葛亮《出师表》）

　　　　既而大叔命西鄙北鄙贰于己。

（《郑伯克段于鄢》）

　　鄙，边境。段玉裁注《说文解字》认为"鄙""多训为'边'者"，又说"引申为轻薄"。一般指"见寡识浅"的意思。古代汉语"鄙"本意是边邑，所以从"邑"。因边邑闭塞，眼界狭小，由此引申为"鄙陋"。其实"阝"在右的字都从"邑"，多与城市有关，皆表示地名，如：

　　　　邦　都　郡　郭　鄙　邻　郊　邺
　　　　郢　鄂　鄢　郑　鄘　邓　邗　邪　邹　郓　邯郸

　　另外在汉字中还有一些"阝"在左的字，它们都从"阜"。阜，本意为土山，所以"阝"在左的这些字就多与山地有关，如：

　　　　陵　陕　陛　阶　除　陆　阴阳
　　　　陇　险　限　陲　陟　隆　陷阱

　　再如孔孟的出生地。孔子，鲁国陬邑（今山东曲阜）人；孟子，齐国邹（今山东邹县）人。他们的出生地都与山有关。

例三：

　　　　旧时茅店社林边，路转溪桥忽见。

（辛弃疾《西江月·夜行黄沙道中》）

乡村祭土地神的庙叫"社",周围的树林就是社林。社,《说文解字》释曰:"地主也,从示土。"所以,"社"就是土地神的意思。"社稷"中的"社"就是土地神,"稷"就是谷神。古代帝王都祭祀社稷,以后社稷就成了国家的代称。鲁迅小说《社戏》中的"社",以及陆游的诗句"箫鼓追随春社近"中的"社"都是此意。

在汉字中从"礻"偏旁的字皆与神祇有关,如"祸福""祈祷""祭祀"等。又如"封禅"的"禅",就是祭天的意思。"祠堂"的祠,就是春祭的意思。"鬼祟"的祟,就是神祸之意。在平常的应用中一定要把"礻"旁与"衤"旁分辨清楚,以免混淆。"衤"旁可举一例,我们经常容易写错的"初"字,其实只要了解它的形体结构,就不难理解其意思,也就不会书写错误。"初"为"刀"与"衣"的合体,是一个典型的会意字,就是裁衣之始。"初"就是"开始"之意。如"年少初学"(《史记·贾谊传》),"初"就是开始;后来又表示次序,如"可怜九月初三夜,露似真珠月似弓";又后来引申为"才,刚刚"之意,如"杨家有女初长成"。

(二) 汉字字源学和汉字字用学

尽量找出汉字的最早字形,寻找每个字构字初期的造字意图,这就是探讨汉字的形源,也叫字源。字源学就是研究探求形源的规律和汉字最初构形方式的学科。但是,字符造出之后,并不是永远用来记录原初造字时所依据的那个意义,它的记录职能时有变化。字用学就是研究在具体的文本里,汉字字符记录词时职能的分化和转移的,它面对的是因同音借用和同源通用所造成的同词异字与异词同字现象。这些现象与原初造字时因一词而造一字的情况恰恰相异。这里所谓"同词异字"与"异词同字"中的"字""词","字"是针对形体而言的,"词"是针对意义来说的。表9-1即汉字的造字之法与用字之法的归纳。

表9-1 汉字的造字之法与用字之法

造字之法	象形:形象的,图画的 指事:抽象的,符号的	文
	会意:两文合义 形声:一形一声	字
用字之法	转注:同部同义 假借:同音异义	

1. 同词异字

一是方言殊异。

如迎、逢、逆:

> 逢、逆,迎也。自关而东曰逆,自关而西或曰迎,或曰逢。

(扬雄《方言》)

如箭、矢、镞:

> 自关而东谓之矢，江淮之间谓之鍭，关西曰箭。
>
> （扬雄《方言》）

如桔、枳、橘：

> 橘生淮南则为橘，生于淮北则为枳，叶徒相似，其实味不同。
>
> （《晏子春秋》）

二是古今音变。

例：

> 小信未孚，神弗福也。
>
> （《曹刿论战》）

孚，为人所信服。《说文解字》云："卵孚也，从爪从子，一曰信也。"又徐注曰："鸟之孵卵，皆如其期，不失信也。"农家孵化小鸡、小鸭，农谚有云：鸡，鸡，二十一；鸭，鸭，二十八。鸡、鸭的孵化期非常守时守信。实际上，"孵化"的"孵"的本字就是"孚"。这两个字后来各司其意。动物孵化用彼"孵"，人讲信用用此"孚"。有一个成语叫"深孚众望"，就是很得群众信任的意思。

2. 同字异词

例一：

> 朝三而暮四，足乎？
>
> （《庄子·齐物论》）

"朝""暮"皆为会意字，两个字从形体上来会意，是很有趣味的。"暮"，就是太阳落在草丛中，已傍晚时分。据此，可以了解"暮"的本字应是"莫"，"暮"是后起字。因"莫"字还有另外的意义，就在其下面加了一个"日"字。不过，"暮"字产生之后，后人仍有用"莫"字的。同时代人，范仲淹《岳阳楼记》写作"薄暮冥冥，虎啸猿啼"，苏轼《石钟山记》写作"至莫夜月明"。

"朝"，就是日（其实为星星）、月同时升起在草丛中，只能是凌晨、拂晓。所以"朝"就是早晨。古时最早起来能看到这种景象的一般是上早朝的官员，所以"上朝""朝拜"皆有此意。进行这一活动的地方就被称为"朝堂"（或"朝廷"）。有例可说明"朝"的这些用法：

> 朝辞白帝彩云间，千里江陵一日还。
>
> （李白《早发白帝城》）
>
> 两情若是久长时，又岂在朝朝暮暮。
>
> （秦观《鹊桥仙》）
>
> 一封朝奏九重天，夕贬潮州路八千。
>
> （韩愈《左迁至蓝关示侄孙湘》）

汉字造字之初与用字之时，会发生很大的变化。如下面的谜语。

例二：

　　看文字，一半是春秋；论年代，一半在春秋。

——猜一字

这个谜底是"秦"字，从历史学的角度，阐述了"秦"字的来历，很有趣味，亦很深刻。这是一种说法。另有陆游在《老学庵笔记》中这样解读"秦"字：三人持禾。证明古时秦地是盛产"禾"这种粮食的。秦因此比较富庶，所以能称雄于当时。再一种民间传说，说后世"任"姓、"徐"姓皆为秦之后。"任"字江浙一带确音秦，"徐"字也可以解作"三人持禾"。

例三：

醫 農 工 理 灋 介

——武汉大学牌坊背面

灋字，由"氵""廌""去"三部分组成。《说文解字》有曰："刑也。平之如水，从水；廌，所以触不直者；去之，从去。"廌，传说是一种灵兽，似牛一角，它善辨曲直。廌，又称"獬豸"，清代司御史及按察使补服前后，都绣有獬豸图案。现在某法制报还用"独角兽"作为专栏的名称，大概就是取"廌"能辨曲直、公道、公平之意。

（三）汉字构形学

汉字构形学的主要目的是探讨汉字的形体依一定的理据构成和演变的规律。研究汉字的构形首先要分成各个历史层面，有些层面上还有地域的差别。如殷商的甲骨文、两周的金文、秦篆文、汉隶书和魏晋以后的楷书，直至现代汉字，每个层面上都既有个体汉字的构形方式问题，又有总体的汉字构形系统问题，从发展演变上看，还有个体字符形体演变和汉字构形系统总体性的演变规律问题。

在汉字中，我们一般很难把"王"旁与"玉"旁分清楚，易书写错误。其实，汉字中只有两个字属"王"旁，其余皆属"玉"旁。属"王"旁的两字：一是皇帝的"皇"；一是闰月的"闰"。古时认为闰月是多余的月份，"五岁再闰"（也就是四年一闰），"天子居宗庙，闰月居门中"（《说文解字·一上》）。"玉"旁的字皆与玉石有关，古人认为玉乃石之美者，有五德，同时，"玉"可以引申出"美好""尊贵"等意义。《诗经·国风·秦风》云"言念君子，温其如玉"，故君子贵之。人对玉石这样高度的评价是拟人化的，是石器时代的遗风。由此可以理解古代为何有那么多的玉名之字。古今用"玉"旁之字命名的人士有许多：如文人——宋玉、应玚、刘琨、琼瑶、张爱玲；艺人——阮玲玉、周璇、江珊、杨钰莹、李琼、李玟；名人——周瑜、杨玉环、刘瑾、南怀瑾。

宋代王圣美（字子韶）提出了右文说。右文说的要义就是六个字——类在左，义在右。意思就是说,对有些汉字的理解可以借助其在右的偏旁来进行。通俗地讲,就是一个字的右部偏旁"声兼义",字从某声,即从某义。他举了个例子来说明:如"戋",意思为少、小。那么,由此偏旁构成的字,就都具有此意。"水之小者曰'浅',金之小者曰'钱',歹而小者曰'残',贝之小者曰'贱',如此之类,皆以'戋'为义也。"① 据此理,我们还可以举一些字加以解释:笺——小信,饯——小餐,线——小丝,栈——小道,践——小踩。

王圣美的右文说主张因声求义,虽然不免局限于形体,有一种既然"水之皮为波"又不能承认"水之骨为滑"之嫌,但能窥见音义关系,"形标义类,声蕴源流",给后来训诂学以很大的启迪。

杨树达《形声字声中有义略证》有例——吕声、旅声、卢声字多含连立之义。例:脊骨谓之吕,伴谓之侣,二十五家相群侣谓之闾,军五百人谓之旅,屋楣谓之梠,缝衣使相连谓之缕,禾四秉谓之筥,木之叶密布者谓之栌。

(四) 汉字文化学

汉字文化学有两方面的意义:一方面是从文化的角度看汉字,用文化的眼光来观察汉字、解释汉字。例如,对汉字构形依层次两两拼合的格局形成的文化原因的探讨,对汉字构形模式形成的文化原因的探讨,等等。另一方面,是对汉字构形模式形成中所携带的文化信息的分析。这种分析既有对个体字符的分析,又有对总体系统的分析。

1. 女——好、奸、娴、婚

> 秦氏有好女,自名为罗敷。
>
> (《陌上桑》)
>
> 好鸟相鸣,嘤嘤成韵。
>
> (吴均《与朱元思书》)

好,漂亮,美也。这就是好的本义,并非有些人所云:男女在一起为好。那是望文生义,其实质上是对"女"字的一种误解。于"女"字,我们可以作如下观:

(1)"女"字像一个妇女双臂反绑跪倒,造字之初,就给它烙上了深深的历史印记,具有一种男权社会的象征。因此,"女"字的形象在我们的眼中有如此"丑""恶"的一面,如:奸、嫌、婪、妄、姘、嫖、婊、媾、妖娆、嫉妒、娼妓、奴婢。

(2)女为人之初,这才是"女"字的自然属性。"女"字形象同时也具有"美""善"的一面,如:娟、婉、妙、娴、娇、媛、姝、嫱妍、娉婷、妩媚、婀娜。

(3)"女"字最初与姓氏有关。这是母系氏族社会的特征显示与延续。"姬"是

---

① 沈括. 梦溪笔谈 [M]. 国学经典文库编委会, 编. 成都: 四川美术出版社, 2017: 168.

炎帝的姓，"姜"是神农的姓，"嬴"是秦国王族的姓，诸如此类还有姒、姚、娄等。

（4）"女"字上古时期皆可以表示名字。妇好——商王武丁的妻子；女娲——神话传说中的女神；女嬃——屈原之姐；女莹、娥皇——尧之女、舜之妃；嫘祖——传说中黄帝的妻子，发明养蚕缫丝；姜嫄——周朝祖先后稷的母亲（"厥初生民，时维姜嫄"《诗经·大雅·生民》）；嫦娥——月宫仙子；婵娟——月中仙女，一说屈原的侍女。

（5）现今，有关"女"字的应用日益通俗化，主要是称谓，如：姥、奶、妈、姨、婶、姑、婆、妻、娃、姐妹、妯娌。

（6）婚，以昏为期，女人属阴，所以"婚"字是一个典型的会意字。解"婚"说"昏"，"其日牛马嘶，新妇入青庐；奄奄黄昏后，寂寂人初定"（《孔雀东南飞》），此语可作佐证。更何况，桑间濮上，月上柳梢，人约黄昏，秦晋好合，那是古老的传统，遥远的记忆，永恒的延续。现在，站在文化批判与话语分析的角度，去感悟"婚"字，应别有一番风味："婚"字由"女""氏""日"三字组成，女者，女人也，氏者，家庭也，日者，太阳也。所谓"婚"者，就是结婚让女人成为家庭中的太阳。

2. 酉——醒、酣、醉、酲、酗

酒量因人而异，所以《论语·乡党》说"唯酒无量"，甚至一个人在不同的情绪下酒量也有变化，因此又有"酒兴"之说。在"唯酒无量"之后还有半句很重要的话，叫作"不及乱"。这使我们明白"无量"是对整个社会的饮酒人总体而言的，对每个饮酒的人，则是有量的，这个量，应限制在"不及乱"上。

"不及乱"就是"不醉"。醉，《说文解字》释曰："卒也。卒其度量，不至于乱也。""卒"是终了、终结，"醉"就是每个人所适应的酒量的终极。

中国古代爱饮酒的人追求的是一个"醉"字，有饮辄醉，一醉方休，醉是一种诗境、美境。《醉仙图记》说："凡醉有所宜：醉花宜昼，袭其光也；醉雪宜夜，消其洁也；醉楼宜暑，资其清也；醉水宜秋，泛其爽也。"这实在是于身于心绝美的境界。但要想获得这种舒适，绝不可向着那个"卒"字毫无顾忌地喝下去。一旦与"不及乱"这个概念脱节，误事的，闹事的，甚至败大事的，古往今来，实不乏见。

上述那种美境，达到"酣"而已。饮酒恰到好处，兴尽而不乱，是谓"酣"。《说文解字》释曰："酒乐也。"应劭的解释更为确切——"不醒不醉曰酣"，酒带给饮者的朦胧感已经袭来，而意识尚存，思维尚清。陆游《饮石洞酒戏作》所说的"酣酣霞晕力通神"，正谓此境。为此，我们便可以明白"酣"字从"甘"的原因。"甘"是味觉中感到舒适而无特殊刺激的境界，"酣"正是饮酒后达到与"甘"同一境界的写照。"酣"是"甘"的孳乳字。

酣、醉之后，再饮下去于人体则有害了。汉字里正有两个字表现醉后及乱的不良状况：一曰"酲"，"酲，病酒也"。因酒而呈重病态，是过量无疑。"酲"源于

"淫","淫"义为过分,"醒"就是饮得过分之称。二曰"酗",是饮酒过量最激烈的表现。饮酒失去理智,怒而凶虐,这就是"酗"的表现,也是"酗"从"凶"的理据所在。

醉、酣之前的状态是醒,醒、酗过后人还要恢复清醒。《说文解字》新附:"醒,醉解也。"在古代,"醒"与"觉"有别,一般睡醒称"觉",饮酒醉后醒来称"醒"。"醒"字从"酉",其义自明。像欧阳修的《醉翁亭记》就深切地体现了"醉翁之意不在酒"的蕴涵,其中就有"酣""醉""醒"的生动表现:"酣"——"宴酣之乐,非丝非竹,射者中,弈者胜,觥筹交错,起坐而喧哗者,众宾欢也"。"醉"——"太守与客来饮于此,饮少辄醉""苍颜白发,颓然乎其间者,太守醉也"。"醒"——"醉能同其乐,醒能述以文者,太守也"。

这种"酣""醉""醒"的状态,古人是常陶冶其间的,如:

> 长风万里送秋雁,对此可以酣高楼。
>
> （李白《宣州谢朓楼饯别校书叔云》）
>
> 酒酣胸胆尚开张。鬓微霜,又何妨!
>
> （苏轼《江城子·密州出猎》）
>
> 钟鼓馔玉不足贵,但愿长醉不复醒。
>
> （李白《将进酒》）
>
> 到则披草而坐,倾壶而醉。醉则更相枕以卧,卧而梦。
>
> （柳宗元《始得西山宴游记》）
>
> 造饮辄尽,期在必醉。既醉而退,曾不吝情去留。
>
> （陶渊明《五柳先生传》）

针对以上一些文字,我们主要采取的是"剖析形体,就形索义"的方式进行分析,以期能达到对古诗文中的文字的认识,由一种感性的层面上升到理论高度,真正能做到说"文"解"字"。然要确实做到对文字的理解以简驭繁,还需作进一步探索。

二、音韵学

（一）古无轻唇音

这是清代学者钱大昕提出的一条重要的音韵规律,就是指中古（从隋唐到北宋）以后的轻唇音f、v,在上古（魏晋以前）是没有的,都要读成双唇音b、p、m。钱大昕是根据古书异文的例证得出这一结论的,如《诗经·邶风·谷风》中有"凡民有丧,匍匐救之"句,《礼记·檀弓》引作"扶服救之"。《孔子家语》引作"扶伏救之"。从异文中可以知道"匍匐""扶服""扶伏"同音,现在来看,"匍"为重唇音,"扶"为轻唇音,说明那时不分轻唇、重唇,轻唇音都读成重唇音。汉字谐声系统中有很多轻唇音、重唇音互谐的例证：非—悲（"非"为轻唇音，"悲"为重唇音），分—盆（"分"为轻唇音，"盆"为重唇音）。钱大昕又考虑到某些方言中仍没有轻唇音的情况，可以肯定上古唇音声母中只有重唇音一类。我们把"番茄"中的"番"与"唐蕃古道"中的"蕃"念作不同，一轻唇音，一重唇音。像现在天沔方音中还有这种遗传。

如果我们了解了"古无轻唇音"的道理，一些问题就会迎刃而解。杜牧《阿房宫赋》中的"房"字，有的教材注作 páng，情同此理；广东省的番禺县中的"番"字，有的人念作 pān。应用这一规律，还可以解决教学中的一些疑难问题：

（1）"子贡方人。"（《论语·宪问》）子贡，姓端木，名赐，字子贡，卫国人，孔子弟子，善言论。方，在此注作谤，指责，即说别人的坏处；一说比长较短。此句意思就是说：子贡好议论别人，喜欢将别人拿来做比较，评论其短长。

（2）"北冥有鱼，其名为鲲。鲲之大，不知其几千里也；化而为鸟，其名为鹏。"（《庄子·逍遥游》）鹏，有的书上注作一种体大的飞鸟，或曰传说中的大鸟。古书中对鹏的记载也甚微，根本不知是一种什么鸟。其实这里的"鹏"字根据"古无轻唇音"的音韵规律，可以释作"凤"。所谓鹏，就是凤凰，那么一切问题就都得到了圆满的解释。

（3）"秦王怫然怒……"（《战国策·唐雎不辱使命》）高中语文新教材读本第一册中对"怫"的注释是欠妥的。从"古无轻唇音"的音韵知识角度看，可以肯定地下结论："怫"不念"fú"。实际上，"怫"，音"bó"，是"勃"的通假字。"怫然怒"，即"勃然怒"，是愤怒到极点的意思。

（4）"入则无法家拂士，出则无敌国外患者，国恒亡。"（《孟子·告子》）拂，同"弼"，辅弼。弼士就是足以辅佐君主的贤士。

（5）"可堪回首，佛狸祠下，一片神鸦社鼓。"（辛弃疾《永遇乐·京口北固亭怀古》）佛狸，有的注音为 bìlí，是后魏太武帝拓跋焘的小字。

（6）这种现象在从《水浒传》中节选的课文《鲁提辖拳打镇关西》中也有词例，如："……打得眼棱缝裂，乌珠迸出……""缝裂"的"缝"当是"崩"的同音假借，即"缝"音读如"崩"，意为"迸裂"。说明那时汉语中仍有轻重唇音不分的现象。

（二）古无舌上音

这也是钱大昕首先提出的。《诗经·鄘风·柏舟》："髧彼两髦，实维我特。"《韩诗》作"髧彼两髦，实为我直。"这种异文说明"特""直"同音，所以上古舌上音、舌头音不分。汉字谐声系统中有很多舌上音、舌头音互谐的例子：登—澄（"登"为舌头音，"澄"为舌上音），堂—瞠（"堂"为舌头音，"瞠"为舌上音）。直到现在，某些方言中仍有舌上音、舌头音互谐的现象。像松滋方言中，把打牌术语"碰"（俗称"对起"），就喊作"杵起"。简单地说，就是今天的卷舌音 zh、ch、sh 在上古是

没有的，上古时都读成 d、t、n。

例如《木兰诗》："雄兔脚扑朔，雌兔眼迷离。双兔傍地走，安能辨我是雄雌？"教材都把"傍地走"译成"贴着地面跑"，这是欠妥的。兔子不是蛇，不可能贴着地面跑。从外观上看，兔子的雄雌的确不易区分，但是不奔跑时，可从神态、动作上辨别。雄兔两个前爪子会不停地拨爬、扒搔；雌兔双眼半睁半闭，娴静文雅。但是如果雄雌两只兔子并排跑，怎能区分是雄还是雌呢？以此借喻木兰居家时是女子，从军后就分不清是男是女了。"傍地走"，依傍着跑，并排着跑。"傍""并"古同声。这里的"地"也不是"地面"的"地"，而是"着"的通假字，是助词。魏晋南北朝时期，"着"还不念卷舌音，而是读"d"这个声母，与"的、地、得"的"地"同声。"地"的这种用法，高中语文教材选录的《林教头风雪山神庙》里有"三人立地看火"，就是"三人立着看火"。《水浒传》第六回里还有一例："到寺前，看见那崔道成、丘小乙两个兀自在桥上坐地。"《诗词曲语辞汇释》云："地，语助词，犹'着'也。"《水浒传》第四回还有："女子留住鲁达，在楼上坐地。"很明显，既在楼上，又怎能说"坐在地面"呢？古代汉语中，"地"在动词后常用作助词，相当于现代汉语的"着"字。如刘向《说苑杂言》有言："齐景公谓晏子曰：'寡人坐地，二三子皆坐地。'"意思是齐景公对晏子说："我坐着，你们三位也坐着。"类似的句例，在一些唐宋古典文学作品中是常见的，如：

一时跪拜霓裳彻，立地阶前赐紫衣。

（王建《舞曲歌辞·霓裳辞十首》）

（三）喉牙转换

1. 喉牙互转

简单地说，喉音或牙音可以互转，犹今天的 g、k 与 h 互转一样。这是一条非常有用的古音韵知识。例如"会"，可以读 huì——开会，可以读 kuài——会计，这里 h 与 k 互转。《孔雀东南飞》："吾已失恩义，会不相从许。""会不"即"决不"。决，古音读如"怪"。"会"与"决"，喉牙声转。

2. 喉牙对转

近代学人刘师培在《新方言》后序中说："古语可以证今言，而今言亦可以通古语。今言因古语而明，古语因今言而通。"他的这段话，可以为喉牙对转原则的应用指明方向：通俗地讲就是 j、q、x 与 g、k、h 可以互转。

如荀子《劝学》："虽有槁暴，不复挺者，輮使之然也。"书注："槁"，枯。"槁暴"就是枯干，也就是晒干。如此解释，总觉文意有些别扭。其实，这里的古语"槁"就可以释作我们今天的俗语"翘"，"翘"就是变形（走样）。这样也很符合我

们今天的语言习惯,如"东西翘了","木头晒翘了"。像《范进中举》中有一句"看乔了"的"乔",也应是"翘"的意思。

再如我们平常所用的"倾"(本字),有时可当"坑——活埋"(俗字)或"陷——陷阱"(俗字)讲。

　　　　一顾倾人城,再顾倾人国。
　　　　宁不知倾城与倾国,佳人难再得。
　　　　　　　　　　　　　　　　　　　　　(李延年《李延年歌》)
　　　　家国兴亡自有时,吴人何苦怨西施。
　　　　西施若解倾吴国,越国亡来又是谁。
　　　　　　　　　　　　　　　　　　　　　(罗隐《西施》)
　　　　一笑相倾国便亡,何劳荆棘始堪伤。
　　　　小怜玉体横陈夜,已报周师入晋阳。
　　　　　　　　　　　　　　　　　　　　　(李商隐《北齐二首·其一》)
　　　　汉皇重色思倾国,御宇多年求不得。
　　　　　　　　　　　　　　　　　　　　　(白居易《长恨歌》)
　　　　我就是个"多愁多病身",你就是那"倾国倾城貌"。
　　　　　　　　　　　　　　　　　　　　　(《红楼梦》)

像《西游记》中罗刹女的儿子红孩儿被孙悟空请来观音收为善财童子,罗刹女非常气愤,质问孙悟空,有两句同义之言:"如何坑陷吾子?""被你倾了。"这是同一文本中的不同话语体现,进一步说明这几个字之间的关系。"倾"字在老北京话语中仍保留着这种特色,如"倾家荡产""左倾""右倾"等。

这种喉牙转换的现象,在现代汉语的话语交际中,特别是方音中,还十分显著。像南方地名"王家湾""集家嘴""马家寨"与北方地名"杨各庄""高各村""李各棚"中的"家""各"实为地异字别,然其意一也。

(四)娘日归泥

这是章炳麟(太炎)提出的。如《左传·隐公元年》:"不义不昵,厚将崩。"《说文解字》引作"不义不䵒日"。"昵",泥母;"䵒日",日母。"䵒日"与"昵"为异文,说明上古"泥""日"不分。汉字谐声系统也有此类互谐的例子:入—内("入"为日母,"内"为泥母),女—汝("女"为娘母,"汝"为日母)。在现代方言中,有的方音仍只有泥母,没有娘日二母,也可佐证上古只有泥母。从谐声的角度而言,还可以解决一些问题。如《诗经·魏风·硕鼠》:"三岁贯女,莫我肯顾。"课本注:这里的"女"通"汝",指统治者。为何呢?因为它们在语音上有联系而通假。上古"女"为娘母,"汝"为日母,二者的韵部又同属鱼部,而根据近代学者章太炎提出的"娘日归泥"原则,即三十六字母中的娘、日、泥三母上古合而为一,

皆属泥母，所以"女""汝"通用。

（五）齿音互转

黄侃先生认为，上古齿音精、清、从、心四母（相当于今天的z、c、s）可以内部互转。这条规律可用于解决一些音韵问题。如《愚公移山》："自此，冀之南，汉之阴，无陇断焉。"自，亦"从"，齿音互转，即z与c互转。

高中语文教材第一册荀子《劝学》："君子博学而日参省乎己，则知明而行无过矣。"参，教材注音cān，谓"检验"意，似乎欠妥。"检验"之意已由"省"表达出。"参"即"叁"的通假字，亦即"三"，多次。荀子此语源于《论语·学而》"吾日三省吾身"，《论语》用的是"三"，从这里也可知《荀子》的这个"参"应该是"叁（三）"。参、叁（三）的关系是c、s互转。

《赤壁之战》中有"五万兵难卒合"句。书注卒，通"猝"，仓猝（仓促）。亦可知是z、c互转。

三、训诂学

陈澧在《东塾读书记》卷十一里说："'诂者，古也；古今异言，通之使人知也。'盖时有古今，犹地有东西，有南北。相隔远，则言语不通矣。地远则有翻译，时远则有训诂。有翻译，则能使别国如乡邻；有训诂，则能使古今如旦暮。所谓通之也，训诂之功大矣哉！"① 此语不虚，训诂学的功用的确是很大的。郭璞把它称为"释古今之异言，通方俗之殊语"。像《诗经》的风、雅、颂，其中风即国风，也就是民歌，雅即夏，就是华夏民族的共同语，颂即容，就是歌舞。

现代汉语有文字、语音、词汇、语法、修辞等学科，但是没有训诂学。从狭义方面看，训诂学大致相当于其中的词汇、语法、修辞三科的综合，或者说，训诂学就是古典的词汇学、语法学和修辞学。我们在研究训诂学的时候，要自觉地运用今天语文学科所提供的精细分析的方法和手段。

（一）词汇学

汉语的历史很长，它的基本词汇可以追溯到几千年前。在汉语的发展中，词汇是不断发展变化的。它们既有历史的继承性，又有时代的差异性，有同有异。特别是在具体的语言环境中，我们要能辨析其真义，揭开其真面目，这很重要。以下仅以"落""杂""坐"与"但"等为例来阐释：

1. 落

"落"属同语反义，有花开和花谢之分。见前文。

---

① 陈澧. 东塾读书记：外一种 [M]. 杨志刚，编校. 上海：中西书局，2012：171.

2. 杂

"杂"属同语反义，有整齐和杂乱之分。见前文。

3. 坐

《新华字典》中的"坐"这个词条有一个义项是"因为"，举的例子是"坐此解职"。又如《晏子使楚》："王曰：'何坐？'曰：'坐盗。'"

当"因为"讲的"坐"还有一些，如唐初诗人张九龄的《感遇》：

> 兰叶春葳蕤，桂华秋皎洁。
> 欣欣此生意，自尔为佳节。
> 谁知林栖者，闻风坐相悦。
> 草木有本心，何求美人折。

"谁知林栖者，闻风坐相悦"，"坐"也当"因为"讲。意思是，谁知道住在林子里的人，听到消息都来了，因为要看兰花和桂花。还如：

> 行者见罗敷，下担捋髭须。少年见罗敷，脱帽著帩头。
> 耕者忘其犁，锄者忘其锄。来归相怨怒，但坐观罗敷。

（《陌上桑》）

> 远上寒山石径斜，白云深处有人家。
> 停车坐爱枫林晚，霜叶红于二月花。

（杜牧《山行》）

4. 但

"但"表假设或条件，说明一种缘由，可译为"只要"。战争与历史，总在交织中进行，边塞诗将两者进行了整合，音调高亢，雄浑苍茫。王昌龄的《出塞》，被誉为唐人七绝的"压卷之作"：

> 秦时明月汉时关，万里长征人未还。
> 但使龙城飞将在，不教胡马度阴山。

"但使龙城飞将在，不教胡马度阴山"，一条件假设，一美好希望，不仅仅是汉代与唐代的人们，也是世世代代人民共同的愿望。

李白绝句中也用"但"，如：

> 三川北虏乱如麻，四海南奔似永嘉。
> 但用东山谢安石，为君谈笑静胡沙。

（李白《永王东巡歌十一首·其二》）

> 兰陵美酒郁金香，玉碗盛来琥珀光。
> 但使主人能醉客，不知何处是他乡。

（李白《客中作》）

> 美人卷珠帘，深坐颦蛾眉。
>
> 但见泪痕湿，不知心恨谁。

（李白《怨情》）

"但用东山谢安石，为君谈笑静胡沙"，李白以谢安自况，前著"但用"，后书"为君"，笔势飞动，风度潇洒，一种豪迈的气概、乐观的情绪和必胜的信念跃然纸上。"但使主人能醉客，不知何处是他乡"，乡愁被兰陵美酒冲淡了，以至于流连忘返，乐在客中。嗜美酒、爱游历、重情谊，活脱绘出李白的潇洒与豪放。"但见泪痕湿，不知心恨谁"，形象地刻画了闺人幽怨的情态，只见泪痕湿脸腮，却不晓是怨人还是恨己。

李纲忧国忧民，与杜甫一样，存"己溺己饥"衷肠，只愿"众生皆得饱"，有《病牛》诗：

> 耕犁千亩实千箱，力尽筋疲谁复伤？
>
> 但得众生皆得饱，不辞羸病卧残阳。

于生活的不公或不平，诗人多有吟咏，用一"但"字，措语婉转，致意深刻，如：

> 农人辛苦绿苗齐，正爱梅天水满堤。
>
> 知汝使车行意速，但令骢马著鄣泥。

（吕温《宗礼欲往桂州苦雨因以戏赠》）

> 江上往来人，但爱鲈鱼美。
>
> 君看一叶舟，出没风波里。

（范仲淹《江上渔者》）

> 辛勤得茧不盈筐，灯下缲丝恨更长。
>
> 著处不知来处苦，但贪衣上绣鸳鸯。

（蒋贻恭《咏蚕》）

"但令骢马著鄣泥"，只知爱惜马儿而用丝织物蔽泥，不顾丝织物的浪费，全然不会体恤农人的辛苦；"但爱鲈鱼美"，吃鱼人只知鱼之鲜美，绝不会关心捕鱼人的危险与辛劳；"但贪衣上绣鸳鸯"，着衣者是不会想到织锦人的辛苦的。

（二）语法学

语法具有很大的稳固性，数千年来，汉语语法变化不大，仍有一些特殊词序，一直沿用到今天，这点不能不晓。现就"相""见""自"三个词来谈谈。这三个词，马氏文通将其归入代词，刘复将其归入副词。它们在表示单向的行为时，是不能修饰动词的，它们的指代性都存在，在意义上近似倒装的"我""尔"等（见前文"指代性副词"部分介绍）。

（三）修辞学

所谓修者，饰也；辞者，说也。修辞就是高效地运用语言的艺术。修辞学就是要讲究语言的运用，讲究内容的表达。在阅读古诗文的过程中，了解与掌握一些修辞手法，是大有裨益的。

1. 通感

通感，也叫"联觉"，是把视觉、听觉、嗅觉、味觉和触觉沟通起来的一种修辞手法，具体介绍见前文"触觉形象"部分。

2. 互文见义

把上下文的词语结合起来，使之互相补充、互相呼应、彼此映衬才能现出其原意，故习惯上称之为"互文见义"，具体介绍见前文"互文句式"部分。

3. 双重比喻

以"如"字为例，两重比喻，一是双向比喻。怀人，遥想魅力，杜牧有《沈下贤》：

斯人清唱何人和，草径苔芜不可寻。

一夕小敷山下梦，水如环佩月如襟。

这是杜牧追思中唐著名文人沈亚之（字下贤）的诗作。"水如环佩月如襟"，清寥高洁，空灵蕴藉。"水如环佩"，从声音上设喻，月下闻水之清音，可以想见其清莹澄澈；"月如襟"，从颜色上设喻，足见月色的清明皎洁。清流与明月，似乎是先辈诗人修洁的衣饰，令人宛见其清寥的身影；又像是他那清丽文采和清迥诗境的外化，令人宛闻其高吟的清音孤韵；更像是他那高洁襟怀品格的象征，令人宛见其孤高寂寞的诗魂。

观景，感受凄凉，崔橹有《华清宫三首·其三》：

门横金锁悄无人，落日秋声渭水滨。

红叶下山寒寂寂，湿云如梦雨如尘。

"湿云如梦雨如尘"，绘色绘状，逼真。含雨的云浮游天际，像梦一般迷离；而云端飘落的雨丝，却又像灰尘一样四处随风飘散。情致哀怨，文字凄美。生活中有太多的不完美，亦有太多的遗憾。可叹，我的人生轻渺如雨尘，没有一丝重量，瞬间消失无痕。

二是回环比喻，赵嘏有《江楼感旧》：

独上江楼思渺然，月光如水水如天。

同来望月人何处？风景依稀似去年。

状景优美，"月光如水水如天"，"如"叠字回环，月、水、天三者交相辉映，构成一幅极其空灵明丽的图景。"月光如水"，波柔色浅，宛若有声，静中见动，动愈

衬静;"水如天",月影倒映,恍惚迷蒙,好似幽深的苍穹在脚下浮涌,一切都融化在这片迷茫恬静之中。"月光如水水如天",此种清丽绝俗让人陶醉;"人面似花花似人",此种艳丽动人让人萦怀;"云霭似烟烟似雾",此种绮丽梦幻让人着迷;"相思似醉醉似痴",此种美丽缠绵让人怀念;"女人如花花似梦",此种凄丽哀怨让人心碎。叶燮有《夜发苕溪》:

客心如水水如愁,容易归帆趁疾流。
忽讶船窗送吴语,故山月已挂船头。

绘情幽约,"客心如水水如愁","客心"总是"愁",然诗人未直接将"客心"等同于"愁",而是在"客心"与"愁"之间,切入"水"的意象,连用两"如"绾结三者,使"客心"与"愁"产生距离,仿佛两事原本不相干,只是因为都与水有相类之处,才经由水偶然牵合一起似的。措语曲折而含蓄,用笔摇曳而蕴藉。以水喻愁之思妙趣,统观全诗,逆推其构思:闻乡音,觉舟速,察流急。

第十讲　中小学古诗"悦读"基础之一：主题

主题是"悦读"的经脉，含母题和内容。母题是古诗主题的价值体现，分叙事母题与抒情母题；内容是古诗主题的题材呈现，主要分自然、人生、社会三大主题。

一、母题

所谓母题，歌德认为，是人类过去不断重复，今后还会继续重复的精神现象。荣格对它赋予特定含义，认为是"集体无意识"的显性形式的原型，这些原型是在历史进程中反复出现的一个形象，它基本上是神话的形象，赋予我们的祖先无数典型经验的形式。母题或原型，是积淀着祖先经验的典型意象，有着深刻的民族文化心理积淀。弗莱针对荣格的原型概念进行了文学移位，将原型扩充为典型的反复出现的意象。他指出，原型是一个把一首诗与另一首诗联系起来，有助于我们的文学经验成为一体的象征。中国古诗母题，真实地承载着中华文化心理，忠实地反映着中华民族共有的思想与情感。古诗母题，主要有叙事母题和抒情母题。

（一）叙事母题

母题专指一种特殊的表意性艺术形象或文学形象，在古诗中，经常采用原型意象作为创作题材或对象，经过历代诗人之手，在不断的重复中加入诗人的情感体验和创造，从而生成许多以之为基础的意象。正是这种不断的创新和演变，在古典诗歌史上形成了一条生生不息的"作品链"。古诗叙事母题主要源于神话、民间传说和历史典故。

1. 神话系统

中国神话对叙事文学原型的影响，主要在于神话中所积淀的那种世世代代的人格力量的蒸腾，鲁迅说："迨神话演进，则为中枢者渐近于人性，凡所叙述，今谓之传说。传说之所道，或为神性之人，或为古英雄，其奇才异能神勇为凡人所不及，而由于天授，或有天相者，简狄吞燕卵而生商，刘媪得交龙而孕季，皆其例也。"① 这些神话作为故事世代流传，其价值意义早已超越故事本身，成为中华民族精神的

---

① 鲁迅. 鲁迅全集：第九卷［M］. 鲁迅先生纪念委员会，编. 广州：花城出版社，2021：107-108.

源头和象征。

一是不息奋斗精神。像女娲补天、夸父追日、后羿射日及嫦娥奔月等，都是古代先民超越有限生命束缚的企图以及对生命永恒的渴求，人类为追求永恒的生命，不惜作出卓绝奋斗。

女娲补天，志在造福人类，如：

女娲戏黄土，团作愚下人。

（李白《上云乐》）

女娲炼石补天处，石破天惊逗秋雨。

（李贺《李凭箜篌引》）

女娲炼五石，天缺犹可补。

（陆龟蒙《杂讽九首》）

嫦娥神话，意在有所追求，如李商隐《嫦娥》：

云母屏风烛影深，长河渐落晓星沉。
嫦娥应悔偷灵药，碧海青天夜夜心。

和《霜月》：

初闻征雁已无蝉，百尺楼南水接天。
青女素娥俱耐冷，月中霜里斗婵娟。

用"嫦娥"神话来表达诗人内心不懈的追求和无悔的坚守，"夜夜"痴守与"月中霜里"遥望，痴心无悔，初衷不改。嫦娥神话，李白有《把酒问月·故人贾淳令予问之》："白兔捣药秋复春，嫦娥孤栖与谁邻？"道出孤独一片。苏轼有《水调歌头》："但愿人长久，千里共婵娟。"写尽人生悲欢。

二是百折不回意志。像精卫填海、大禹治水及愚公移山等，都昭示一种信念：坚持就是胜利。如陶渊明《读山海经十三首·其十》：

精卫衔微木，将以填沧海。
刑天舞干戚，猛志固常在。

赞扬精卫与刑天，立志奋争，为了理想而斗争不息，寄托了诗人壮志难酬的深沉感慨。诗中高扬此种反抗精神和斗争意志，将精神悲剧化，悲尤且壮，使之倍加深沉。

又如皮日休《汴河怀古》：

尽道隋亡为此河，至今千里赖通波。
若无水殿龙舟事，共禹论功不较多。

用大禹之功与隋炀帝之过相较，更显功过是非，再次赞赏大禹治水的历史意义与功劳价值。

又如张耒《山海》：

> 愚公移山宁不智，精卫填海未必痴。
>
> 深谷为陵岸为谷，海水亦有扬尘时。

愚公不畏艰险，从点滴做起，最后焕发强大的生命力，久久为功，终有所成。定力最重要，恒久有收获。同时，劳动最光荣，劳动最崇高，劳动最伟大，劳动最美丽。移山有价，愚公不愚。

2. 民间传说系统

民间传说由人物传说、习俗传统和民族风俗等组成，是劳动人民智慧的结晶和本土民间文化的精华。

一是人物传说。著名的有"四大民间爱情传说"，即牛郎织女、梁山伯与祝英台、董永与七仙女和白蛇传，最为经典者属牛郎织女传说，演绎着动人的爱情故事。牛郎织女传说，源于《诗经·小雅·大东》：

> 维天有汉，监亦有光。跂彼织女，终日七襄。
>
> 虽则七襄，不成报章。睆彼牵牛，不以服箱。
>
> 东有启明，西有长庚。有捄天毕，载施之行。

本是星象描绘，隐喻为人间苦难，后会意为夫妻离别。

传说定格在汉代，有《迢迢牵牛星》：

> 迢迢牵牛星，皎皎河汉女。纤纤擢素手，札札弄机杼。
>
> 终日不成章，泣涕零如雨。河汉清且浅，相去复几许。
>
> 盈盈一水间，脉脉不得语。

借牛郎织女被银河阻隔而不得会面的悲剧，抒发了男女相思之情，也透露出人间夫妻不得团聚的悲哀。

曹丕《燕歌行》也云：

> 明月皎皎照我床，星汉西流夜未央。
>
> 牵牛织女遥相望，尔独何辜限河梁。

唐宋流行以牛郎织女题材作诗，构成了"七夕"主题，如杜牧《秋夕》：

> 银烛秋光冷画屏，轻罗小扇扑流萤。
>
> 天阶夜色凉如水，卧看牵牛织女星。

七夕之"凉"，展现失意宫女的孤独生活和凄凉心情，满怀心事尽在举首仰望之间。

又如徐凝《七夕》：

> 一道鹊桥横渺渺，千声玉佩过玲玲。
>
> 别离还有经年客，怅望不如河鼓星。

七夕之"怅"，展现的是"经年客"的离愁别恨。

七夕乞巧，追寻牛郎织女故事，追求美满爱情，如：

> 七夕今宵看碧霄,牵牛织女渡河桥。
> 家家乞巧望秋月,穿尽红丝几万条。
>
> (林杰《乞巧》)
>
> 今日云骈渡鹊桥,应非脉脉与迢迢。
> 家人竞喜开妆镜,月下穿针拜九霄。
>
> (权德舆《七夕》)
>
> 未会牵牛意若何,须邀织女弄金梭。
> 年年乞与人间巧,不道人间巧已多。
>
> (杨朴《七夕》)

乞巧以牛郎织女传说为载体,期望获得美满婚姻,恪守对爱的承诺,也表达着男女之间不离不弃、白头偕老的情感。随着时间的推移,七夕逐渐成为中国的情人节。

二是习俗传统。"常民溺于习俗",习俗既是老百姓的生活习惯,也是文化传统,先民于节令尤其重视,旨在传承和弘扬文化。节令古诗亦重视习俗传统描摹,试以春节和寒食为例,感知传统节令习俗。

春节迎新。传统春节,除旧布新。一元复始,万象更新。诗写春节热闹欢乐景象,抒发热烈感情和喜庆氛围。体现积极向上的奋发精神,如王安石《元日》:

> 爆竹声中一岁除,春风送暖入屠苏。
> 千门万户曈曈日,总把新桃换旧符。

深入民俗文化,了解春节习俗。一者,放鞭炮。春节,俗称过年,有守岁习俗。据传,"年"为上古野兽,除夕晚上会出来吃人,但它怕声响和红光,于是人们烧竹以爆声驱赶"年"兽,或是贴红色门联驱赶之,是谓躲过"年"。二者,守岁。岁属天上星宿,有"灾星"之称,除夕出现频率最高,为避灾,人们围堂等着岁星划过,是谓守"岁",为激励小孩参加守岁,人们会在门后、墙角、床脚放置"压岁钱"。三者,敬酒。一般敬酒,讲究以"爵、齿、德"为顺序准则,首先敬长者,而屠苏酒例外,敬酒顺序为先幼后长,是为祝贺小朋友"又长大了一岁",也暗示着长者"又老了一岁"。四者,挂灯笼,即除夕每家每户要点长明灯,一燃上就不能吹灭,直到油尽、烛终自行熄灭,以示灯火辉煌,后成为挂灯笼习俗。五者,贴春联,即张挂桃符,刻写神荼、郁垒图案,以压邪避瘟,后发展为贴春联。

除夕守岁。春节前夜为除夕,俗称大年夜,有吃团年饭、守岁等习俗,等待新岁到来。如高适《除夜作》:

> 旅馆寒灯独不眠,客心何事转凄然。
> 故乡今夜思千里,霜鬓明朝又一年。

除夕之夜,羁旅思乡,凄然万端。

又如陆游《除夜雪》：

> 北风吹雪四更初，嘉瑞天教及岁除。
> 半盏屠苏犹未举，灯前小草写桃符。

除夜降雪，瑞雪兆丰年，饮屠苏以庆，写桃符以贺。

又如戴复古《除夜》：

> 扫除茅舍涤尘嚣，一炷清香拜九霄。
> 万物迎春送残腊，一年结局在今宵。
> 生盆火烈轰鸣竹，守岁筵开听颂椒。
> 野客预知农事好，三冬瑞雪未全消。

除夜之际，洒扫、拜祭、鸣竹、守岁，诸事以"一年结局，来年开始"为契机，辞旧迎新。

又如黄景仁《癸巳除夕偶成》：

> 千家笑语漏迟迟，忧患潜从物外知。
> 悄立市桥人不识，一星如月看多时。

诗写于清乾隆三十八年（1773年）除夕，于"千家笑语"中感知社会"忧患"，将笑语声声时刻悄立市桥的孤独形象经典化，让人有一种默然无声间凝视长空的深邃感，极具艺术表现力。

寒食祭日。寒食节主要是晋文公为了纪念介子推而设，节日当天举国上下不许烧火煮食，只能吃干粮和冷食，亦称"禁烟节"或"冷节"。主要习俗有禁烟冷食、扫墓祭祖、踏青外出及咏诗歌赋等，以此来表达对先祖的崇敬之情。

追思王朝命运，有韩翃《寒食》：

> 春城无处不飞花，寒食东风御柳斜。
> 日暮汉宫传蜡烛，轻烟散入五侯家。

诗作是一幅中官走马传烛图，特权昭著，"只许州官放火，不许百姓点灯"，最后青烟袅袅，飘散的不仅仅是火烛，更是一个王朝的背影。

遥想故乡诸弟，韦应物有《寒食寄京师诸弟》：

> 雨中禁火空斋冷，江上流莺独坐听。
> 把酒看花想诸弟，杜陵寒食草青青。

寒食禁火，万户无烟，萧索；空斋独处，阴雨连绵，凄凉。诗人寄想象于故乡寒食景色，萧索凄凉间愈见手足情深，可谓藏深情于行间、见风韵于篇外。

喟叹己身凛坎，孟云卿有《寒食》：

> 二月江南花满枝，他乡寒食远堪悲。
> 贫居往往无烟火，不独明朝为子推。

寒士遇寒食，虽写一种悲痛的现实，却也寓诙谐于端庄。寒食日熄火以纪念子

推,自己天天过着"寒食"生活,反倒不必费神,落得轻松。轻松中不免有一种攫人心魄的悲哀之感,寄寓着深切的不平。

清明怀亲。清明节源自早期人类的祖先信仰,是中华民族最隆重盛大的祭祖大节。在这个节日里扫墓祭祀、缅怀祖先,是中华儿女的优良传统。但对于怀念亲人的人而言,清明节就会令人触景伤怀。

清明时,兴味伤感者,有杜牧《清明》:

> 清明时节雨纷纷,路上行人欲断魂。
> 借问酒家何处有,牧童遥指杏花村。

小诗描绘清明,俊逸优美。通俗的语言,清新的景致,写得自如之极,毫无经营造作之痕,却显得诗情跃然。"纷纷"一词,是状春雨之态?还是绘行人之形?还是表情绪之神?抑或三者兼具。情在景中,景即是情,一种迷蒙,一份凄清,一丝怅惘,余韵邈然,胜境已臻。烟雨迷蒙中,杏花掩映处,此诗也多了几许深微与奥秘。

清明时,兴味萧然者,有王禹偁《清明》:

> 无花无酒过清明,兴味萧然似野僧。
> 昨日邻家乞新火,晓窗分与读书灯。

清明时节,凸显了一位知识分子的"清"贫与"明"志。清贫者,因贫困而被剥夺了插柳赏花、踏青饮酒的欢乐,清苦得像荒山野寺的苦行僧;明志者,既无福消受这大好春光,暂做一个高雅的读书人,也乐得自在。

三是民族风俗。古典诗歌中也记载着古代少数民族多姿多彩的生活,演绎了真实的民族风情。

敕勒人以游牧为生,如《敕勒歌》:

> 敕勒川,阴山下。
> 天似穹庐,笼盖四野。
> 天苍苍,野茫茫,风吹草低见牛羊。

"风吹草低见牛羊",风格爽朗,境界开阔,游牧民族色彩鲜明,草原气息浓郁。边地少数民族尚武,如高适《营州歌》:

> 营州少年厌原野,狐裘蒙茸猎城下。
> 虏酒千钟不醉人,胡儿十岁能骑马。

诗中的少年骑手形象生动,"狐裘蒙茸"见其可爱,"千钟不醉"见其豪放,"十岁骑马"见其勇悍,边地少数民族少年可爱的形象中也散发着豪放的性情和勇武的精神。

蒙古民族敬酒仪式,如萨都剌《上京即事》:

> 祭天马酒洒平野,沙际风来草亦香。

> 白马如云向西北，紫驼银瓮赐诸王。

草原风俗充盈民族风情，先祭天，能感受到草原上浓郁的奶酒味、青草香和白马壮；再竞技，热闹精彩；后颁赐，似那达慕。

3. 历史典故系统

历史典故主要以历史事件中的人物范式、命运轨迹及伦理意识等作为叙事原型，具有一定的历史价值和社会意义。

李白有"谢安情结"。谢安，东晋名士，"东山再起"和"淝水之战"故事的主人公，有"江左风流宰相，惟有谢安"之谓。李白最大的追求是做贤臣良相，想当"管晏"式的辅弼之臣，所以"功成身退"的鲁仲连、"颇怀拯物情"的诸葛亮以及"起来济苍生"的谢安，都是其笔下理想的化身，而他尤喜谢安。"小隐慕安石，远游学屈平"，这是李白的志向；"蜀主思孔明，晋家望安石"，这是李白的期盼；"携妓东土山，怅然悲谢安"，这是李白的感慨。

一如《梁园吟》诗句：

> 东山高卧时起来，欲济苍生未应晚。

强烈的期望和坚定的信心，希望自己像谢安一样被请出山而实现济世的宏愿。

二如《赠常侍御》：

> 安石在东山，无心济天下。
> 一起振横流，功成复潇洒。

歆羡谢安的功成身退。

三如《永王东巡歌十一首·其二》：

> 三川北虏乱如麻，四海南奔似永嘉。
> 但用东山谢安石，为君谈笑静胡沙。

以谢安东山再起自比，抒发自己出匡庐以佐王师之情，豪迈的气概、乐观的情绪和必胜的信念，喷薄而出，跃然纸上。

李商隐的"莫愁形象"。莫愁女，流传于世的身世之说有三，一为郢州石城（今钟祥）人，一为洛阳人，一为南京人。"莫愁"是诗歌中常见形象，如"河中之水向东流，洛阳女儿名莫愁"（萧衍），再如"卢家少妇郁金堂，海燕双栖玳瑁梁"（沈佺期），诗中的"卢家少妇"即莫愁女。又如"西园公子名无忌，南国佳人号莫愁"（韦庄）和"步摇金翠玉搔头，倾国倾城胜莫愁"（武元衡），两诗中的莫愁女皆为美女形象。李商隐也善用"莫愁"形象，既有石城莫愁，也有洛阳莫愁，只不过都带上了一份"香草美人"的隐喻功能。

一如《马嵬二首·其二》：

> 海外徒闻更九州，他生未卜此生休。
> 空闻虎旅传宵柝，无复鸡人报晓筹。

> 此日六军同驻马,当时七夕笑牵牛。
> 如何四纪为天子,不及卢家有莫愁。

莫愁女,普通人家的妻子,在婚姻安全上却胜于皇帝的宠妃,这值得深思,具有深刻的社会意义。

二如《富平少侯》:

> 七国三边未到忧,十三身袭富平侯。
> 不收金弹抛林外,却惜银床在井头。
> 彩树转灯珠错落,绣檀回枕玉雕锼。
> 当关不报侵晨客,新得佳人字莫愁。

用莫愁女的故事来讽刺贵族少年的腐朽与无知,也以"莫愁"暗示其终将有愁,含义冷峻。

三如《莫愁》:

> 雪中梅下与谁期,梅雪相兼一万枝。
> 若是石城无艇子,莫愁还自有愁时。

风雪梅花,空有热情与才华,美女愁怨,凋谢在等待的忧愁里。

四如《无题二首·其一》:

> 重帏深下莫愁堂,卧后清宵细细长。
> 神女生涯原是梦,小姑居处本无郎。
> 风波不信菱枝弱,月露谁教桂叶香。
> 直道相思了无益,未妨惆怅是清狂。

以莫愁女失意的幽怨来倾诉自己沉沦的不幸。

"绿珠"故事。绿珠,本西晋富豪石崇宠姬,美而艳,为权贵孙秀所觊遂加害石崇,石崇谓:"我今为尔得罪。"绿珠泣曰:"当效死于君前。"因自投于楼下而死。后世文人皆为绿珠的节义而感动,替绿珠的悲惨而感叹。

一如白居易《和友人洛中春感》:

> 莫悲金谷园中月,莫叹天津桥上春。
> 若学多情寻往事,人间何处不伤神。

感叹金谷园和天津桥的繁华易逝,悲怆绿珠坠楼的多情往事。

二如杜牧《金谷园》:

> 繁华事散逐香尘,流水无情草自春。
> 日暮东风怨啼鸟,落花犹似坠楼人。

绿珠纵身一跃的悲壮与美丽,给文人墨客留下了无限感慨,为爱殉情,"落花"命运不免让人惋惜。

三如崔郊《赠去婢》:

> 公子王孙逐后尘，绿珠垂泪滴罗巾。
>
> 侯门一入深如海，从此萧郎是路人。

"绿珠垂泪滴罗巾"，展示了美人深沉的痛苦，所爱被劫夺，何其不幸！

四如汪遵《绿珠》：

> 大抵花颜最怕秋，南家歌歇北家愁。
>
> 从来几许如君貌，不肯如君坠玉楼。

感慨美人薄命。

"乌江"传奇。乌江亭，在今安徽和县东北的乌江浦，旧传项羽自刎处。项羽之败，如何对待，这确实是一个值得思考的问题。有：

> 胜败兵家事不期，包羞忍耻是男儿。
>
> 江东子弟多才俊，卷土重来未可知。

（杜牧《题乌江亭》）

> 百战疲劳壮士哀，中原一败势难回。
>
> 江东子弟今虽在，肯与君王卷土来？

（王安石《叠题乌江亭》）

> 生当作人杰，死亦为鬼雄。
>
> 至今思项羽，不肯过江东。

（李清照《夏日绝句》）

"过江东"还是"不过江东"，这也确实是一个"项羽之问"。项羽是否应该"过江东"？杜牧诗说明了做人应有志气——败不馁；王安石诗剖析了世事时态——人心向背；李清照诗感叹为人做事之原则——必须奋争。

（二）抒情母题

中国诗歌抒情母题主要源于"诗骚"，分别是以《诗经》为代表的比兴传统和以《离骚》为代表的比德传统。

1. 比兴传统

这是《诗经》的文化特质，也是《诗经》的文化精神。风雅和比兴是中国文化（诗歌创作和批评）的两条重要艺术原则。风雅，侧重于情感抒发的内容；比兴，侧重于表达的形式。这两条艺术创作和批评原则，培养了中国人的艺术审美观念，形成了中国古代诗歌既重视内容的纯正文雅，又注重形象生动感人的美学特征。其中，比兴传统营造着中国诗歌的情感基调和抒情模式，引领着诗歌发展。

比兴蕴藉。比兴，触景生情，诗作"言在此而意在彼"，要有"寄托"，元人杨载在《诗法家数》中将比兴视为"诗学之正源，法度之准则"。比兴包含两个方面：一方面，指借助外物以言情；另一方面，指寄托于外物之情的纯。像《离骚》"依诗

取兴，引类比喻"，亦是如此。比兴，就是将诗人内蕴的深厚情感外化为"言有尽而意无穷"的弦外之音，用以增强诗歌的生动性和鲜明性，让诗作具有形象感染力，形成一种艺术魅力。

其一，比兴兴象丰富。试看杜牧《山行》：

　　远上寒山石径斜，白云深处有人家。
　　停车坐爱枫林晚，霜叶红于二月花。

"霜叶红于二月花"，秋叶比春花还要艳丽，秋色之亮，与刘禹锡"我言秋日胜春朝"和毛泽东"不似春光，胜似春光"有异曲同工之妙。

再看刘禹锡《望洞庭》：

　　湖光秋月两相和，潭面无风镜未磨。
　　遥望洞庭山水色，白银盘里一青螺。

"白银盘里一青螺"，设譬精警，气度不凡，气象万千。

其二，比兴情韵丰厚。试看戴叔伦《过三闾庙》：

　　沅湘流不尽，屈子怨何深。
　　日暮秋风起，萧萧枫树林。

戴诗含蓄蕴藉，承继《诗经》赋比兴手法，形象生动，情致真纯，诗歌极富暗示性和启发力。赋者，"沅湘流不尽"，既是叙述江流，也是记叙行程，点题"三闾庙"，行有止亦有指。沅湘是湖南境内"湘资沅澧"中的两条江，也是屈原流放地，更是屈原沉江汨罗之所在，虽记行却此行有深意。比者，"屈子怨何深"，以水流譬喻屈子之"怨"，以"不尽"状怨之绵长，以"何深"表怨之深重，形象明朗而包孕深广，错综成文而回环婉曲。兴者，触景生情，化用屈原诗句结句："日暮秋风起，萧萧枫树林。"季节是"秋风起"，时间是"日暮"，景色是"枫树林"，外加上"萧萧"风声，以景结情，更觉幽怨不尽，情伤无限。《过三闾庙》临行赋情，比兴蕴藉，思索间自有份慷慨悲凉之气。赋，叙事简练；比，设喻形象；兴，以景结情。

再看刘长卿《送灵澈上人》：

　　苍苍竹林寺，杳杳钟声晚。
　　荷笠带夕阳，青山独归远。

黄昏寺院的钟声，连接着并警醒着诗人刘禹锡与上人灵澈的心，"杳杳"一词着语妙致，写出了钟声的清寂，绘出了情感的黯然，更显示了一种闲淡的境地，蕴含着一种无法言说却又深情绵邈的意味。"杳杳"含情：深情，不为离别感伤，因同怀淡泊。"杳杳"蕴思：沉思，不为僧儒殊途，却因趋归意同。生活的沧桑，在时间的洗礼中得以释怀，因钟声的"杳杳"而深刻。时间，是生命存在的谜语。钟声，与时间有着某种特殊的内涵关系。钟声，正如德国哲学家马丁·海德格尔所说，蕴含着一种"精神能量"，是一种表达人类宗教情感的美学意象。妙处如乔治·特拉克拉的两句诗："纷飞飘落的白雪装点明窗，薄暮中晚祷钟沉鸣悠长。"真正的诗歌语言就是钟鸣，它发出一种"召唤"，与纯粹的激荡和声音的传播不同，存在着某种精神性的引领。在中国，寺庙生活被"晨钟暮鼓"所宣示，钟声展示的是生命在时间中的消耗，寺院钟声被人们赋予一种"空"的佛家思想，钟声属"精神时间"。寺院钟声的悠远、缥缈，成了人们心中一个饶有兴致的提示和警醒。

其三，比兴意蕴丰赡。试看李白《独坐敬亭山》：

众鸟高飞尽，孤云独去闲。

相看两不厌，唯有敬亭山。

读此诗，读出由多而一的孤独境界，从"众"至"相""两"，至"孤""独"，再至"唯"，在孤独中孑立，在寂寞间崇高，境界与杜牧"南山与秋色，气势两相高"（《长安秋望》）相类。

再看柳宗元《江雪》：

千山鸟飞绝，万径人踪灭。

孤舟蓑笠翁，独钓寒江雪。

若用一个字来概括诗作主题，分别为：冷（少年）、洁（中年）、空（老年）。这是从不同读者、不同年龄层次角度来认识诗歌及诗人所描绘的境界。冷，属于感观层面，感知的是一个寒冷的冰雪世界。飞鸟隐踪，人迹罕至，冷得让人无法承受，却有一个不怕冷的老头喜爱雪中钓鱼。洁，属于心理层面，面对的是一个洁白的空间。雪的世界，白的刺激，素淡中有一份宁静与孤寂。空，属于精神层面，享受的是一种无碍的天地。在"千万"众繁间，一种"孤独"油然而生。

2. 比德传统

君子佩玉。《礼记·玉藻》云"古之君子必佩玉"，因为"君子于玉比德焉"（孔子），君子以玉象征高洁的德行，玉是君子的象征。玉石坚韧、温和、细腻、含蓄，由内向外慢慢透射出一种魅力无穷的美，这些特点与人性有着极大的一致性。

君子操琴。琴棋书画，作为君子身份的标志，琴排首位。嵇康曰："众器之中，琴德最优。"清、微、淡、远是琴音所追求的理想境界，"琴"与"情"谐音，在于"达人情"；"琴"与"禁"同义，在于"正人心"。琴因其独特的文化功用和内涵，自然成为士子群体不二的选择，士子也将自己的精魂铸入琴中，风流千古。

《诗经》中的比兴较单纯和静止，而《离骚》中的比兴则表现得复杂而丰富，具有更强的艺术表现力。东汉王逸在《楚辞章句·离骚序》中说："《离骚》之文，依《诗》取兴，引类譬喻。故善鸟、香草以配忠贞，恶禽、臭物以比谗佞；灵修、美人以媲于君，宓妃、佚女以譬贤臣；虬龙、鸾凤以托君子，飘风、云霓以为小人。"《离骚》中的比兴，不只是以具体的事物比具体的事物，而且以具体的事物比抽象的事物，内涵变得丰富复杂。诸如思想、品格、志行以及用贤、为

政、遵法等概念行为，都可通过饮食、服饰、鸟虫、车马等日常事物来表现，让人感觉亲切，易于接受。且一系列的比兴，相互联缀，形成一个系统，构成一种整体的艺术境界。诗人以香草美人为喻，构成了一种具有象征意义的诗的意象，表现了复杂现实生活中的矛盾，也抒发着诗人内心丰富的思想感情。"香草美人"的寓意手法已超越《诗经》的"比兴之义"，不是简单地以彼物比此物，或触物以起兴，而是将物与我、情与景糅合与交融，将物的某些特质与人的思想感情、人格理想结合，通过联想和想象融为一体，寓情于物，见物知人，构成一种象征体，增强诗歌艺术魅力。"香草美人"系统，自屈原开端，从具体的表现手法上升为中国古典诗歌的一种艺术传统，纷纷为后世效法。诗歌自然承继了《离骚》的比德传统，含蓄而蕴藉。比德之诗，隐晦而多解，需理解其真实意图，方能晓诗。

比德相邀，如韩愈《早春呈水部张十八员外》：

天街小雨润如酥，草色遥看近却无。

最是一年春好处，绝胜烟柳满皇都。

"最是一年春好处，绝胜烟柳满皇都"，以早春之景来赞誉张籍诗风清新。张籍本就是韩愈最青睐的弟子，诗风清新，韩愈用早春清新之景来比况张籍之诗，以"最好"来赞誉，非只是写景而是赞人。

比德相留，如杨万里《晓出净慈寺送林子方》：

毕竟西湖六月中，风光不与四时同。

接天莲叶无穷碧，映日荷花别样红。

"接天莲叶无穷碧，映日荷花别样红"，如此美景怎舍离开，挽留林子方之意含蓄。林子方外放福建赴任，离京城较远，诗人想挽留他，"接天""映日"虽写荷花之美，"天""日"亦是皇恩之意义，以六月西湖的美丽景色来婉转地劝慰老友不要离开，曲折地表达对友人林子方的眷恋之情。

比德相赠，如苏轼《赠刘景文》：

荷尽已无擎雨盖，菊残犹有傲霜枝。

一年好景君须记，最是橙黄橘绿时。

"一年好景君须记，最是橙黄橘绿时"，是苏轼对老友人格的赞赏和生活的勉励。刘季孙，字景文，时任两浙兵马都监驻杭州，苏轼视他为国士，与他诗酒交往，交谊颇深。从"荷尽""菊残"跳跃至"橙黄""橘绿"，看似无理，实则含趣。"擎雨盖"与"傲霜枝"，可谓曲笔传神，将傲立之态尽显无余，"已无"与"犹有"形成强烈的两相对比，重点突出了菊花傲视风霜、与寒气斗争的形象，融写景、咏物、赞人于一体。借物喻人，赞颂刘景文的品格和节操，诗人以朴实无华的语言来勉励朋友须珍惜这大好的年华，要保持乐观积极、努力向上，切莫庸庸碌碌、消沉无为。

二、内容

(一) 三大主题

中小学古诗基本可以分为自然、人生和社会三大主题，具体为八大类别诗歌，其中自然主题三类，分别为山水田园诗、咏物感怀诗和记时纪游诗；人生主题三类，分别为事理童趣诗、友情送别诗和亲情思乡诗；社会主题两类，分别为爱国忧民诗和感时喟世诗。下文以中小学古诗100首为例，进行题材分类。

一是自然主题（47首），见表10-1。

表10-1　自然主题古诗

分　类	诗　名	朝　代	作　者
山水田园诗 （10首）	《望庐山瀑布》	唐	李　白
	《望天门山》	唐	李　白
	《早发白帝城》	唐	李　白
	《望洞庭》	唐	刘禹锡
	《饮湖上初晴后雨》	宋	苏　轼
	《山居秋暝》	唐	王　维
	《江南春》	唐	杜　牧
	《书湖阴先生壁》	宋	王安石
	《四时田园杂兴》	宋	范成大
	《乡村四月》	宋	翁　卷
咏物感怀诗 （14首）	《咏鹅》	唐	骆宾王
	《风》	唐	李　峤
	《咏柳》	唐	贺知章
	《春夜喜雨》	唐	杜　甫
	《赋得古原草送别》	唐	白居易
	《马诗》	唐	李　贺
	《蜂》	唐	罗　隐
	《梅花》	宋	王安石
	《墨梅》	元	王　冕
	《石灰吟》	明	于　谦
	《竹石》	清	郑　燮
	《敕勒歌》	北朝	北朝民歌
	《鹿柴》	唐	王　维
	《舟夜书所见》	清	查慎行

续表

分类	诗名	朝代	作者
记时纪游诗（23首）	《春晓》	唐	孟浩然
	《鸟鸣涧》	唐	王维
	《绝句》	唐	杜甫
	《绝句二首》	唐	杜甫
	《江畔独步寻花》	唐	杜甫
	《滁州西涧》	唐	韦应物
	《早春呈水部张十八员外》	唐	韩愈
	《钱塘湖春行》	唐	白居易
	《大林寺桃花》	唐	白居易
	《春游湖》	宋	徐俯
	《晚春》	唐	韩愈
	《泊船瓜洲》	宋	王安石
	《惠崇春江晚景》	宋	苏轼
	《春日》	宋	朱熹
	《江南》	汉	汉乐府
	《采莲曲》	唐	王昌龄
	《六月二十七日望湖楼醉书》	宋	苏轼
	《三衢道中》	宋	曾几
	《小池》	宋	杨万里
	《枫桥夜泊》	唐	张继
	《暮江吟》	唐	白居易
	《山行》	唐	杜牧
	《逢雪宿芙蓉山主人》	唐	刘长卿

二是人生主题（29首），见表10-2。

表10-2　人生主题古诗

分类	诗名	朝代	作者
事理童趣诗（13首）	《登鹳雀楼》	唐	王之涣
	《独坐敬亭山》	唐	李白
	《酬乐天扬州初逢席上见赠》	唐	刘禹锡

续表

分　类	诗　名	朝　代	作　者
事理童趣诗 （13首）	《题西林壁》	宋	苏　轼
	《观书有感》	宋	朱　熹
	《嫦娥》	唐	李商隐
	《村居》	清	高　鼎
	《宿新市徐公店》	宋	杨万里
	《池上》	唐	白居易
	《小儿垂钓》	唐	胡令能
	《所见》	清	袁　枚
	《夜书所见》	宋	叶绍翁
	《稚子弄冰》	宋	杨万里
友情送别诗 （8首）	《过故人庄》	唐	孟浩然
	《赠汪伦》	唐	李　白
	《赠刘景文》	宋	苏　轼
	《芙蓉楼送辛渐》	唐	王昌龄
	《黄鹤楼送孟浩然之广陵》	唐	李　白
	《送元二使安西》	唐	王　维
	《别董大》	唐	高　适
	《晓出净慈寺送林子方》	宋	杨万里
亲情思乡诗 （8首）	《游子吟》	唐	孟　郊
	《九月九日忆山东兄弟》	唐	王　维
	《夜雨寄北》	唐	李商隐
	《与史郎中钦听黄鹤楼上吹笛》	唐	李　白
	《宿建德江》	唐	孟浩然
	《杂诗》	唐	王　维
	《静夜思》	唐	李　白
	《夜上受降城闻笛》	唐	李　益

三是社会主题（24首），见表10-3。

表 10-3　社会主题古诗

分　类	诗　名	朝代	作　者
爱国忧民诗（10 首）	《出塞》	唐	王昌龄
	《凉州词》	唐	王　翰
	《凉州词》	唐	王之涣
	《春望》	唐	杜　甫
	《和张仆射塞下曲六首》	唐	卢　纶
	《示儿》	宋	陆　游
	《悯农》	唐	李　绅
	《再经胡城县》	唐	杜荀鹤
	《江上渔者》	宋	范仲淹
	《题临安邸》	宋	林　升
感时喟世诗（14 首）	《元日》	宋	王安石
	《寒食》	唐	韩　翃
	《清明》	唐	杜　牧
	《端午》	唐	文　秀
	《乞巧》	唐	林　杰
	《十五夜望月》	唐	王　建
	《春日偶成》	宋	程　颢
	《夏日绝句》	宋	李清照
	《秋词》	唐	刘禹锡
	《江雪》	唐	柳宗元
	《题都城南庄》	唐	崔　护
	《寻隐者不遇》	唐	贾　岛
	《游园不值》	宋	叶绍翁
	《己亥杂诗》	清	龚自珍

（二）"群诗"阅读

普通高中语文新课标（2017 年版 2020 年修订）在学习任务群 8 "中华传统文化经典研习"学习目标与内容部分明确指出，教师要"选择中国文化史上不同时期、不同类型的一些代表性作品进行精读，体会其精神内涵、审美追求和文化价值"。为了提升学生对中华民族文化的认同感、自豪感，增强文化自信，教师选择经典诗歌进行教学，诗歌内容要有代表性，"群诗"阅读大有必要。

义务教育语文新课标（2022年版）在课程理念上要求构建语文学习任务群，注重课程的阶段性和发展性，古诗教学也要设计学习任务群，"群诗"教学要符合语文课程特点，以语文实践活动为主线；在课程实施中，"教学建议"要求体现语文学习任务群特点，整体规划学习内容，"群诗"教学要能整合教材内容，创设学习情境。

"群诗"阅读，既是落实语文学习任务群的具体举措，也是解读古诗的创新手段，不仅可以提升阅读的层次感，还可以让学生掌握多元的阅读方法。依托"群诗"阅读，既能积累诗歌经典并形成语感，也可以锻炼学生的思维品质，提高学生的古诗理解能力和鉴赏能力，积淀文化素养。

1. 以题材分类，彰显诗旨

如上以中小学古诗100首为例，进行题材分类，可分成三大主题八个类别。以咏物感怀诗为例，其中咏物诗，于景意事情外，别有一种思致，必心领神会始得，妙处不在言句上。咏物诗妙致所在，既有物理特征，体物若即若离，又有事理特征，喻理饶有兴致，还具情理特征，抒情意味深长。

（1）咏物诗的三重审美特质

一是体物要求若即若离，这是咏物诗的物理特质。所以咏物，有时侧重于绘形，有时侧重于赋神，有时形神兼备。

第一，穷形尽相。着重表现物的外在形式，描写生动，新颖传神，可谓穷形尽相。诚如刘勰所说："体物为妙，功在密附。"如骆宾王的《咏鹅》，就活灵活现地再现了红掌白鹅在绿水中划游高歌的形象。再如贺知章的《咏柳》状写了春风杨柳万千条的形态。又如白居易《夜雪》："已讶衾枕冷，复见窗户明。夜深知雪重，时闻折竹声。"夜阑梦醒，冷气砭骨，衾枕生寒，白雪照棂，下雪之久、积雪之深、飘雪之大，诗人通过感觉、视觉和听觉勾绘了这一场夜雪景象。

第二，遗貌取神。不太追求细致刻画、工巧形似，而是重在写物的神态，表现物的内在精神，诗人只是写自己刹那间所感受的物理的气象，有点中国的写意画的意思。咏物"气韵生动"（谢赫《古画品录》），不求形似，遗貌取神。杜甫《房兵曹胡马诗》以极为精练的语言，对骁勇善战的胡马进行了栩栩如生的刻画，使读者不仅欣赏到胡马俊健的体态，更感受到胡马凛然无畏的气度。陆龟蒙《和袭美木兰后池三咏·白莲》："素花多蒙别艳欺，此花真合在瑶池。还应有恨无人觉，月晓风清欲堕时。"写出了白莲清高自傲、超凡脱俗的神韵。

第三，形神兼备。此乃咏物诗之妙境。钱泳《履园丛话》亦云："咏物诗最难工，太切题则粘皮带骨，不切题则捕风捉影，须在不即不离之间。"所谓"不即不离"，就是指"形"与"神"的统一，而这种统一，又渗透了诗人的情思。体物肖形，传神写意。于谦《石灰吟》写了石灰的四个特点：出山之难、不怕焚烧、不怕破碎、一身清白。作者以石灰自喻，表达自己为国尽忠、不怕牺牲的意愿和坚守高

洁情操的决心,歌咏自己光明磊落的襟怀和崇高清白的人格。石灰就是自己的化身,自己就是石灰的写照。再如陈亮《梅花》:"疏枝横玉瘦,小萼点珠光。一朵忽先变,百花皆后香。欲传春信息,不怕雪埋藏。玉笛休三弄,东君正主张。"前四句写梅花之形,后四句写梅花之神:梅先天下春,凌雪抗冰霜,清香传天地,规律不可抗。梅花有品格,人品如梅花。

二是喻理可以饶有兴致。这是咏物诗的事理特质。以物喻理,饶有兴致,咏物诗通过物事来喻理,既可形象生动地讲清道理,使人容易领会;又能婉转含蓄,意蕴深长,令人回味不尽。如"问渠那得清如许,为有源头活水来"的豁然,"不识庐山真面目,只缘身在此山中"的洞然,以及"洛阳亲友如相问,一片冰心在玉壶"的淡然,等等,物因人而感触异常,人因物而体验迥然。

一方面,一而异的理趣。咏同一物表达不同的情志。以唐人三首咏蝉诗为例,清代施补华《岘佣说诗》云:"《三百篇》比兴为多,唐人犹得此意。同一《咏蝉》,虞世南'居高声自远,端不藉清风',是清华人语;骆宾王'露重飞难进,风多响易沉',是患难人语;李商隐'本以高难饱,徒劳恨费声',是牢骚人语。比兴不同如此。"① 三位诗人,一为高官,一为囚徒,一为迁客,各自所处境遇有别,地位、气质不同,因而在诗中寄寓的情感迥异。同为咏梅,毛泽东词作傲岸,陆游词作料峭,心境不一,赏梅有异。

另一方面,异而一的理趣。咏同一物表达同一情志。同为咏菊,郑谷与郑思肖在表达不改节操、坚守人格这一点上是一致的。郑谷《菊》:"王孙莫把比蓬蒿,九日枝枝近鬓毛。露湿秋香满池岸,由来不羡瓦松高。"用对比的手法写菊花保持自己的个性,不与他花攀比,借此表达诗人不慕高位、坚守节操的品格。郑思肖《寒菊》:"花开不并百花丛,独立疏篱趣无穷。宁可枝头抱香死,何曾吹落北风中。"前两句写菊花远离百花丛,独自开放,表示自己不与元朝合作。后两句进一步写菊花宁愿枯死枝头,决不被北风吹落,描绘了傲骨凌霜、孤傲绝俗的菊花,表示自己坚守高尚节操,宁死不肯向元朝投降的决心。咏不同的物表达同一情志。陆游《卜算子·咏梅》:"驿外断桥边,寂寞开无主。已是黄昏独自愁,更著风和雨。无意苦争春,一任群芳妒。零落成泥碾作尘,只有香如故。"王安石《北陂杏花》:"一陂春水绕花身,花影妖娆各占春。纵被春风吹作雪,绝胜南陌碾成尘。"王安石虽然咏的是杏花,但和陆游笔下的梅花却有惊人的相似之处,孤高清傲,高格独标,一袭香馨,默然轻悄。陆游和王安石的志趣在这一词和一诗中得到了和谐的统一。

三是抒情讲究意味深长。这是咏物诗的情理特质。体物寓情,缘物寄意,将内情与外物融合,以心声与天籁谐和,熔冶情感,淘浚心性,咏物诗应运而生。其情

---

① 郑奠,谭全基.古汉语修辞学资料汇编[M].北京:商务印书馆,1980:657.

寓于咏物而灿然灼然，不必实求，只能"默会想象"，主观色彩比较强烈，其主要通过比兴感情、比拟触情、比喻动情等艺术手法表现出来，不能以逻辑思维和常规思维去理解，而只能设身处地进行审美感悟，咏物境界浑沦而幽渺，朦胧而深邃。

第一，比兴感情。咏物注重自然物象本身的描绘以及由此触发的诗人深沉情感的抒写，走感兴和移情的路途。"借彼物理，抒我心胸。"（廖燕语）如黄巢的《题菊花》："飒飒西风满院栽，蕊寒香冷蝶难来。他年我若为青帝，报与桃花一处开。"这首诗是唐末农民起义领袖黄巢咏物喻志之作，写得豪壮刚健，明快质朴，洋溢着一股不凡的气势。宋代诗人杨万里诗赞紫薇："似痴如醉弱还佳，露压风欺分外斜。谁道花无常百日，紫薇长放半年花。"人无千日好，花无百日红，人生莫测，世事难料，唯有感物可慰寂寥，哀乐自晓。

第二，比拟触情。以物比德，咏物同时，着重表现人的精神品德。屈原的"香草美人"传统即是，以"香草"比附美好的精神品质，以"美人"象征君王。像李白的《白鹭鸶》："白鹭下秋水，孤飞如坠霜。心闲且未去，独立沙洲傍。"这首诗写白鹭鸶孤飞独立，不仅写了它的色泽、姿态、神态与境遇，而且托鹭喻人，象征了诗人自己孤寂、彷徨的心境和不愿同流合污的高洁志趣，可以说诗中所咏的白鹭鸶，就是诗人李白的自我写照。再如李商隐的《流莺》，就是以流莺自喻，借流莺的流转无依，来抒发自己浮沉不定、漂泊流离的身世之感。

第三，比喻动情。钱珝《未展芭蕉》："冷烛无烟绿蜡干，芳心犹卷怯春寒。一缄书札藏何事，会被东风暗拆看。""芭蕉"让人总是联想到美。作者连用三个比喻，却毫不累赘。清新的笔调，勾勒出一幅春蕉的画卷。不仅如此，蕉神栩栩，令人难忘。"未展芭蕉"不似红烛俗，而成绿烛雅，无烟火凡尘味，有超圣清新意；蕉（焦）心似芳心，掩卷身态，盈立风中，好像那柔弱少女，紧捻衣裾，欲语还休，畏寒思春；看那蕉叶好比一卷书信，暗藏春机，春风一到，暖入蕉心，自然叶舒信展，默默（脉脉）春意无限情了。经过若干比喻，引起无数想象，使人觉得那翠脂凝绿、心心卷蹙的芭蕉和情窦未开、亭亭玉立的少女之间简直难分彼此，达到了亦物亦人、人物浑然一体的神似境界。

（2）三首节日思亲唐诗品读

思亲怀乡，是一切远游客子共有的情怀，也是人类拥有的共同美好情感。传统佳节，合家团聚，欢聚一堂，理所应当，然有时却异乡作客、他乡漂泊、远乡回望，"每逢佳节倍思亲"是他们的共同心声。王维重阳登高、白居易冬至贺节、高适除夜守岁，此佳节之际，诗人却欢愉之情甚少，愁苦之感倍生。他们利用对写与对比的艺术创作手法，通过宦游人漂泊的伤感独语、远行者漂流的辛酸滋味、羁旅客飘零的凄然神伤，表达思亲怀乡的情感。

一是思亲，宦游人漂泊的伤感独语。王维于重阳节忆兄弟：

独在异乡为异客,每逢佳节倍思亲。

遥知兄弟登高处,遍插茱萸少一人。

"每逢佳节倍思亲",是哀伤幽怨的神色中一瞥充满温情的目光。"每逢佳节倍思亲",道出了人人心中所有的客思情愁,非王维一人独有,隐隐之中透露出淡淡的感伤,这首诗的妙处在于对写与对比手法的精妙结合。

首先是对写的手法。前两句直笔深入,后两句从对方落笔,谓之对写法。清人浦起龙称之为"心已神驰到彼,诗从对面飞来"(浦起龙《读杜心解》)之意象创造手法。《诗经》中许多杰出的怀人诗,就采用了此类艺术手法,把自己思恋的情感通过对方的行为来体现。"诗从对面飞来",如《诗经·周南·卷耳》《诗经·魏风·陟岵》及《诗经·豳风·东山》都刻画了远方的妻子思念丈夫归来的细节。对写,把深挚的情思抒发得更为婉曲含蓄,唐诗中最广为传诵的当属杜甫的《月夜》,从对方入手,写妻子思念丈夫,其实恰恰是诗人自己感情的折光。"遥知兄弟登高处",一个"知"字,不具体表达自己如何思亲,而从对面落笔写远在家乡的兄弟想念自己,这样既曲折表达出家人对自己的思念,又更深一层地写出了自己对家人的牵挂和体贴之情。"每逢佳节倍思亲",一经写出,便万口传诵,表达了人人容易遇到的事实和人人容易产生的感情。故俞陛云说:"诗到真切动人处,一字不可移易也。"① 此诗把我思人的情绪,折射为人思我的幻觉,从中挑选出重阳登高和茱萸插头两个精心意象,展示一个颇有情趣的兄弟共乐的场面,从而把"共乐而缺一"的人生缺憾感写得令人心颤而余味无穷。

其次是对比的手法。一则内容的反差对比。以乐时写哀情,倍增其哀。王夫之《姜斋诗话》说:"以乐景写哀,以哀景写乐,一倍增其哀乐。"欢快的时刻,应是融融泄泄,不应是愁绪满怀,哀思盈膺。重阳登高,冬至贺节,除夜守岁,节日之热闹,欢聚之快乐,人生之繁华,于王维、白居易、高适而言,却是孤独、凄凉、寂寞充斥诗里行间,忧愁、感伤、悲戚萦绕心胸之间。王维逢重阳节,"独在异乡为异客",一语道破心机,语虽平淡,情已深挚,非情动于衷不可解也。旅居为"客",漂泊他乡,此一层意也;为"异客",孤寂比客尤甚,此二层意也;"异乡"之"异客",又着一"异"字,凄凉倍生,此三层意也;"独"在异乡为异客,突出一"独"字,哀伤幽怨,此四层意也。客居他乡,客心凄然。二则形象的映衬对比。用孤单作愁思,愈见其愁。"遍插茱萸少一人","遍插茱萸"与"少一人"形成鲜明的对比,相忆之情与孤独之思相得益彰。

二是思家,远行者漂流的辛酸滋味。白居易于冬至夜思家:

邯郸驿里逢冬至,抱膝灯前影伴身。

---

① 俞陛云. 诗境浅说 [M]. 2版. 天津:天津人民出版社,2011:184.

想得家中夜深坐,还应说着远行人。

冬至在传统社会中是一个重要的节气,民间至今流传着"冬至大如年"的俗语,有"肥冬瘦年"之谚。这样一个日子,在家中和亲人一起欢度才有趣味,如今在他乡的客店碰上这个日子,该如何过呢?"抱膝灯前影伴身","抱膝",活画出枯坐的神态,"灯前"二字既渲染环境,又照应"夜",烘托"影"。"伴"字,勾连"影"与"身",着一个"伴"字,世运之沧桑,人事之变幻,自身之凄凉流离、悲怆孤寂俱在其中。"影"乃"身"之魂灵,"身"乃"影"之躯体,身随影动,影与心通,"影徒随我身"(李白《月下独酌》),"残灯无焰影幢幢"(元稹《闻乐天授江州司马》),"茕茕孑立,形影相吊"(李密《陈情表》)。"抱膝灯前影伴身"之经历,但凡有此阅历之人皆亲身体验过,诵之令人备感亲切,柔肠万种。"夜阑更秉烛,相对如梦寐"(杜甫《羌村三首·其一》),那是杜甫之悲欣交集;"今宵剩把银釭照,犹恐相逢是梦中"(晏几道《鹧鸪天》),那是晏几道之喜出望外;"何当共剪西窗烛,却话巴山夜雨时"(李商隐《夜雨寄北》),那是李商隐之郁闷孤寂。"抱膝灯前影伴身",此乃香山居士之思家情结,何等曲致,何等深婉,何等含蓄,何等隽永。

"想得家中夜深坐",一个"想"字,思接千里,思家之情溢于言表。明明是自己思家,却说家里人如何想念自己,家中夜深围坐,絮说远行未归之人,驿馆孤灯影伴,想念家中围聚之亲,两厢映照,思之愈切,念之愈切,情之愈切。独在旅途,只影伴身,孤于行程,一心思亲。白居易冬至日"抱膝灯前影伴身",思家无限,"影"与"身"构成淡淡的映照,思家之情与孤寂之感如影随身。

三是思乡,羁旅客飘零的凄然神伤。高适于除夕夜思乡:

旅馆寒灯独不眠,客心何事转凄然。
故乡今夜思千里,霜鬓明朝又一年。

此诗名为《除夜作》,为何叫作"除夜"? 光阴过去为除,除夕之夜,传统习俗,一家欢聚,"达旦不眠,谓之守岁"(《风土记》)。诗人却于万家灯火、其乐融融之时,"旅馆寒灯独不眠",一个"寒"字,"寒"气袭人,旅馆之凄凉,除夜之凄寂,"客心"之"凄然",着一"寒"字,情愫尽现,境界全出。"霜鬓明朝又一年",一个"霜"字,"霜"意盎然,思之久、恋之深、想之苦,跃然纸上,得环其中。将故乡之思与寒灯之下的凄然感受放置在具有欢乐色彩的除夕之夜,将"愁鬓"的生命体验置于"明朝又一年"的时间流逝的临界点,诗意盎然,思绪不断。王湾的"海日生残夜,江春入旧年"(《次北固山下》),除旧迎新之际,更具有宏大的盛唐气象和普遍的生活意义,将北固山下的具体景象升华为一幅宏伟雄奇的海日除夕图,蕴含了生命新旧交替的哲思诗魂。除夜之诗,含蓄哲思,涵泳不尽,体味无穷,积极向上,乐观宏达。

除夜之时,心境平淡冲和者也有:

> 病眼少眠非守岁，老心多感又临春。
> 火销灯尽天明后，便是平头六十人。

（白居易《除夜》）

此类诗词多是对生命流逝的感慨和生命仍然存在的怡然自得，是那种"七十期渐近，万缘心已忘"的闲适和"堂上书帐前，长幼合成行"（《三年除夜》）的惬意。其中不乏一种诙谐与自慰，然缺少一份昂扬与激情。

除夜之时，感受"衰鬓"与"愁颜"者亦有：

> 旅馆谁相问，寒灯独可亲。
> 一年将尽夜，万里未归人。
> 寥落悲前事，支离笑此身。
> 愁颜与衰鬓，明日又逢春。

（戴叔伦《除夜宿石头驿》）

长期漂泊，客中寂寞，除岁夜阑；他乡逆旅，寒灯相亲，人何以堪。孤苦冷落，苍茫百感；寥落辛酸，凄苦万端；一意连绵，寄慨深远。

以上三首节日思亲唐诗运用对写和对比的艺术手法，使读者探寻所呈现的简朴语言中的更深刻意义。"每逢佳节"，正是诗人情感最活跃，也是最脆弱的时候；"倍思亲"，正是诗人情感最直露，也是最深沉的体验。思从对面飞来，诗从对面飞来。诗作境界开阔，意义宏远，将难尽之情尽于意象之中，不浅露，不直白，委婉深沉，一波三折，余韵无绝。

（3）三首节令宋词的审美透析

欧阳修在元宵词中的浪漫情调，苏轼在中秋词中的人伦情怀，李清照在重阳词中的恩爱情感，变节令感遇为爽朗贴切词句，让人产生无限向往和想象，向往和想象那份浪漫、那份纯真和那份甜蜜。

一是元宵寻春，浪漫气质。有欧阳修《生查子·元夕》：

> 去年元夜时，花市灯如昼。
> 月上柳梢头，人约黄昏后。
> 今年元夜时，月与灯依旧。
> 不见去年人，泪湿春衫袖。

一方面，感叹寻春不遇之憾。美景不常，韶华易逝，自然之理；佳人难遇，佳期难约，生活之情。人生的许多故事皆产生于"不见去年人，泪湿春衫袖"的凄美和哀婉之中。最妙者，莫若唐代崔护的《题都城南庄》，诗包含两个撩人心魄的情节：一为寻春遇艳，实许多游玩、赏景者之出行初衷或隐情，希望"逢着一个丁香一样的姑娘"（戴望舒）；一为再寻不遇，好不容易碰上了心仪的对象，可惜擦肩而过，凝睇含睇只定格在脑海深处，总想重现那最动人的一幕，"再回首，云遮断归

途"（姜育恒）。寻春不遇的遭际承载了太多的人生体验：在不经意间与至美相遇，然有意去追寻时，却再也不可复得。最痛者，如陆游的《沈园》："城上斜阳画角哀，沈园非复旧池台。伤心桥下春波绿，曾是惊鸿照影来。"此诗醇味如窖藏了四十年的女儿红，愈迟愈酽，"翩若惊鸿"的美丽影子，一直定格在四十年前的春波桥下倒影中，已成为一种幻美。一个已至暮年的人去凭吊一个香消已久的她，真挚纯情的闪回已溶进那滴伤心泪中而浸润读者心灵了。《沈园》诗中"惊鸿照影"是具有永恒意义的一瞬，属历久难忘的痴情记忆，可叹："曾是"者不可再现，"非复"者无从把握。

欧阳修《生查子·元夕》仿作之中上乘者，有辛弃疾之《青玉案·元夕》和李清照之《永遇乐》，此三词皆写元宵节，在热闹、风流之时，却有落寞、惆怅之感，诚如守岁之际"除年"，恐惧与愉悦并存、灾难与浪漫同在（像电影《泰坦尼克号》一样）。辛词中"众里寻他千百度，蓦然回首，那人却在，灯火阑珊处"，长街巧遇，也只能是千寻万寻的一种安慰或幻觉；李词中"不如向、帘儿底下，听人笑语"，中州盛日，那只能是牵肠挂肚的一种遥望或难忘；欧词中"不见去年人，泪湿春衫袖"，留下的只能是一份追忆，一份想象，一份沉淀内心的诗意浪漫。

另一方面，感怀含蓄蕴藉之美。"月上柳梢头，人约黄昏后"，两句词清丽婉约，绮思无穷，人生不能两次重复同样的灯光月影，多的是物是人非、旧情难续。"月上柳梢头，人约黄昏后"，画，是一幅写意画，淡月挂柳枝，伊人影绰约。"二十四桥明月夜，玉人何处教吹箫"（杜牧），回忆江南之春的旖旎与妩媚，绰约多姿的不仅是山清水秀，更有二十四桥的清丽，依然玉人倚桥，银辉洁白，箫声依稀，婉转悠扬。景，是月下小景，朦胧、浪漫而不失清新，如边城美境一样，所要展现的是一种"优美、健康、自然而又不悖乎人性的人生形式"（沈从文），纯粹田园牧歌般，清新且健康、宁静而优美。"月上柳梢头，人约黄昏后"，两句词含蓄蕴藉，空灵澹荡，诗意盎然，激情浪漫，储蕴着太多的生命中不能承受之重（轻）。其含蓄蕴藉之意韵，在绘画上有"深山藏古寺""十里蛙声出山涧"之妙，在文学上有"课虚无以责有，叩寂寞而求音"（陆机）之韵，在音乐上有"别有幽愁暗恨生，此时无声胜有声"（白居易）之音。"月上柳梢头，人约黄昏后"，时间是黄昏，属诗人吟咏的时段，地点在柳林，是诗歌诞生的温床。月光柳影下，两情依依、情话绵绵，朦胧幽约、清丽柔美，"月"成为爱情的见证，是美好的象征，"梯横画阁黄昏后，又还是、斜月帘栊"（张先）。

二是中秋思亲，人伦关怀。有苏轼《水调歌头》：

明月几时有？把酒问青天。不知天上宫阙，今夕是何年。我欲乘风归去，又恐琼楼玉宇，高处不胜寒。起舞弄清影，何似在人间。　转朱阁，低绮户，照无眠。不应有恨，何事长向别时圆？人有悲欢离合，月有阴晴圆缺，此事古

难全。但愿人长久,千里共婵娟。

第一,叙兄弟之情。此词序情由为"作此篇,兼怀子由",兄弟之谊乃为词之初衷。苏轼、苏辙本兄弟情笃,一直相互关切有加,荣辱与共,肝胆相照,哪怕分贬儋州、雷州时亦通关怀。作此词时苏轼为密州太守,与弟苏辙已六七年未见,据苏辙《超然台赋》序云:"子瞻通守余杭,三年不得代。以辙之在济南也,求为东州守。既得请高密,五月乃有移知密州之命。"苏轼抛掉秀丽的杭州,由南而北,原为兄弟之情。权可弃情勿移,兄存真弟有意。兄弟之情恰如月之特征(其一):明月姣好。月明之状似兄弟之亲密情态,有如"梨花院落溶溶月,柳絮池塘淡淡风"(晏殊《寓意》),月之溶溶,情之融融。

第二,念亲人之思。宋人胡仔《苕溪渔隐丛话》说:"中秋词自东坡《水调歌头》一出,余词尽废。"明月寄相思,千里永无忆,亲人之思恰如月之特征(其二):明月多情。月亮走我也走,月亮永在家门口。月亮本没有感情,但有感情的诗人却喜欢移情于物。有两句咏月诗句构成的绝妙好联:天若有情天亦老,月如无恨月长圆。以月圆比喻人的团圆,以月缺比喻人的离别。悠悠万世,明月的存在对于人间是一个极富魅力的宇宙之谜,自屈原发问,至张若虚在独特的空间(春、江、花)探寻月的真谛,画意、诗情、哲理皆具,月之空灵朦胧、情之真挚缠绵、境之深邃邈远俱在其中,到苏轼,于特定的时间(中秋)阐释了月的含义,画意是"月有阴晴圆缺",诗情是"人有悲欢离合",哲理是"但愿人长久,千里共婵娟"。月是中秋圆,人是中秋亲,此意一经苏轼中秋词确定便成经典,中秋思亲成为对月抒怀的永恒主题。

第三,抒人生之恨。"但愿人长久,千里共婵娟。"人生有许多缺憾,唯有一点未变,即心中依恋依然,诚如月之特征(其三):明月无私。唐代曹松在《中秋对月》中热情地讴歌月之无私:"无云世界秋三五,共看蟾盘上海涯。直到天头天尽处,不曾私照一人家。""不曾私照一人家",银辉清洒,有联语恰如:月无贫富家家有,燕不炎凉岁岁来。"千里共婵娟",可谓神交,涵盖了"海内存知己,天涯若比邻"的空间阻隔和"海上生明月,天涯共此时"的时间错失,消淡了自慰,浓烈了共勉,三句诗异曲同工而意味深长。"但愿人长久",祈愿人人年年平安,相隔千里也能共享美好的月光,表达了作者的祝福和对亲人的思念,表现了作者旷达的态度和乐观的精神。苏轼将前人的诗意化解到自己的词作中,熔铸成一种普遍性的情感。"但愿人长久,千里共婵娟。"情致深厚,境界深闳,将难尽之情尽于意象之中,向一切经受着离别之苦的人表示美好祝愿,不浅露,不直白,委婉深沉,余韵无绝。

三是漱玉重阳,伉俪情深。第一,叙夫妻之爱。有李清照《醉花阴》:

薄雾浓云愁永昼,瑞脑销金兽。佳节又重阳,玉枕纱厨,半夜凉初透。　东篱把酒黄昏后,有暗香盈袖。莫道不消魂,帘卷西风,人比黄花瘦。

这是李清照为思念丈夫而作的一首离情词。李清照屏居青州，写了许多镂心刻骨的思夫词，情致深沉，离思凝重，熟知者如《一剪梅》写了"一种相思，两处闲愁"，《凤凰台上忆吹箫》写了"凝眸处，从今又添，一段新愁"，包括此词中的"薄雾浓云愁永昼"，都写到了一个"愁"字，愁情所在实为夫妻之恩爱。易安居士以女性作家的独特体验，感知和透析着这种铭心刻骨、难以消遏的情感，并将之用高超的"文艺"（文学艺术）付诸笔端，让相思的缱绻之情，才从眉头消除，却又钻入心头，心中的离愁别绪欲言又止，不忍又无法排释，让读者感同身受，吟咏间得到强烈的情感感染和难忘的审美享受。据载，此词托人寄给赵明诚后，他用三天三夜作了50首《醉花阴》，后请好友陆德夫、刘跂评赏这51首《醉花阴》，而陆、刘二人挑选为佳者，恰恰就是李清照写的那首，赵明诚也由衷感慨："幽细凄清，声情双绝。"这也是李清照为慰藉思夫之情的呢喃语。"莫道不消魂，帘卷西风，人比黄花瘦"，此三句写出了重阳节的全部黯然，佳节属重阳，情致愈感伤，其意蕴主要体现在以下三点：第一点，以人喻菊。用帘外之黄花与帘内之思妇相比拟，境况相类，形神相似，物我一体，创意极佳。一般以花喻人，易安却一反常态以人比花，选不求秾丽、自甘素淡的菊花为比，既有以花衰比人老之意，又切合重阳之节令蕴义，更寄予了自己高雅之情操（东篱把酒本是高士陶潜之独好）。第二点，人比菊瘦。人瘦胜于花黄，极含蓄地表达了凝重的离思，给人以余韵绵绵之感，有"衣带渐宽终不悔，为伊消得人憔悴"（柳永）之缠绵，含"独立小桥风满袖"（冯延巳）的落寞，赋"落花人独立，微雨燕双飞"（晏几道），"雨中黄叶树，灯下白头人"（司空曙）之凄清，蕴"有情芍药含春泪，无力蔷薇卧晓枝"（秦观）之悱恻。第三点，人菊瘦致。菊花是重阳节的精神象征，"落花无言，人淡如菊"（司空图），写菊也致本词"情深词苦，古今共赏"（唐圭璋语）。瘦，是人形，是菊状，更是人之心态和花之姿态。瘦者，病旁，心境之无绪需调理；瘦者，叟声，心态之老成要激活。

第二，感相思之念。九月九日，节属传统，相聚登高，插茱萸，饮菊花酒。人们用各种娱乐游艺活动，来冲淡节日中祭祀、禁忌、祈福等宗教内涵，来冲淡日常生活中积压的悲凉和无助，慰藉心中的思念。念亲之时，王维"每逢佳节倍思亲"，是哀伤幽怨的神色中一瞥充满温情的目光，"佳节"既是事实现状，也是自己孤独无依情感纽带所系。"尘世难逢开口笑，菊花须插满头归。但将酩酊酬佳节，不用登临恨落晖。"（杜牧）在一个悲伤的节令里，人们追逐着快乐，用快乐来掩饰自己对时光的恐惧。这种快乐，包含着团聚和亲情，蕴藏着和谐与温馨。念情之时，李清照"佳节又重阳"，却令人神伤：昔日形影相随，一道把酒赏花的心上人，此时却远隔云山，梦魂难通。

2. 以体裁分类，凸显诗体

同是七绝，刘禹锡与李商隐有别。

（1）刘禹锡咏怀七绝的"时"态

刘禹锡为七绝大家，杨慎推许其为元和后第一家。刘禹锡在咏怀七绝方面，以时间轮换为主题，采取今昔相对、古今相形和物我相照的方式，感怀启悟时间对生命的穿透力和破坏性。

一是今昔相对。诗人把握住个体今昔时间的上下限，通过对时序的这两个端点的强调，在对比中表现昨是而今非的概念。主要以"旧人"为题，"旧人"为米嘉荣、何戡和穆氏，凭歌声为证，回味昔日繁盛，感慨今朝悲凉。有《与歌者米嘉荣》：

唱得凉州意外声，旧人唯数米嘉荣。

近来时世轻先辈，好染髭须事后生。

忆"旧人"米嘉荣，感诗风浇漓：轻先辈重后生。诗人奉劝世人"好染髭须事后生"，既是为米嘉荣抱屈，也是替自己抒怀，更是对世事愤慨。这是忍着愤怒的温存，这是含着泪水的笑意，这是带着锋芒的慰藉。

有《与歌者何戡》：

二十余年别帝京，重闻天乐不胜情。

旧人唯有何戡在，更与殷勤唱渭城。

忆"旧人"何戡，慨时过境迁：情谊依在。二十余年贬谪，二十余年离别。在离别刹那，《渭城曲》显得尤为动听，且一定要是何戡的原唱，那才是感人肺腑，历久难忘，萦绕心怀。

有《听旧宫中乐人穆氏唱歌》：

曾随织女渡天河，记得云间第一歌。

休唱贞元供奉曲，当时朝士已无多。

忆"旧人"穆氏，叹时光流逝：终老无成。前两句写昔写盛。穆氏经常出入宫禁，可唱当时最美妙动人之供奉歌曲，荣光无比。后两句写今写衰。回响美妙乐曲，回想政治革新，可惜一切幻灭，加上故交零落，自己衰老，往事已矣。

刘禹锡感慨今昔相对，还有《杨柳枝》中"旧板桥"：

清江一曲柳千条，二十年前旧板桥。

曾与美人桥上别，恨无消息到今朝。

此诗存二美：词约义丰的含蓄之美和结构严谨的章法之美。含蓄之美，词约义丰。一曲清江，千条碧柳，两人情缘，二十年恨。真是"一杯伤心酒，两滴相思泪。到如今，菱花镜里空憔悴"（《菱花镜》）。故地重游，怀念故人，"旧"字意味风景不殊、人事已非的感慨，"曾"字体现别离刹那的深沉幽怨，"恨"字流露出望穿秋水的无限情思，尽于言传之外，真挚感人。章法之美，结构严谨。运用倒叙手法，首尾相接，开阖变化。与崔护《题都城南庄》主旨相近而手法有别，崔诗写"去年"

210

故事，刘诗写"二十年"情思，情感的触着程度有浅淡和浓深之分。崔诗以前后各两句为自然段落，设置昔—今两个场景，今昔对比，怅惘昔日；刘诗首尾写今，中间二句写昔，章法为今—昔—今，婉曲回环，篇法圆紧，可谓曲尽其妙。望穿秋水的情思，独上西楼的幽怨，人面桃花的痴迷，尽于言外传之，真挚感人。二十年的情感故事着实动人，情致属不遇，诚如刘禹锡自己二十余年的贬谪生活一样，命运属不幸。于生活的遭遇有着沉痛的感慨，于情感的专致亦有着深切的体验，"二十年前旧板桥"，将情感定格在遥远的记忆深处，旧事如风，在某个时间（"二十年前"）和某个地点（"旧板桥"），依然撩动涟漪。

二是古今相形。时序顺流，今昔对比，只是时段被局限在个体存在的片段之中，实感单调；而古今对比，则被放大延伸到整个历史进程中，视野更恢宏，时段更悠远深长，诗人对时序的两极（古与今）的感知与评价也更加复杂。主要以"旧时月""旧时燕"为题，用有情的旧月和旧燕反衬出无常的人事，以今日之衰与昔日之盛进行对照。有《石头城》：

> 山围故国周遭在，潮打空城寂寞回。
> 淮水东边旧时月，夜深还过女墙来。

和《乌衣巷》：

> 朱雀桥边野草花，乌衣巷口夕阳斜。
> 旧时王谢堂前燕，飞入寻常百姓家。

这是刘禹锡《金陵五题》中的两首。金陵，亦称秣陵、建邺和石头城，东吴、东晋以及宋、齐、梁、陈六朝均建都于此。然这些朝代，国祚极短，在悲恨相续的史实中含蕴着深刻的历史教训，金陵怀古成为诗词常涉的主题，"兴废由人事，山川空地形"是刘禹锡怀古诗的主题思想。第一首写"旧时月"。月标"旧时"，也就是"今月曾经照古人"的意味，一切尽在月之照耀中，耐人寻味。一"还"字，显多情而无意，秦淮河曾是彻夜笙歌，欢乐无时，而今月下只剩下冷落荒凉，凄凉无限。繁华易逝，月虽还来，许多的人与事已一去不复返了。望月凭吊，以描写手法写山水明月之此，意在表现盛衰兴亡之彼，意在言外，启人深思。难怪元萨都剌在《念奴娇》中感慨："伤心千古，秦淮一片明月。"第二首写"旧时燕"。燕栖旧巢，此乃自然生态，莺啼燕语报新年，这又是人情心态。"旧时王谢堂前燕，飞入寻常百姓家"，栖息的时间由晋入唐延续四百年，好似昨朝，可燕子栖息的地方由"王谢堂前"变化为"寻常百姓家"，正如"风景不殊，正自有山河之异"（《世说新语·言语》），风景还是一样，心境不同罢了，燕子还是那只，"换了人间"而已。

三是物我相照。诗人有时不是站在个人命运的立场上，也不是站在历史的高度，而是站在宇宙巅峰，"观古今于须臾，抚四海于一瞬"，境界宏阔。诗人在物我相照中，有哲理的悲壮、诗意的感伤和生命的思量。

刘禹锡在遭受贬谪的过程中，以"桃花"为参照物，繁盛与荒凉对照，讽刺与嘲笑兼具，映照出自己的坎坷人生，读来不禁令人唏嘘。有《元和十年自朗州至京，戏赠看花诸君子》：

> 紫陌红尘拂面来，无人不道看花回。
> 玄都观里桃千树，尽是刘郎去后栽。

永贞元年（805年），刘禹锡参加永贞革新，被贬为朗州司马；至元和十年（815年）召回，回到长安时写此诗讽刺新贵。势利小人为了功名利禄而奔走权门，如同在紫陌红尘中赶着热闹去看桃花一样。"桃千树"，说明投机取巧的钻营之辈增多，"看花回"，证明趋炎附势的势利之徒盛行。桃花看似繁荣美好，实则是花红易衰、繁华易逝。因写此诗，刘禹锡再度被贬，一直过了十四年，才被召回长安任职。遂又有《再游玄都观》：

> 百亩庭中半是苔，桃花净尽菜花开。
> 种桃道士归何处，前度刘郎今又来。

"再游玄都观"，重游旧地，显轻蔑的嘲笑。桃花净尽，种桃道士不知所终，繁盛后剩荒凉，花事之变迁，关合自己之升沉，"前度刘郎今又来"，有不屈不挠的坚强意志。刘永济在《唐人绝句精华》中说："此两诗所关，前后二十余年，禹锡虽被贬斥而终不屈服，其蔑视权贵而轻禄位如此。白居易序其诗，以诗豪称之，谓'其锋森然，少敢当者'。语虽论诗，实人格之品题也。"① 诗人以流美的笔触、深宏的境界来表现生命悄逝中的感伤哲理启悟：时间对生命的穿透力和破坏性。

（2）李商隐咏史七绝的"事"情

叶燮《原诗》说李商隐咏史七绝"寄托深而措辞婉"，具有浓烈的指刺意味，然不失风雅。其中"事"多为楚汉故事、六朝韵事和隋唐旧事，皆抑扬有加，韵味悠长。借古讽今，借"事"喻理，以楚汉事、六朝事和隋唐事为题，借题寄慨，委婉地抒发了怀才不遇的苦闷，寄寓了深沉的时政感慨，有着广阔的表现容量。

一是楚汉故事。有吟楚国事二首和讽汉帝事三首。吟楚国事其一为《梦泽》：

> 梦泽悲风动白茅，楚王葬尽满城娇。
> 未知歌舞能多少，虚减宫厨为细腰。

其二为《楚吟》：

> 山上离宫宫上楼，楼前宫畔暮江流。
> 楚天长短黄昏雨，宋玉无愁亦自愁。

前一首诉楚灵王的罪。"楚王好细腰，宫中多饿死"，"细腰"风靡一时，举国深受其害，轻歌曼舞、绰约娇柔，只为博得楚王的青睐和宠爱。今日细腰竞妍，明日

---

① 刘永济. 唐人绝句精华 [M]. 北京：人民文学出版社，1998：172-173.

累累白骨，在细腰摆柳间，楚王也葬送了自己的青春与生命。乖戾的癖好，消磨了女子的青春、君王的意志和王朝的气数。后一首叙宋玉的愁。宋玉本多愁，"无愁亦自愁"，为何？暮色凄迷，楚宫荒凉，凄风冷雨洒落江上，无法不惹人愁绪。宋玉有三愁：因景生愁、感时慨愁、悲己幽愁。李商隐亦有三忧：岁月蹉跎的忧伤、贤不见用的忧愤和王朝前途的忧虑。

讽汉帝事其一为《题汉祖庙》：

乘运应须宅八荒，男儿安在恋池隍。

君王自起新丰后，项羽何曾在故乡。

其二为《汉宫词》：

青雀西飞竟未回，君王长在集灵台。

侍臣最有相如渴，不赐金茎露一杯。

三为《贾生》：

宣室求贤访逐臣，贾生才调更无伦。

可怜夜半虚前席，不问苍生问鬼神。

第一首叹刘、项同时崛起而成败异趋，项羽之败乃庸碌乏远谋所致，暗刺晚唐君主无为。第二首刺汉武帝一心求仙而无意求贤的思想和行径，寓揶揄嘲弄于轻描淡写之中。"相如渴"却"不赐金茎露一杯"，汉武帝痴心妄想成仙，只祈求自己长生而全然不顾惜人才的死活，迷信与昏庸，何似唐皇。第三首讽汉文帝不任贤才、不顾民生的心态，寓慨于讽。"贾生才调"却遭"不问苍生问鬼神"，汉文帝亦崇尚求仙，不会重视人才，问对，只不过装样子罢了，讽文帝实刺唐皇，惜贾生暗生自怜。求仙非求贤，汉唐的愚妄是一致的，可叹"长生不可求，神仙不可遇"。

二是六朝韵事。"千载芳名留古迹，六朝韵事著西泠"，六朝为诗人留下了许多话题；"六朝旧事随流水，但寒烟衰草凝绿"（王安石《桂枝香·金陵怀古》），六朝亦为诗人提供了情感寄托。

讽刺南齐和北齐亡国，皆因荒淫，由宠幸后妃所致。有《齐宫词》：

永寿兵来夜不扃，金莲无复印中庭。

梁台歌管三更罢，犹自风摇九子铃。

和《北齐二首》：

一笑相倾国便亡，何劳荆棘始堪伤。

小怜玉体横陈夜，已报周师入晋阳。

巧笑知堪敌万几，倾城最在著戎衣。

晋阳已陷休回顾，更请君王猎一围。

《齐宫词》虽名"齐宫词"，却兼咏齐、梁二朝，沉湎酒色，穷奢极欲而亡国。

前两句写南齐亡国。齐废帝宠潘妃，修永寿宫，凿金为莲花贴放于地，让潘妃行走其上，曰"步步生莲"，纵情享乐，荒淫昏聩。后两句写梁台歌管。以"九子铃"来串联齐、梁两代王朝的命运，"九子铃"不仅是齐废帝荒淫生活的见证，也是其亡国殒身的见证，更是梁朝不祥的预征和荒淫依旧的警醒。"九子铃"成为亡国败君相继的最佳契合点，"荆棘铜驼，妙从热闹中写出"（清姚培谦《李义山诗集笺注》），可叹梁台新主重蹈历史覆辙、无视历史教训，真是"秦人不暇自哀，而后人哀之；后人哀之而不鉴之，亦使后人而复哀后人也"（杜牧《阿房宫赋》）。

慨叹南朝软弱，有《南朝》：

地险悠悠天险长，金陵王气应瑶光。

休夸此地分天下，只得徐妃半面妆。

强烈的批判，辛辣的讽刺，举梁朝事以概南朝，皆不图进取，苟安享乐，自恃天险，终致亡国。

还有《咏史》：

北湖南埭水漫漫，一片降旗百尺竿。

三百年间同晓梦，钟山何处有龙盘。

"北湖南埭"之水为背景，衬托孤悬的降旗，旷远的空间展示的是苍凉的南朝历史，寄托着深沉的感慨，"一片降旗"，囊括了六朝三百年屈辱的历史。

三是隋唐旧事。对于隋唐旧事，李商隐也敢于谴责和指刺，辣味足而韵味长。于隋炀帝的龙舟游玩事和唐明皇的夺子妻事的讽刺，可谓一针见血，入木三分。讽龙舟游玩事，有《隋宫》：

乘兴南游不戒严，九重谁省谏书函。

春风举国裁宫锦，半作障泥半作帆。

杨广南游江都，铺张煊赫，彩船盈河，骑兵夹岸，锦帆锦鞍，照耀陆川。隋炀帝不惜民力，穷奢极侈，荒淫无度，在诗中可见一斑。

讥父夺子妻事，有《龙池》：

龙池赐酒敞云屏，羯鼓声高众乐停。

夜半宴归宫漏永，薛王沉醉寿王醒。

诗虽无一字涉及玄宗霸占儿媳之事，却颇具深意。"薛王沉醉寿王醒"，薛王已醉就不要去管他，诗人写寿王，着一"醒"字，包蕴极为丰富。有回忆，有思念，有痛苦，有愤郁，更有羞辱，还有内心情感无法宣泄的强烈悲愤。诗虽未写玄宗秽行，却令人遥想其耽于享乐而导致祸乱的龌龊。

李商隐对远古人事亦有歌咏，主要有吴王轶事和嫦娥情事。吴王好酒色，如《吴宫》：

龙槛沉沉水殿清，禁门深掩断人声。

> 吴王宴罢满宫醉，日暮水漂花出城。

李商隐以吴王沉迷酒色为题，将"满宫醉"的喧闹、疯狂与"水漂花"的悄然、消逝进行对照，蕴义深长。"日暮水漂花出城"，以流水漂花化静为动，随时间推移来推演吴国国势如落花流水结局，实堪隽永。

嫦娥常孤寂，如《嫦娥》：

> 云母屏风烛影深，长河渐落晓星沉。
> 嫦娥应悔偷灵药，碧海青天夜夜心。

以嫦娥幽居寂处、永夜无寐为题，将嫦娥"悔偷灵药"的情绪蔓延得无边无际。

3. 以作者分类，体现诗风

(1) 陶渊明形象

陶渊明，是一位多解文学人物，集饮者、农夫、隐士和读者于一身。饮者，于醉意里观照人生；农夫，在劳作中感受愉悦；隐士，在逃禄后享受解脱；读者，于欣然间游好书趣。

他是怪诞的饮者。陶渊明的一生与酒有不解之缘，酒是他生活的需求，酒是他生活的留恋，酒是他生活的慰藉。陶渊明的《归去来兮辞》《五柳先生传》《饮酒诗二十首》等，都抒发了对酒的眷恋和酒后感慨。

陶渊明"性嗜酒，家贫，不能常得。亲旧知其如此，或置酒而招之。造饮辄尽，期在必醉，既醉而退，曾不吝情去留"（《五柳先生传》）。陶先生这种作风可与曹雪芹媲美，"举家食粥酒常赊"，真实的生活写照。陶先生，隐居田园，"引壶觞以自酌"（《归去来兮辞》）；日常饮酒，"谈谐终日夕，觞至辄倾杯"（《乞食》）；不论何时何地，"愿君取吾言，得酒莫苟辞"（《形影神三首·其一》）。饮酒若此，嗜酒酣然，只不过其间少"五花马、千金裘，呼儿将出换美酒"之太白风范，乏"太守与客来饮于此，饮少辄醉"之永叔醉态。然靖节先生不以为失，反认为"泛此忘忧物，远我遗世情"（《饮酒·其七》），坚持饮酒不动摇，乃至将逝之时仍然感叹"但恨在世时，饮酒不得足"（《拟挽歌辞》），一语惊人。

陶渊明诗篇篇有酒，像许多好饮者一样，借酒压住心头极端的苦闷，忘却世间的种种不称意。围绕着酒和醉的，一直是人世的烦忧、人际的苦痛，以及对人生、对生活的理性执着和情感眷恋。醉酒，在中国文人士大夫之中，流行着一种现实的普遍性，从屈子，到阮籍，直至陶潜，他们的醉酒，却完全不同于西方的酒神精神，不是狂欢和本能的冲动，仍然是"在从逃避中寻理解，于颓废中求醒悟，仍然有着太多的理性"①。陶渊明的饮酒诗，诚如他在《饮酒诗二十首》之篇末所说："但恨多谬误，君当恕醉人。"说他写的都是些醉话，请求原谅。其实他清醒得很，"一士

---

① 李泽厚. 美学三书 [M]. 合肥：安徽文艺出版社，1999：352.

常独醉,一夫终年醒。醒醉还相笑,发言各不领"(《饮酒·其十三》)。这是一个有趣的故事,醉者和醒者的调笑,正是生活的观照。这一点古人早就看出了他的用意。梁萧统就说:"有疑陶渊明诗,篇篇有酒;吾观其意不在酒,亦寄酒为迹也。"

《饮酒诗二十首》可以说是陶渊明诗情酒兴的结晶,非"辞无诠次",而是其怪诞之思、醉酒之作,有其独到的对生活的理解。《饮酒·其五》为代表作,通篇无一字写酒,然醉意盎然,何谓也?"心远地自偏"一句显然,"心远""地偏",是自我打开自然世界的关节点。只有在"远""偏"的状态下才能彻底完成对自然世界的"悬置",也只有在此状态下,才能完成对世界的怀疑和纯粹的直观,观察自身的存在以及世界的存在。"心远"的旨归为探求"真意",要想使"心远"达到"真意",只有通过梦与醉才能实现。晋人也深谙此理,故晋王蕴说"酒正使人人自远",晋王荟也说"酒正引人著胜地"。陶渊明也是此中高手,饮酒而醉,醉自心远。"心远",才能做到心灵内部的距离化,才能"采菊东篱下"之际,"悠然见南山",方可"山气日夕佳"之时,"飞鸟相与还"。观篱侧菊香梦南山,览山岚暮霭思飞鸟,知觉上的直观性,时间上的同时性,空间上的距离化,使知觉与现象臻于妙合无垠,一切皆为"心远"之功。"心远"乃饮酒之力,"心远"乃真意之底。诚如清代吴淇所云:"'心远'为一篇之骨,而'真意'为一篇之髓。"酒醉后的怪诞之语却道出了生活的真谛。

他是自足的农夫。他愤而与仕途决裂,积极地投入期羡已久的田园生活之中,还积极地参与劳动,自力更生,这在当时与统治阶级倡导的"耻农"思想是背离的,正因为他不被世俗所接受,他才歌唱劳动者,赞美劳动。徜徉其间,有悠然自得的田园风光,亦有安然自力的农事劳作,更有怡然自足的农家愉悦。

"暧暧远人村,依依墟里烟"——《归园田居·其一》之悠然自得的田园风光。视线转向远处,使整个画面显出悠邈、虚淡、静穆、平和的韵味。"暧暧""依依"状景生动,似一幅淡墨画,我们宛如看见诗人久久伫立凝望的神情,并感受到乡村缓缓上升飘舞的炊烟之亲切。恬美、宁静跃然纸上,田园之景、乡村之乐,浑朴自然。王维甚爱此联,化句曰"渡头余落日,墟里上孤烟",深谙陶诗三昧。陶潜用轻松欢快、平淡柔和的笔调描绘了幽雅秀美的田园风光,书写了悠闲自得的乐趣。作者正是以此作为污浊喧嚣的官场——所谓"樊笼"的对立面,表现自己的社会理想和人生观念。结末"复得返自然"的"自然",既指自然的环境,也指自然的生活。

"晨兴理荒秽,带月荷锄归"——《归园田居·其三》之安然自力的农事劳作。这种农事劳作的实际意义,在于它体现了陶渊明的一种信念。《庚戌岁九月中于西田获早稻》开头就是:"人生归有道,衣食固其端。孰是都不营,而以求自安?"自耕自食,是理想的社会生活方式和个人生活方式。尽管诗人实际做不到这一点,但他尝试了,这就是很了不起的。又说:"田家岂不苦?弗获辞此难。四体诚乃疲,庶无

异患干。盥濯息檐下，斗酒散襟颜。"这里写到了体力劳动的艰苦和由此带来的心理上的宁静乃至安乐。同类诗中意境最美的，当数《归园田居·其三》，"晨兴理荒秽，带月荷锄归"，早出晚归，不辞辛劳，劳动态度认真勤恳，农事劳作安然自力。这首诗写得通俗明白，像儿歌一样，却表达了陶渊明高尚的情操——宁愿早出晚归地躬身耕锄，不怕夕露沾衣，守拙田园，也不随腐败的官场狗苟蝇营。这种安然自力的农事劳作，除了"种豆南山下"的惬意之外，还有一种对鄙弃仕途、逃禄归耕生活的自解自叹、聊以自慰的情愫。

"平畴交远风，良苗亦怀新"——《癸卯岁始春怀古田舍二首·其二》之怡然自足的农家愉悦。平坦的田野上荡漾着从远处飘来的和风，可爱的种苗正在孕育新芽，生意盎然，令人怡然自乐，惬意万分。苏轼说："'平畴交远风，良苗亦怀新'非古之耦耕植杖者，不能道此语；非世之老农，不能识此语之妙。"《归去来兮辞》可以说是自足农夫的宣言书，它摆脱了"心为形役"的羁绊，"悟已往之不谏，知来者之可追"，于是"植杖而耘耔。登东皋以舒啸，临清流而赋诗"。

他是固执的隐士。陶渊明出身于世代官宦的家庭，又是元勋之后，本来也曾期望在仕途中有所进取，在政治上有所作为。陶渊明一生五次出仕、五次退隐。仕与隐，就像太极八卦中的阴阳鱼一样构成了古代文人的两大情结，激烈交锋，永无相安。同时，陶渊明的仕宦情结与田园情结，反复交替、激烈碰撞，他最终获得了解脱，成为"五柳先生"。阮籍从现实获得解脱的理想是"大人先生"，而陶渊明的理想是"五柳先生"。"五柳先生"只消在"环堵萧然，不蔽风日"的破房子里读书、饮酒、作诗，"便欣然忘食"，觉得有如无怀氏、葛天氏之民那样的逍遥自在了，以一个"蓬户士"而自得其乐。但他到底还是一个有血性、有热情、有痛苦、有悲愤的现实中的人，诚如鲁迅先生所说："陶潜正因为并非浑身都是'静穆'，所以他伟大。"清代诗人龚自珍亦赞赏："陶潜酷似卧龙豪，万古浔阳松菊高。莫信诗人竟平淡，二分梁甫一分骚。"

他是经典的读者。陶渊明一生可谓"半耕半读"，然在读书方面，他却称得上是经典的读者，他为我们提倡了两种经典的读书模式：一是读书提倡兴趣主义，"好读书，不求甚解"；二是读书发扬质疑精神，"奇文共欣赏，疑义相与析"。

首先是"好读书，不求甚解"的兴趣主义。陶渊明《五柳先生传》谈到自己读书的感受："好读书，不求甚解；每有会意，便欣然忘食。"他关于读书的见解还有"少学琴书，偶爱闲静，开卷有得，便欣然忘食"，"乐琴书以消忧"，"委怀在琴书"等。"好读书，不求甚解"后成为读书者遵循的读书圭臬，倾向于兴趣主义，遨游书海，提倡厚积薄发，有所发现。陶渊明在《饮酒·十六》诗中说"少年罕人事，游好在六经"，又在《辛丑岁七月赴假还江陵夜行涂口》诗中说"诗书敦宿好，园林无世情"，他可以说是遍览经、史、子、集，包括《诗经》《楚辞》《庄子》《列子》《史

记》《汉书》等书籍。颜延之在诔文里说他"心好异书","异书"指《山海经》、刘向的《列女传》等。他还爱读传记,特别爱流连于所景仰的人物,如伯夷、叔齐、荆轲、四皓、二疏、杨伦、袁安等,所谓"历览千载书,时时见遗烈"即指此。

其次是"奇文共欣赏,疑义相与析"的质疑精神。"奇文共欣赏,疑义相与析"是陶渊明读书的乐趣,亦是生活的乐趣。读书要能质疑,可交流,能产生共鸣。《读山海经》,为夸父、精卫、刑天的顽强不息和至死不屈的抗争精神所感慨;《咏荆轲》,替荆轲刺秦王的反抗强暴的牺牲精神而吟咏;《咏二疏》,对汉宣帝时疏广、疏受辞职归隐情怀发出赞赏。这是为坚韧者、勇士、隐者而讴歌。

(2) 太白诗风

李白诗歌内容宽广,容量宏大,主要有饮酒诗、怀古诗、游仙诗和山水诗。

一是塑造自我形象的饮酒诗。李白与酒,情致醇厚,酱香浓郁。

他是高超的饮酒客。李白有太多的醉酒,亦有太多的忧愁,在"举杯消愁愁更愁"的同时,亦有"天生我材必有用"的豪言和"长风破浪会有时,直挂云帆济沧海"的壮语。中国文坛并不乏及时行乐诗和饮酒诗,但此前从未有过诗歌以如此蓬勃的活力和放旷的度量向读者述说饮酒的妙处,李白饮酒佳篇有《把酒问月·故人贾淳令予问之》《宣州谢朓楼饯别校书叔云》《将进酒》等。在《将进酒》中诗人直呈饮酒两大主张:一则人应该饮酒以忘记世事和死亡的忧愁;二则与我同醉,不要吝惜金钱。"五花马、千金裘,呼儿将出换美酒,与尔同销万古愁。"狂放的激情充溢于金樽与钟鼓之间,深深的沉醉弥漫在饮酒和行乐之中。

他是失意的孤独者。"古来圣贤皆寂寞,惟有饮者留其名",李白是这一理论的积极推行者,也是这一理论的忠实实践者。他的寂寞孤独是"高处不胜寒"的,是一种"传'独坐'之神"(沈德潜《唐诗别裁集》)的精妙,独坐敬亭山,凝滞孤山,怎一个"静"字受得。孤寂油然而生,却又只得去和幽人约会饮酒,有《山中与幽人对酌》,诗歌乃兴会淋漓之作,酌者是隐居高雅之士,喝酒是恣情纵饮之醉,风度是超凡脱俗之兴。他只能以酒为饮,以酒为友,塑造他"酒徒"和"狂客"的标准形象。如著名的《月下独酌·其一》,则叙写了酒之狂与兴之高。李白导演了一幕唐代荒诞剧。背景——花间,道具——一壶酒,角色——我,动作——独酌,剧名定名为《月饮图》。表面看来,诗人真能自得其乐,可是背后却有无限的凄凉。"对影成三人"和"独坐敬亭山"感触一样,在多情狂放之间,仍是踽踽凉凉之行,仿若寂寞的鸵鸟,只身奔跑。

二是酿造历史蕴味的怀古诗。李白的怀古诗,称道历史人物,获取行为准则;触摸历史事件,体味生活辛酸;审视历史生活,感悟人世沧桑。

首先是称道历史人物,获取行为准则。在歌咏古代政治人物和游侠人物的诗歌中,有"功成身退"的鲁仲连、"高揖汉天子"的严子陵、"颇怀拯物情"的诸葛亮

和"起来济苍生"的谢安,以及"三杯吐然诺,五岳倒为轻"的侯嬴和朱亥,等等。所有这些人物,在诗人的笔下都成为他自己的理想和性格的化身。这些历史人物风神与诗人酷似,如《古风·其十》("齐有倜傥生"),歌咏磊落高傲的鲁仲连,生动地传写了李白潇洒倜傥的神气。诗人在现实生活中却时时不如意,只处处勾起无限依念与想象,如《夜泊牛渚怀古》,"空忆谢将军"。诗人的思绪,由眼前的牛渚秋夜景色联想到往古,又由往古回到现实,情不自禁地发出"余亦能高咏,斯人不可闻"的感慨。"不可闻"回应"空忆",寓含着世无知音的深沉感喟。

其次是触摸历史事件,体味生活辛酸。这主要体现在李白的乐府诗创作中。李白的乐府诗大量地沿用乐府题,或用其本意,或另出新意,皆能曲尽拟古之妙。借古题写现实,具有鲜明的时代精神。如《丁督护歌》《出自蓟北门行》《侠客行》等,均属于缘事而发之作,表达的作者对现实生活的感受,具有深刻的寓意和寄托。用古题写己怀,因旧题乐府蕴含的主题和曲名本身,触发作者的感触和联想,借之来抒写自己的情怀。这类诗更能体现李白狂放的人格风采和诗歌特色,言此意彼,意余象外而曲尽隐微。《蜀道难》古辞寓有功业难成之意,正是此点触动了李白初入长安追求功业未成时的悲愤,诗人再三吁嗟"蜀道之难,难于上青天",极力渲染蜀道高峰绝壁、万壑转石之艰难险阻,也是诗人于世道艰险之体认的写照。《将进酒》旧题含有以饮酒放歌为言之意,诗人"天生我材必有用"的豪壮气概,将及时行乐的狂欢抒写得激情澎湃。《行路难》古题寓意明确,"行路难,行路难,多歧路,今安在"的感喟正道出了诗人"长风破浪会有时,直挂云帆济沧海"的理想展望。

最后是审视历史生活,感悟人世沧桑。咏史诗起始于历史之具体人、事,其指向不在于对一生死存亡的玄思,而是对历史、现实经验的体认,有着浓厚的功利色彩。试看这样一种模式:怀古—伤今,咏史—讽时。其价值在于审视历史生活,感悟人世沧桑。如《越中览古》,感慨昔时的繁盛与今日的凄凉,对比鲜明;又如《苏台览古》,柳色青青,年年如旧,又岁岁常新,以"新"与"旧"以及今古常新的自然景物来衬托变幻无常的人事。描绘人事欢乐难继、好梦不长的佳作应是《乌栖曲》。《唐宋诗醇》评论此诗"乐极生悲之意写得微婉",可谓深谙其中三昧。在西施传说的简单艳情表面和复杂悲剧意义之间,存在着一种张力,这也是此诗被贺知章誉为"可以泣鬼神"的魅力与流行所在。

三是创造神话世界的游仙诗。李白一生热衷游山玩水,寻仙访道,祖国大江南北名山大川几乎都曾有过他的足迹,也留下了他为数不少的游仙诗。

首先是仙化山水,营造缥缈,表达求仙访道的景仰。最有代表性的作品当推《游泰山六首》,这六首诗,几乎每一首都有神仙境界的描写。

其次是美化仙境,暗斥现实,抒发怀才不遇的忧愤。《古风·其十九》("西上莲花山")很能说明问题。此诗写于安史叛军攻陷长安之后,首先描绘了一个神奇美

妙的神仙世界。这是多么快意的神仙世界！高蹈尘外，洁净美好，令人神往。正当"我"跟着卫叔卿恍恍惚惚地飞向太空的时候，诗情陡然一转，"我"俯视人间，看到洛阳一带正被叛军肆虐蹂躏，生灵涂炭，血流遍野，而那些豺狼虎豹一般的安史叛军正趾高气扬，把持朝政。诗歌写到这里，就煞尾了，给读者留下了思索想象的空间。显然，其具有深刻的现实针对性。

最后是想象夸饰，神化仙境，表达自由洒脱的心声。《梦游天姥吟留别》中，一个辉煌灿烂的洞天福地出现在诗人面前，诗人置身其中，与群仙联欢，与神灵默会，忘却了世俗的名僵利锁、诡诈心机，褪尽了人间的污秽浊臭、私心杂念，尽情享受人间没有的自由自在、无拘无束。这才是诗人身心愉悦的最高境界啊！在人间活得很累很苦而且备受压抑的李白终于在虚无缥缈的仙界找到了解放自我、张扬个性的空间。神游天上仙境，而心觉"世间行乐亦如此"，才敢高呼"安能摧眉折腰事权贵，使我不得开心颜"的心声，敢于这样想、这样说的人并不多，李白说了，也做了。

四是营造清新自然的山水诗。他寄情清风明月，漫游名山大川，留下许多山水名篇。"兴酣落笔摇五岳，诗成笑傲凌沧洲"（《江上吟》），诗歌中也有不少山水篇章，把山水诗推向一个新的高度，开拓了一个新的境界。李白山水诗的突出特点是大自然山水形象的理想化、狂想化和个性化，为我们营造了一种清新自然的山水世界。李白不少短小精美的山水律绝，山水具体形象不一，手法技巧各异。一如《清溪行》写清溪感受："人行明镜中，鸟度屏风里。向晚猩猩啼，空悲远游子。"前二句看来只是以镜比水、以屏比山的精巧修辞，而诗人用意实为将水作明镜，山作屏风，以清水秀山为家，所以末二句说猿啼徒使游子伤感，而他这位谪仙则清心自在，怡然自适，因为山水就是他的家，合乎理想，恰同仙境。又如《独坐敬亭山》："众鸟高飞尽，孤云独去闲。相看两不厌，唯有敬亭山。"鸟儿飞尽，一朵白云悠然离去，始终相伴在一起的只有诗人和敬亭山，所以"相看两不厌"。这明白如话的大实话，作用与极端夸张同。而山拟人，人同山，有心与无生相知音，便是一种狂想，却也合乎他"浩然与溟涬同科"的观念。至于他的名篇《望天门山》"两岸青山相对出，孤帆一片日边来"，《早发白帝城》"两岸猿声啼不住，轻舟已过万重山"等，不论表现手法是拟人化或反衬法，都是观念上把大自然与自我混同一体，视万物为同类，成为诗人的知己与友人。

4. 以韵脚分类，讲究诗韵

以平声麻韵诗和尤韵诗为例。

（1）平声麻韵诗

以平水韵中下平六麻韵字（麻、花、霞、家、茶、华、沙、车、牙、蛇、瓜、斜、邪、芽、嘉、瑕）为例，此类韵字诗，基本情韵属淡雅。

麻韵诗，明丽为主，如杜牧《山行》：

> 远上寒山石径斜，白云深处有人家。
> 停车坐爱枫林晚，霜叶红于二月花。

再如《泊秦淮》：

> 烟笼寒水月笼沙，夜泊秦淮近酒家。
> 商女不知亡国恨，隔江犹唱后庭花。

于行旅间觉生机和新意，在漂泊中感警醒和清晰。

麻韵诗，咏史和感时皆隽永，如刘禹锡《乌衣巷》：

> 朱雀桥边野草花，乌衣巷口夕阳斜。
> 旧时王谢堂前燕，飞入寻常百姓家。

再如韩翃《寒食》：

> 春城无处不飞花，寒食东风御柳斜。
> 日暮汉宫传蜡烛，轻烟散入五侯家。

在不经意间，一只寻常家燕，暗示着由晋入唐四百年的悄然历史变化，不免使人产生一份淡淡的忧伤；特权昭彰际，一缕轻烟，飘散的却是一个王朝的背影，清幽中深沉感极强。

麻韵诗，写春夜幽静，总流露着一份淡雅，如刘方平《月夜》：

> 更深月色半人家，北斗阑干南斗斜。
> 今夜偏知春气暖，虫声新透绿窗纱。

再如张泌《寄人》：

> 别梦依依到谢家，小廊回合曲阑斜。
> 多情只有春庭月，犹为离人照落花。

春夜漫漫，春气弥漫着一份淡淡的春意萌动；春夜漫漫，春月映照着一种幽幽的离人思念。

麻韵诗，写乡情淡然，如孟浩然《过故人庄》：

> 故人具鸡黍，邀我至田家。
> 绿树村边合，青山郭外斜。
> 开轩面场圃，把酒话桑麻。
> 待到重阳日，还来就菊花。

诗初看似乎平淡如水，细品诚是一幅田园风光画卷，将景、事、情完美地结合在一起，具有强烈的艺术感染力。无怪乎沈德潜称孟浩然的诗"语淡而味终不薄"（《唐诗别裁集》），闻一多先生赞此诗"淡到看不见诗"。

麻韵诗，写乡思淡雅，如欧阳修《戏答元珍》：

> 春风疑不到天涯，二月山城未见花。

残雪压枝犹有橘，冻雷惊笋欲抽芽。

夜闻归雁生乡思，病入新年感物华。

曾是洛阳花下客，野芳虽晚不须嗟。

偏居山城生乡思，在时光流逝与景物变换间感慨万千，"曾是洛阳花下客，野芳虽晚不须嗟"，虽是自我安慰，却又充满着一种无奈和凄凉，淡雅无极。

麻韵诗，写感时淡荡，如陆游《临安春雨初霁》：

世味年来薄似纱，谁令骑马客京华。

小楼一夜听春雨，深巷明朝卖杏花。

矮纸斜行闲作草，晴窗细乳戏分茶。

素衣莫起风尘叹，犹及清明可到家。

"小楼一夜听春雨，深巷明朝卖杏花"，形象而有深致，蕴蓄着一份淡淡的诗韵，绵绵的春雨，由诗人的听觉中写出，淡荡的春光，则在卖花声里透出。

（2）平声尤韵诗

以平水韵中下平十一尤韵字（尤、邮、优、流、旒、留、骝、榴、刘、由、油、游、猷、悠、攸、牛、修、羞、秋）为例，此类韵字诗，基本格调为愁情。尤韵诗，几乎不离愁。如崔颢《黄鹤楼》（楼、悠、洲、愁）与李白《登金陵凤凰台》（游、流、丘、洲、愁）。一为乡愁，"烟波江上使人愁"；一为国愁，"长安不见使人愁"。又如李商隐《安定城楼》（楼、洲、游、舟、休）与《夕阳楼》（愁、楼、悠）、《楚吟》（楼、流、愁）。又如龚自珍《咏史》（州、流、游、谋、侯）抒忧愤之情。哪怕王之涣《登鹳雀楼》（流、楼），虽有"欲穷千里目，更上一层楼"之励志劝勉语，却仍有王粲登楼之感。历来登楼诗用此韵字，亦无出忧愁之慨，杜甫《登岳阳楼》（楼、浮、舟、流）、许浑《咸阳城东楼》（愁、洲、楼、秋、流）、薛涛《筹边楼》（秋、州、头）、李清照《题八咏楼》（楼、愁、州），概莫如此。

第十一讲 中小学古诗"悦读"基础之二:情感

情感是"悦读"的血液,思想含于情感。思想是古诗的内容载体,有自然、历史、社会和个人四类;情感是古诗的人文价值,有亲情、友情、爱情和人情四种。

一、思想

古诗思想内容一般有四类,谓自然、历史、社会和个人。

(一) 自然感触

自然感触主要源自山水风月,吟咏自然风光。像盛唐有山水田园诗派和边塞诗派。

1. 盛唐山水田园诗派

盛唐山水田园诗派是活跃在开元、天宝时期的重要文学流派,与盛唐边塞诗派并立,亦称"王孟诗派"。此诗派前承陶、谢,后启韦、柳,还有储光羲、常建、祖咏、裴迪、綦毋潜、卢象、丘为、崔兴宗等诗人相应和。安宁的环境、自得的生活、干禄的志趣皆投射在田园间,映照在山水中,清新悠闲一片。胡应麟评价他们说:"浩然清而旷,常建清而僻,王维清而秀,储光羲清而适。"盛唐山水田园诗派总体呈现一种清淡之美。

(1)"浩然清而旷"

孟浩然,689—740年,襄州襄阳(今湖北襄阳)人。与王维并称"王孟",是山水田园诗派的主将,《旧唐书》说他"隐鹿门山,以诗自适。年四十来游京师,应进士不第,还襄阳",最后还是"不达而卒"。闻一多先生说:"孟浩然原来是为隐居而隐居,为着一个浪漫的理想,为着对古人的一个神圣的默契而隐居。"① 隐居中的隐逸性情让其于自然风光有一种清新淡远的韵致,胡震亨谓孟诗"冲澹中有壮逸之气",所谓"冲澹",在艺术风格范畴里,即"清","壮逸之气",即"旷"。"清"是王孟诗歌的共性,只不过,"旷"是孟浩然诗的个性特质。杜甫评价孟诗是"清诗句句尽堪传"。孟浩然清而旷的诗作中又有空旷、质旷、远旷、深旷和幽旷之体。

---

① 闻一多. 唐诗杂论[M]. 长沙:岳麓书院,2010:32.

空旷者，如《宿建德江》：

> 移舟泊烟渚，日暮客愁新。
> 野旷天低树，江清月近人。

旷野无垠，苍苍茫茫，似乎要将一颗愁心化入那空旷寂寥的天地之间，高与低、远与近、大与小、虚与实相形，朦胧与澄澈交织，豁朗与愁怨纠结，都映照于清澈平静的江水之上了。

质旷者，如《过故人庄》，语淡而味却浓郁，将恬静秀美的农家风光和淳朴真挚的情谊融和一体，可嗅到园圃的泥土味、看到庄稼的长势、听到农事的新闻和感到农家的热忱，率真质朴万端。

远旷者，如《晚泊浔阳望庐山》："东林精舍近，日暮坐闻钟。"在远岫钟游、烟际钟扬中感受一种迥超世外的超脱，钟声成为连接山水世界和方外之情的重要桥梁，宁静幽寂，只几许疏钟悠荡，何等静谧，何等幽邃。化动为静，化实为虚，钟声中一切迷妄顿时觉悟，幻化为空无的永恒。

深旷者，如《与诸子登岘山》，"水落鱼梁浅，天寒梦泽深"，在一片肃清间感萧条的寥廓，存伤感；《望洞庭湖赠张丞相》，"气蒸云梦泽，波撼岳阳城"，在澎湃动荡时显浩阔的广大，露隐忧。

幽旷者，如《宿桐庐江寄广陵旧游》，"建德非吾土，维扬忆旧游"，凄恻的思乡怀友，幽怨；《留别王维》，"欲寻芳草去，惜与故人违"，稀落的隐逸知音，怨怼。

(2) "常建清而僻"

常建，生平不详。仕途失意后，隐居鄂渚西山（今湖北鄂州），诗作多以山林、寺观为题材。殷璠称其诗"旨远""兴僻"。代表作有《题破山寺后禅院》：

> 清晨入古寺，初日照高林。
> 竹径通幽处，禅房花木深。
> 山光悦鸟性，潭影空人心。
> 万籁此俱寂，但余钟磬音。

此诗与王维《过香积寺》一致：情一致、行一致、景一致、境一致。一是情致相同。皆拜佛访寺之作，想入空门涤除尘世杂念，寻求纯净怡悦。常建游破山寺，王维游香积寺。二是行踪相仿。都是慕名起行、眼观妙景、心生禅机的行程。王维诗作从空间着手，"数里入云峰"，一路寻去，"不知"有求佛之意；常建诗作从时间着眼，"清晨""初日"存礼佛之心。三是景致相似。都写了幽深僻静的景致，王诗为"泉声咽危石，日色冷青松"，幽静，幽藏深邃间存妙趣；常诗为"竹径通幽处，禅房花木深"，幽僻，曲径通幽处有佳境。四是境地相若。都有潭相伴，潭者，水深处。潭有覃、贪、谭（谈）之意，覃，深邃无测，玄机万端；贪，痴迷无着，执念妄想；谭（谈），空明一片，言说无际。又曰潭深藏毒龙，需佛法制毒龙，安禅戒定

慧。王诗"薄暮空潭曲，安禅制毒龙"，面对空阔幽静的水潭，看着清澈透彻的潭水，生佛法无边之念；常诗为"山光悦鸟性，潭影空人心"，殷璠谓其句为"警策"，造语警拔，寓意深长。

(3)"储光羲清而适"

储光羲，开元进士，官监察御史，仕宦不得意，常隐于终南山，与王维情同"伯仲之欢"（顾况《储光羲集序》）。其诗多写田园生活的闲适情调，代表作有《钓鱼湾》：

垂钓绿湾春，春深杏花乱。
潭清疑水浅，荷动知鱼散。
日暮待情人，维舟绿杨岸。

"潭清疑水浅，荷动知鱼散"，绘景与写情俱佳。

山水田园诗派还有祖咏、綦毋潜和裴迪等代表人物。山水田园诗派的遗响"王孟韦柳"，指盛唐王维和孟浩然、中唐韦应物和柳宗元四人。因为他们四人的诗词风格相近，都喜欢写隐逸题材的诗歌，以超然淡泊、寄情山水为诗歌主题，并且水平相当。

韦应物，中唐诗人，京兆长安（今陕西西安）人。因做过苏州刺史，世称"韦苏州"。诗风恬淡高远，以善于写景和描写隐逸生活著称。雅淡幽静者，如《滁州西涧》：

独怜幽草涧边生，上有黄鹂深树鸣。
春潮带雨晚来急，野渡无人舟自横。

柳宗元，中唐诗人，字子厚，世称"柳河东"，因官终柳州刺史，又称"柳柳州"，因参加政治革新集团失败，长期被贬谪而死，其诗多写贬谪山水的愤激之情。郁结惆怅者，如《登柳州城楼，寄漳、汀、封、连四州刺史》：

城上高楼接大荒，海天愁思正茫茫。
惊风乱飐芙蓉水，密雨斜侵薜荔墙。
岭树重遮千里目，江流曲似九回肠。
共来百越文身地，犹自音书滞一乡。

凄楚动人者，如《柳州二月榕叶落尽偶题》：

宦情羁思共凄凄，春半如秋意转迷。
山城过雨百花尽，榕叶满庭莺乱啼。

长期宦游在外，远离故土与故人，反常的如秋之景，触发贬谪之思，勾起怀乡之念，不免凄凄然。

2. **盛唐边塞诗派**

代表诗人有王昌龄、王之涣、王翰等，而尤以高适、岑参为首，故后人也有

"高岑诗派"之说。盛唐边塞诗总体呈现一种阳刚之美，雄浑、磅礴、悲壮且瑰丽。

（1）高适

如《塞上听吹笛》：

雪净胡天牧马还，月明羌笛戍楼间。

借问梅花何处落，风吹一夜满关山。

苍茫而清澄的夜境，飘荡的是《梅花落》曲调，妙美而阔远。

（2）岑参

如《碛中作》：

走马西来欲到天，辞家见月两回圆。

今夜不知何处宿，平沙万里绝人烟。

荒凉无际间油然而生一种壮志豪情，景色苍凉而情感并不感伤。

（3）王昌龄

如《从军行七首·其四》：

青海长云暗雪山，孤城遥望玉门关。

黄沙百战穿金甲，不破楼兰终不还。

壮阔的塞外景色与将士宏伟的抱负融合在一起，气魄雄阔，风格浑豪。

（4）王之涣

如《凉州词》：

黄河远上白云间，一片孤城万仞山。

羌笛何须怨杨柳，春风不度玉门关。

绝域苍凉，虽是怨词，却画面雄壮阔大，神气不落凄切。

（5）王翰

如《凉州词》：

葡萄美酒夜光杯，欲饮琵琶马上催。

醉卧沙场君莫笑，古来征战几人回。

在痛饮、醉卧之后的沉默，正是一份热情的迸发，"醉卧沙场"，表现出来的不仅是豪放、开朗、兴奋的感情，而且还有着视死如归的勇气，这和豪华的筵席所显示的热烈气氛是一致的。明快的语言、跳动跌宕的节奏所反映出来的情绪是奔放的、狂热的，它展现出的是激动和向往的艺术魅力，这正是盛唐边塞诗的特色。

（二）历史感悟

历史感悟主要是咏史怀古。像金陵怀古、女性视角怀古及洛桥怀古等，都是借史抒情。

1. 金陵怀古

以金陵为咏怀对象，感沧桑变化，伤感是金陵的标志。六朝古都，自古繁华，

"千古凭高对此,谩嗟荣辱"。刘禹锡有《金陵五题》:

> 山围故国周遭在,潮打空城寂寞回。
> 淮水东边旧时月,夜深还过女墙来。
>
> (《石头城》)
>
> 朱雀桥边野草花,乌衣巷口夕阳斜。
> 旧时王谢堂前燕,飞入寻常百姓家。
>
> (《乌衣巷》)
>
> 台城六代竞豪华,结绮临春事最奢。
> 万户千门成野草,只缘一曲后庭花。
>
> (《台城》)
>
> 生公说法鬼神听,身后空堂夜不扃。
> 高坐寂寥尘漠漠,一方明月可中庭。
>
> (《生公讲堂》)
>
> 南朝词臣北朝客,归来唯见秦淮碧。
> 池台竹树三亩余,至今人道江家宅。
>
> (《江令宅》)

《金陵五题》分咏石头城、乌衣巷、台城、生公讲堂和江令宅,从不同角度反复表现"兴亡"主题。随着主题与感情的细微变化,诗的色调亦有所变化:石头城的黝暗,乌衣巷的昏黄,台城的惨绿与妖红,生公讲堂的冷白,江令宅的碧青,忧伤的冷色块,凝成一声声深沉的感叹,穿透金陵古城四百年漫长的历史。

2. 女性视角怀古

最善于借女性咏史述怀的当属杜牧,其咏史述怀诗,多采用以小见大之法,再现历史事件中的某些场景,形象鲜明,诗意含蓄。杜牧于杨贵妃、花木兰及桃花夫人都有吟咏:

> 长安回望绣成堆,山顶千门次第开。
> 一骑红尘妃子笑,无人知是荔枝来。
>
> (《过华清宫绝句三首·其一》)
>
> 弯弓征战作男儿,梦里曾经与画眉。
> 几度思归还把酒,拂云堆上祝明妃。
>
> (《题木兰庙》)
>
> 细腰宫里露桃新,脉脉无言度几春。
> 至竟息亡缘底事,可怜金谷坠楼人。
>
> (《题桃花夫人庙》)

咏杨贵妃喜吃荔枝的奢侈生活,揭示安史之乱的历史教训;咏花木兰为国御敌,

与昭君为国和亲对比，讽刺统治者的昏庸无能；咏桃花夫人忍辱苟活，与绿珠愤然跳楼形成对比，一句"可怜金谷坠楼人"，语意深远：软弱的受害者诚然可悯，怎及敢于以死抗争者高贵得令人敬佩！

3. 洛桥怀古

洛桥，亦作上洛桥或洛阳桥，也叫天津桥，在河南府河南县（今河南省洛阳市）。唐代，这里与同处洛阳的金谷园、上阳宫，皆是贵达士女云集游春的繁华胜地。洛浦千秋，临桥咏叹，诗句纷至沓来：

> 金谷园中柳，春来似舞腰。
> 那堪好风景，独上洛阳桥。

（李益《上洛桥》）

> 天津桥下冰初结，洛阳陌上人行绝。
> 榆柳萧疏楼阁闲，月明直见嵩山雪。

（孟郊《洛桥晚望》）

> 津桥春水浸红霞，烟柳风丝拂岸斜。
> 翠辇不来金殿闭，宫莺衔出上阳花。

（雍陶《天津桥望春》）

三首洛桥诗，抚今思昔，不禁生出盛衰兴亡之感，有好景不长、繁华消歇之慨。三诗皆以洛桥为据点，与另一地点进行对比，在相形中寄托感慨。李益绝句，以金谷园引出洛阳桥，用消失的历史豪奢比照正在消逝的今日繁华，柳姿舞腰的形象比兴，巧妙地将历史的一时繁华和自然的当下春色融为一体，意境浪漫而真实，情调遐远而深峻。孟郊绝句，洛桥晚望，直达嵩山，可见皑皑白雪，透视之远，思索之遥，可见一斑。"月明直见嵩山雪"，从萧疏的洛城冬景中，遥望明月、白雪，明净剔透，浮现的是一个美妙迷人的世界，开拓的是一个清新淡远的境界。雍陶绝句，望中所见，天津桥下水溶溶，天津桥畔柳如烟，春色不减当年，可叹，上阳宫的寂寥令人生思。一句"宫莺衔出上阳花"，可观山河依旧，人事已非。

（三）社会感遇

像陈子昂《感遇诗三十八首》、杜甫"三吏""三别"、白居易《秦中吟十首》以及韦庄《秦妇吟》等，皆感喟时事之作。

1. 合著黄金铸子昂

陈子昂高举"风骨""兴寄"旗帜，继承风雅传统，要求诗歌有社会内容，并反映社会生活。《感遇诗三十八首》内容丰富，反映了广阔的社会生活和复杂的思想感情。如"苍苍丁零塞"篇，反映北方边塞战事；"逶迤势已久"篇，申述骨鲠之臣无出路；"兰若生春夏"篇，慨叹自己抱负无法施展。

2. 少陵杜甫有史笔

明人胡震亨说:"以时事入诗,自杜少陵始。"时事成为杜甫诗歌的主题,如《丽人行》,对杨氏兄妹的骄奢淫逸进行了尖锐讽刺和大胆揭露。战争是社会苦难的源头,写边战给老百姓带来的苦难,有《兵车行》;写安史之乱给社会造成的无尽苦痛,有《哀王孙》。

3. 张、王、元、白兴诗教

"文章合为时而著,歌诗合为事而作",这是张籍、王建与元稹、白居易共同倡导的新乐府运动的主张,简练了乐府诗的结构,凝聚了"刺事"主题。像张籍有《野老歌》《废居行》,王建有《海人谣》:

> 海人无家海里住,采珠役象为岁赋。
> 恶波横天山塞路,未央宫中常满库。

通篇浑似土人自语,叙事轻快,尖锐地指责官府与朝廷的盘剥,表现了诗人的正义感与同情心。元稹有《连昌宫词》,通过连昌宫的兴废变迁来探索安史之乱的因由。白居易有《秦中吟十首》,包括《议婚》《重赋》《伤宅》《伤友》《不致仕》《立碑》《轻肥》《五弦》《歌舞》和《买花》,从不同侧面深刻地反映了当时的政治弊端与民生疾苦,"十首《秦吟》近正声","一吟悲一事"。

4. 韦庄兵燹哭歌长

韦庄,五代前蜀人,工诗,所作《秦妇吟》甚有名,人称"《秦妇吟》秀才"。《秦妇吟》,长篇叙事诗,也是乐府诗,与汉乐府《孔雀东南飞》、北朝乐府《木兰诗》并称为"乐府三绝",诗人借一位逃难的妇女之口对唐末黄巢起义这一历史事件进行了描述,反映了战争给人民带来的深重灾难。全篇情节曲折丰富,结构庞大严密,语言流丽精工。

(四)个人感知

李白的酒诗、王建的宫词与李商隐的无题诗等,皆个人擅写之内容,形成吟咏风格。

1. 李白酒诗

一是"饮中八仙"。这是李白的意气。杜甫《饮中八仙歌》:"李白一斗诗百篇,长安市上酒家眠,天子呼来不上船,自称臣是酒中仙。"纵饮不羁,超越常规,居然敢不听皇帝的派遣。醉成"饮中八仙",诗人、贵族、丞相、名士、书法家、布衣都在醉态中打破了等级隔阂,一起享受盛世文明,显得那么意气风发。

二是醉赋《清平调》。这是李白的才气。皇宫牡丹花绽,玄宗与贵妃在沉香亭赏花,闲来无事,需新词调寄此情此景。遂差人去酒肆找李白,李白已然大醉,被人

搀扶，醉醺醺地提笔而作《清平调》三首，其一曰："云想衣裳花想容，春风拂槛露华浓。若非群玉山头见，会向瑶台月下逢。"以花喻人，人若天仙，玉山、瑶台、月色、花貌，霓裳羽衣般在醉眼蒙眬中，愈加艳冶。花是第一国花，人是第一美人，诗人是第一诗人。语语浓艳，字字流葩，诗酒风流，醉赋优雅。

三是"哭善酿纪叟"。这是李白的天真气。长期豪饮于酒肆，连酿酒的老头都成了李白的朋友，所以当城内一个姓纪的酿酒老头去世后，李白赋诗志哀："纪叟黄泉里，还应酿老春。夜台无晓日，沽酒与何人？"（《哭宣城善酿纪叟》）拙朴的语言、可爱的形象、动人的感情跃然纸上。

四是"醉酒谢妻"。这是李白的家常气。李白入赘许家，给从侄的赠序中用八个字概括了自己这十年的生活，即"酒隐安陆，蹉跎十年"。蹉跎的十年，留给诗人最深的生命印迹只有酒，在写给妻子的《赠内》诗中，他半是赧愧半是愤激地刻画了自己酩酊大醉的生活："三百六十日，日日醉如泥。虽为李白妇，何异太常妻。""太常妻"用《后汉书》中周泽任太常卿时与妻子之间的典故，既是自嘲，也是自慰。

2. 王建宫词

喻守真说："王建《宫词》百首，以诗纪事，为其创格。"《苕溪渔隐丛话》谓王建："宫词凡百绝，天下传播，效此体者，虽有数家，而建为之祖耳。"① 王建宫词以白描见长，语言平易清新，"在明快中见委曲，于流利中寓顿挫"。试看《宫词一百首·其八十三》：

　　　　教遍宫娥唱遍词，暗中头白没人知。
　　　　楼中日日歌声好，不问从初学阿谁。

宫中老年乐师百感交集，一面羡慕宫娥得意演奏，一面嗟叹自身为他人做嫁衣裳。

再看《宫词一百首·其九十》：

　　　　树头树底觅残红，一片西飞一片东。
　　　　自是桃花贪结子，错教人恨五更风。

宫女惜花恨风，嗟叹自身薄命。

3. 李商隐无题诗

李商隐"无题"标题的诗作二十余首，作者另有不少摘篇首或诗中数字为题，而题目与诗意又不相涉之作，性质类似无题。"为芳草以怨王孙，借美人以喻君子。"其主要表达方式，建构了一种"香草美人"意象，这些诗作，亦是诗人追求真善美的杰作，都征示了追求真善美的理想化与艰难性特征。

---

① 胡仔. 苕溪渔隐丛话［M］. 廖德明，校点. 北京：人民文学出版社，1962：149.

一是求真、崇善、向美:"香草美人"的艰难性特征。如《无题》:

  相见时难别亦难,东风无力百花残。
  春蚕到死丝方尽,蜡炬成灰泪始干。
  晓镜但愁云鬓改,夜吟应觉月光寒。
  蓬山此去无多路,青鸟殷勤为探看。

这里叙述了一个艰难的爱情故事。一次短暂的相聚之后紧接着是令人铭心的永别。"春蚕到死丝方尽,蜡炬成灰泪始干"两句刻骨铭心、至死不渝的思念的倾诉,把身受阻隔的痛苦和心有默契的喜悦,以及愈受阻隔愈感到默契可贵和愈有默契愈觉得阻隔难堪的悲喜交集心理,揭示得异常深刻动人。这种痛苦,就是不忍离别的痛苦与追求长相聚首的艰难性之所在。

二是真善美的崇高:"香草美人"的理想化特征。如《锦瑟》:

  锦瑟无端五十弦,一弦一柱思华年。
  庄生晓梦迷蝴蝶,望帝春心托杜鹃。
  沧海月明珠有泪,蓝田日暖玉生烟。
  此情可待成追忆,只是当时已惘然。

华年盛景难得,那是一种理想,一种最佳的状态,是人所向往的。只可惜"蓝田日暖,良玉生烟,可望而不可置于眉睫之前也"(戴叔伦语),这种境界是极壮美极宏伟的,是理想中的美丽,是想象中的奇妙。新奇的设想,壮美的景致,也正是"香草美人"传统的理想性所在。

二、情感

古诗思想内容一般分为四类,谓亲情、友情、爱情和人情,见表11-1。

表11-1 古诗思想内容

情感	词作	主题	审美
亲情	中秋词《水调歌头》	但愿人长久,千里共婵娟	痛并快乐着
友情	恋情词《蝶恋花》	天涯何处无芳草	美丽的错误
爱情	悼亡词《江城子》	明月夜,短松冈	刹那的永恒
人情	咏物词《水龙吟》	似花还似非花	我思故我在

以苏轼婉约词为例。

苏轼虽是豪放词开拓者,其词也有婉约风。读苏轼词作,自然有一种生命的感动,给人以精神上的享受和愉悦。苏轼词能勾勒人的心路历程和描摹人的心灵矛盾,给人一种无尽的审美感受,尤在情感方面,灵动而蕴藉。于亲情,是"痛并快乐

着"，纯真；于友情，为"美丽的错误"，甜蜜；于爱情，属"刹那的永恒"，沉痛；于人情，为"我思故我在"，空灵。以上皆写出了人生中的某种感动和感发意志的激情。

一是中秋词——"痛并快乐着"。词作《水调歌头》，纯真绵邈。此词写亲情，写出了人伦关怀。胡仔说："中秋词自东坡《水调歌头》一出，余词尽废。"月是中秋圆，人最中秋亲，此意一经苏轼中秋词确定便成经典，中秋思亲成为对月抒怀的永恒主题。唐代诗人张祜写出了痛快宣泄的酣畅。有《宫词》："故国三千里，深宫二十年。一声何满子，双泪落君前。"去家之远，入宫之久，一声悲歌，双泪齐落，将埋藏极深、蓄积已久的怨情喷薄而出、一泻为快，诗作具高度的概括性和强烈的感染力，以强烈取胜。杜甫沉郁，遭离乱闻捷，有《闻官军收河南河北》："剑外忽传收蓟北，初闻涕泪满衣裳。却看妻子愁何在，漫卷诗书喜欲狂。"长期的颠沛流离被捷报冲释，喜极而悲、悲欣交集。

二是友情词——"美丽的错误"。词作《蝶恋花》，清丽徐舒。乍看为恋情，实则写人生友情，寻觅知己，存"天涯何处无芳草"的豁达，然"多情却被无情恼"，遂产生了一种"美丽的错误"。词上片伤春：红花艳艳、绿水悠悠、青杏小小、碧柳依依、紫燕喃喃、芳草萋萋。下片伤情：墙外有意，墙内无心。苏轼怀抱忠贞却一再遭贬，此词为贬惠州时作，残存的娇艳安慰了内心的忧嗟。词作含义三重：首先，"天涯何处无芳草"的情韵。词作情思缠绕，"闻之者心动，味之者无穷"，婉约深情。据载，苏轼的侍妾朝云，每歌"枝上柳绵吹又少，天涯何处无芳草"，则泪满襟；然她又偏好此句，反复吟诵，竟郁郁而终。也许只有朝云方晓苏轼此际的心境与内心的繁复。王士祯在《花草蒙拾》中说："'枝上柳绵'恐屯田缘情绮靡，未必能过。"叹知己难求、知音难觅，天涯芳草是追寻对象，也是自勉自慰，更是心底怨愤。其次，"多情却被无情恼"的现实。苏轼才华绝代，忠心可鉴，却被贬荒凉，着实荒唐，此词写出了生活的矛盾无所不在，道出了人生本质的无奈：行人与佳人，主体不一；墙外与墙里，处境不一；多情与无情，心态不一；恼与笑，行为不一。自古多情空余恨，唯有热忱惹衷肠，留下无穷的怅惘和感伤。最后，"美丽的错误"的意蕴。"美丽的错误"语出台湾诗人郑愁予的《错误》："我达达的马蹄是美丽的错误，我不是归人，是个过客……"在等待中变化寂寞、期盼和惆怅的情绪，痴痴深情换来漫漫等待，炽烈渐成凄凉，无限希望变成无限失望。诗作清丽婉约，绮思无穷。美景不常，韶华易逝，自然之理；佳人难遇，佳期难约，生活之情；天涯芳草，遍寻无踪，人生之憾。

三是悼亡词——"刹那的永恒"。词作《江城子·乙卯正月二十夜记梦》，哀感顽艳。这是写人生的爱情，是苏轼为怀念亡妻王弗而作，写出了永难释怀的真挚情感和深沉忆念。词作将忆念的痛楚与凄美，定格在刹那成为永恒："明月夜，短松冈。"那一刻（那一处）令人魂牵，永不能忘。感伤者，有李贺的《苏小小墓》，"冷翠烛，劳光彩。西陵下，风吹雨"，在空寂幽冷和绮丽秾艳斑驳间，寄托着诗人炽热如焚的肝肠。惊艳者，有钱起的《省试湘灵鼓瑟》，"曲终人不见，江上数峰青"，朱光潜先生说这两句诗中见出"消逝之中有永恒"的人生意蕴。刹那永恒的境界，就是任由世界自在兴现，花自飘零水自流，我亦自在。

四是咏物词——"我思故我在"。孔子曰"吾日三省吾身"，庄子云"吾丧我"，亦同"我思故我在"之理。苏轼贬谪黄州，因乌台诗案而遭困顿。生活折磨了苏轼，也玉成了苏轼。黄州成了苏轼人生的妙高台，黄州成全了苏轼，苏轼也成全了黄州。在黄州，苏轼思考生活和思索人生，兼有李白式的浪漫和杜甫式的沉郁，写下了著名的赤壁"一词二赋"，这是对自然景观的思考。于自身思索，咏物寓意，写下了两首咏物词，直抒对自身的体验思考和对生命的本体追问。一词为《卜算子·黄州定慧院寓居作》，幽独寂寞，"缥缈孤鸿影"是其主旨。借孤鸿衬己，足以表达其"幽约怨悱不能自言之情"（张惠言《词选序》）。一词为《水龙吟·次韵章质夫杨花词》，幽怨缠绵，"似花还似非花"是其主旨。落花可以说是苏轼人格的精神意蕴象征。杨花有娇柔形态、飘飞特质和零落命运，却是装点春天的精灵。"春色三分，二分尘土，一分流水"，杨花虽然不见了，但它的生命又化成了另一种形态。"细看来，不是杨花，点点是离人泪"，赋杨花以生命、以情致、以灵动。陈廷焯评说此词："身世流离之感，而出以温婉语，令读者喜悦悲歌，不能自已。"杨花似人，杨花含情，杨花有格，苏词之杨花更有其坚定和执着。

鲁迅在《戛剑生杂记》中透露乡愁的感伤，云"日暮客愁集，烟深人语喧"，皆是说的亲身经历的人事情愫，包含着人生的情感杂忆，乡愁只不过是一种综合体呈现。"相去万余里，各在天一涯。道路阻且长，会面安可知。"诗是乡愁，诗也是一种安慰人心的力量，是引领我们走向还乡的路，并最后让我们回家止歇的明灯。在回望乡关的漫长等待中，诗人常体味亲情、友情、爱情和人情的温暖。

(一) 亲情思念

亲情包含父爱、母爱和兄弟情。父母之恩，永难忘怀，正如《诗经·小雅·蓼莪》所言："蓼蓼者莪，匪莪伊蒿，哀哀父母，生我劬劳。"

一是父爱伟岸，如陆游《冬夜读书示子聿》：

古人学问无遗力，少壮工夫老始成。

纸上得来终觉浅，绝知此事要躬行。

这是父亲的谆谆教诲，爱意深沉：凡事皆是勤奋学习的结果，一要花功夫，二

要躬行。

二是母爱慈祥，如孟郊《游子吟》：

> 慈母手中线，游子身上衣。
> 临行密密缝，意恐迟迟归。
> 谁言寸草心，报得三春晖。

"三春晖"的温煦，是春天阳光般厚博的母爱。

三是兄弟情深，一如王维《九月九日忆山东兄弟》，感知兄弟温馨：

> 独在异乡为异客，每逢佳节倍思亲。
> 遥知兄弟登高处，遍插茱萸少一人。

"每逢佳节倍思亲"，既是兄弟情笃的外露，也是渴望相聚的内敛。

二如杜甫《月夜忆舍弟》，担忧兄弟安危：

> 戍鼓断人行，边秋一雁声。
> 露从今夜白，月是故乡明。
> 有弟皆分散，无家问死生。
> 寄书长不达，况乃未休兵。

"有弟皆分散，无家问死生"，战乱使兄弟分散，作者担忧兄弟生命安全，使得思念愈加深沉。

三如李益《喜见外弟又言别》，回忆兄弟过去：

> 十年离乱后，长大一相逢。
> 问姓惊初见，称名忆旧容。
> 别来沧海事，语罢暮天钟。
> 明日巴陵道，秋山又几重。

"问姓惊初见，称名忆旧容"，一面端详对方的容颜，一面回忆旧时的模样，体味兄弟间的深挚情谊。

（二）友情思别

以"元白之谊"为例，感知朋友情醇。日本汉学家吉川幸次郎认为友情诗是"中国诗歌最为重要的主题"，友情也是文人相亲的纽带。白居易《感旧》回顾一生交谊："平生定交取人窄，屈指相知唯五人。"五人包括元稹、崔玄亮、李江、刘禹锡和他自己，其中"元白之谊"最醇厚，与"阮嵇""李杜""韩孟"以及"苏黄"相仿，相亲相知，情深谊厚。"元白"相知，相别后常相念，感情真挚，惺惺相惜。白居易值夜时仍担忧朋友境遇（元稹于元和四年春和五年春连遭贬谪）而失眠，凄黯中写下《禁中夜作书与元九》：

> 心绪万端书两纸，欲封重读意迟迟。
>
> 五更宫漏初鸣夜，一点窗灯欲灭时。

元稹于元和十年（815 年）三月被贬谪通州（治今四川达川），同年八月白居易也被贬谪江州（治今江西九江），同病相怜，两心愈紧。

元稹收到白居易书信之后，担忧之情也质朴而强烈，有《得乐天书》：

> 远信入门先有泪，妻惊女哭问何如。
>
> 寻常不省曾如此，应是江州司马书。

神伤间他还写下《闻乐天授江州司马》：

> 残灯无焰影幢幢，此夕闻君谪九江。
>
> 垂死病中惊坐起，暗风吹雨入寒窗。

休戚相关，感同身受，强化了感情的深度，凝化了友谊的醇度，一"惊"字的具体动作内涵蕴藏于闻听风雨飘摇中，深藏不露、含蓄无尽。

真挚之谊，白居易亦有《舟中读元九诗》之凄苦：

> 把君诗卷灯前读，诗尽灯残天未明。
>
> 眼痛灭灯犹暗坐，逆风吹浪打船声。

还有《蓝桥驿见元九诗》之凄怆：

> 蓝桥春雪君归日，秦岭秋风我去时。
>
> 每到驿亭先下马，循墙绕柱觅君诗。

"循墙绕柱"寻觅的，与其说是元稹的诗句，不如说是元稹的心思，正是两人共同人生悲剧的轨迹。友情可贵，题诗可歌，遭际可堪，吟咏可泣。

（三）爱情相思

以陆游爱情诗词为例，体味爱情的凄美和相思的甜蜜。陆游爱情诗词，多与前妻唐婉有关，陆游母亲拆散了陆游与唐婉，遂导致了爱情悲剧。陆游 20 岁与表妹唐婉结婚，不到三年，被棒打鸳鸯，唐氏改嫁，陆游一生都在回味这段爱情故事。

26 岁时，再次在沈园邂逅唐氏，有感而发，遂有《钗头凤》，词云：

> 红酥手，黄縢酒，满城春色宫墙柳。东风恶，欢情薄。一怀愁绪，几年离索。错、错、错。　　春如旧，人空瘦，泪痕红浥鲛绡透。桃花落，闲池阁。山盟虽在，锦书难托。莫、莫、莫！

词作情真意切，绝美而凄苦，据说唐婉读后和了一首《钗头凤》，没多久便香消玉殒了，但唐婉在最美的年纪以最美的样貌定格在陆游心中。陆游自 65 岁归老山阴，追忆唐婉的作品越来越多，想念唐婉的时刻也越来越多。

68 岁重游沈园，陆游有诗云：

> 枫叶初丹槲叶黄，河阳愁鬓怯新霜。
> 林亭感旧空回首，泉路凭谁说断肠。
> 坏壁醉题尘漠漠，断云幽梦事茫茫。
> 年来妄念消除尽，回向蒲龛一柱香。

"年来妄念消除尽"，在这似乎已经看穿一切的言辞背后，是诗人永远不能忘怀的长恨。"天长地久有时尽，此恨绵绵无绝期"（白居易《长恨歌》），于爱情的追忆是任何理性力量所压制不住、禁止不了的。

75岁陆游再次来到沈园，并写下《沈园二首》，其一：

> 城上斜阳画角哀，沈园非复旧池台。
> 伤心桥下春波绿，曾是惊鸿照影来。

诗中"惊鸿照影"是具有永恒意义的一瞬，属历久难忘的痴情记忆，可叹："曾是"者不可再现，"非复"者无从把握。

其二：

> 梦断香消四十年，沈园柳老不吹绵。
> 此身行作稽山土，犹吊遗踪一泫然。

"泫然"一词蕴含浓烈的感情：有爱、有念、有憾，更有悔，爱情凄美。

81岁又作两首《十二月二日夜梦游沈氏园亭》，其中一首：

> 城南小陌又逢春，只见梅花不见人。
> 玉骨久成泉下土，墨痕犹锁壁间尘。

"玉骨""墨痕"皆成尘，思念却是愈加浓烈，追忆更是黯然，旧情难忘，历久弥香。

（四）人情思考

以苏轼为代表，思考人生情感可谓精妙，于生命、生存和生活皆有独到感受。

一是飞鸿生命。飞鸿可以说是苏轼人格的生命形体象征。苏轼26岁登进士第，除大理评事、签书凤翔府判官，赴任途中写下了《和子由渑池怀旧》，有诗句：

> 人生到处知何似，应似飞鸿踏雪泥。
> 泥上偶然留指爪，鸿飞那复计东西。

"雪泥鸿爪"之喻，一语成谶，一生辗转漂泊，证明了苏轼恰如这飘飞无定的飞鸿，此际更像一只顾影徘徊、踽踽独飞之缥缈孤鸿，独自在人生旅途中不断寻找生命的真谛与宇宙自然之奥妙。

二是愚鲁生活。苏轼对自己的儿子"望愚鲁"的想法十分奇妙，有《洗儿诗》：

> 人皆养子望聪明，我被聪明误一生。

> 惟愿孩儿愚且鲁，无灾无难到公卿。

苏轼辛辣地讽刺了"聪明误"的历史悖谬，蕴含无尽的人生感慨。

三是定格生命。苏轼将生命定格在所历经三处：黄州、惠州和儋州。苏轼病逝前两个月，遇赦北返途经金山寺，百感交集，写下了《自题金山画像》，对自己的人生作总结：

> 心似已灰之木，身如不系之舟。
>
> 问汝平生功业，黄州惠州儋州。

这是诗人的生命咏叹，也是才子的人生概括，千年后读来仍令人心酸不已。最后一句定位人生轨迹，将自己一生的荣光深刻在三处：黄州、惠州和儋州。既是人生落难时，也是生命留恋地，更是记忆深刻处。

第十二讲　中小学古诗"悦读"基础之三：意蕴

意蕴是"悦读"的灵魂，是古诗的理性内涵，它包括审美意蕴和智性意蕴；审美是古诗的价值魅力，中小学生要形成文化、语言、思维、审美一体化感知。

一、意蕴

意蕴即古诗的审美特质或理性内涵，这是理解古诗的核心所系，也是古诗"乐读""阅读"后，到达的"悦读"的高级阶段。阅读古诗，伴随着意象在脑海的形成和语音节奏感的刺激，读者已经产生了初步的美感，突破意象表层去体悟诗的意象内蕴，即诗的意蕴，是古诗品鉴的关键。诗的意蕴指诗人在诗作中所表达的某种感受、某种体验、某种思绪和某种情感，一般包括审美意蕴和智性意蕴。

（一）审美意蕴

古诗包含着丰富的想象和情感，运用精练的语言和恰如其分的手法为我们创设着一个个精美的艺术世界，充满着诗情画意。当我们欣赏这份诗情画意时，同时也体验着生命力的洋溢和精神的升华，可以获得一种强烈的审美愉悦。这种愉悦感不仅仅来源于精美整饬的语言、和谐流畅的声韵、鲜明铿锵的节奏和娴熟圆美的手法，更在于诗歌中丰厚的审美意蕴，让人心驰神往，久久回味。这种审美意蕴体现在真实相亲的自然美、震撼相倾的人格美、情景相融的意境美和意蕴相生的理趣美等方面。

1. 真实相亲的自然美

展现大自然质朴真纯的美，是古诗的重要主题，青山秀水皆可亲，有庐山的秀美和西湖的优美。庐山秀美，美在瀑布、桃花和山峰。庐山瀑布壮观，有李白《望庐山瀑布》：

> 日照香炉生紫烟，遥看瀑布挂前川。
> 飞流直下三千尺，疑是银河落九天。

徐凝《庐山瀑布》：

> 虚空落泉千仞直，雷奔入江不暂息。
> 今古长如白练飞，一条界破青山色。

庐山大林寺桃花奇美，有白居易《大林寺桃花》：

> 人间四月芳菲尽，山寺桃花始盛开。
> 长恨春归无觅处，不知转入此中来。

庐山奇峰秀丽，云海缥缈，有苏轼《题西林壁》：

> 横看成岭侧成峰，远近高低各不同。
> 不识庐山真面目，只缘身在此山中。

毛泽东《七绝·为李进同志题所摄庐山仙人洞照》：

> 暮色苍茫看劲松，乱云飞渡仍从容。
> 天生一个仙人洞，无限风光在险峰。

西湖秀美，美在水光、莲叶和暖风。西湖水光山色总宜人，苏轼有《饮湖上初晴后雨》：

> 水光潋滟晴方好，山色空蒙雨亦奇。
> 欲把西湖比西子，淡妆浓抹总相宜。

西湖莲叶无边，杨万里有《晓出净慈寺送林子方》：

> 毕竟西湖六月中，风光不与四时同。
> 接天莲叶无穷碧，映日荷花别样红。

西湖宜人游，游人易"老"，有徐元杰《湖上》：

> 花开红树乱莺啼，草长平湖白鹭飞。
> 风日晴和人意好，夕阳箫鼓几船归。

游人易"醉"，有林升《题临安邸》：

> 山外青山楼外楼，西湖歌舞几时休。
> 暖风熏得游人醉，直把杭州作汴州。

2. 震撼相倾的人格美

三千年诗史，几多傲人骨。一曲曲绝美诗歌，演绎着诗人生命的跃动，闪耀着诗性的光辉。诗人虽有着不同的性格和遭遇，相同的却是对生命的执着与热爱，不仅展示了诗歌才华，而且展露了人格魅力，成为我们汲取精神力量的源泉。王国维在《人间词话》中极力推崇四位诗人：屈原、陶潜、杜甫和苏轼。缘由在于四人诗歌造诣精湛且具有高洁正直的人格。屈原骨鲠，陶潜超脱，杜甫悲悯，苏轼豁达，为我们树立了高标的人格楷模。

一是屈原骨鲠。屈原被誉为"中华诗祖"，是中国浪漫主义文学的奠基人，其创作"衣被词人，非一代也"（《文心雕龙》）。屈原为振国兴邦而"竭忠尽智以事其君"，却"信而见疑，忠而被谤"（司马迁语），先后两次遭贬，最后自沉汨罗。刘安称赞屈原具有"浮游尘埃之外"的人格风范，可"与日月争光"；司马迁称"其文约，其辞微，其志洁，其行廉"；王逸赞其"膺忠贞之质，体清洁之性，直若砥矢，

言若丹青，进不隐其谋，退不顾其命，此诚绝世之行，俊彦之英也"。骨鲠之臣，不见容于世，"堪笑楚江空渺渺，不能洗得直臣冤"（文秀《端午》）。其诗作亦骨高气傲，令人钦佩，如《离骚》诗句：

     路漫漫其修远兮，吾将上下而求索。

表明的是一份忠诚坚守的信念。

又如《橘颂》诗句：

     受命不迁，生南国兮。
     深固难徙，更壹志兮。

展示的是一种忠诚坚贞的节操。

又如《渔父》诗句：

     举世皆浊我独清，众人皆醉我独醒，是以见放。

宣示一样高标：遗世而独立，绝不同流而合污。

二是陶潜超脱。他"不为五斗米折腰"，愤而辞去彭泽令，归隐田园。他是中国第一位田园诗人，被称为"古今隐逸诗人之宗"。悠然心境，超脱世外，试看《饮酒·其五》：

     结庐在人境，而无车马喧。
     问君何能尔，心远地自偏。
     采菊东篱下，悠然见南山。
     山气日夕佳，飞鸟相与还。
     此中有真意，欲辨已忘言。

此诗主要描摹诗人弃官归隐田园后的悠然自得心态，体现出陶渊明决心摒弃浑浊的世俗功名后回归自然，陶醉在自然界中，乃至步入"得意忘言"境界的人生态度和生命体验。

茫然心思，超脱身外，如《拟挽歌辞》诗句：

     亲戚或余悲，他人亦已歌。
     死去何所道，托体同山阿。

勘破生死观，超然物外，亦如其《形影神·神释》所云：

     纵浪大化中，不喜亦不惧。
     应尽便须尽，无复独多虑。

三是杜甫悲悯。黍离之悲，忧患家国，有《春望》：

     国破山河在，城春草木深。
     感时花溅泪，恨别鸟惊心。
     烽火连三月，家书抵万金。
     白头搔更短，浑欲不胜簪。

再有《登岳阳楼》：

> 昔闻洞庭水，今上岳阳楼。
> 吴楚东南坼，乾坤日夜浮。
> 亲朋无一字，老病有孤舟。
> 戎马关山北，凭轩涕泗流。

逢"国破"，遭"戎马"，亦在忧患国家安危和百姓生死，诗人诗篇，圣者之言。

己身之悯，悯恤遭际，有《蜀相》：

> 丞相祠堂何处寻，锦官城外柏森森。
> 映阶碧草自春色，隔叶黄鹂空好音。
> 三顾频烦天下计，两朝开济老臣心。
> 出师未捷身先死，长使英雄泪满襟。

"长使英雄泪满襟"，悲悯英雄，有时去不自由之感。

亦有《登楼》：

> 花近高楼伤客心，万方多难此登临。
> 锦江春色来天地，玉垒浮云变古今。
> 北极朝廷终不改，西山寇盗莫相侵。
> 可怜后主还祠庙，日暮聊为梁甫吟。

"日暮聊为梁甫吟"，感叹空怀济世之心却苦无献身之路，融自然景象、国家灾难与个人情思为一体，语壮境阔，寄慨遥深。杜甫半生忧患，无论个人遭际如何坎坷，始终胸怀天下，关心民众疾苦，即使在一家老小无处容身之际仍大声疾呼："安得广厦千万间，大庇天下寒士俱欢颜！风雨不动安如山。呜呼！何时眼前突兀见此屋，吾庐独破受冻死亦足！"

四是苏轼豁达。苏轼一生六起六落，可谓曲折，但在生活洗礼中，他始终保持一种豁达的心态，以平常心来待之。平常心是生活的常态和真实，亦是对生活的尊重和礼让，尊重生活情趣，礼让生活情节，在日常生活中尽力而为，不苛求完美，自在为最高境界，对待某人或某事，以一种得不喜、失不忧，成不骄、败不馁，不偏不倚、不懈不满的镇定和正常的心态，笑对挫折和失败。

一如，《浣溪沙·游蕲水清泉》写"人生"感悟：

> 山下兰芽短浸溪，松间沙路净无泥，潇潇暮雨子规啼。　谁道人生无再少？门前流水尚能西！休将白发唱黄鸡。

二如，《定风波》（沙湖道中遇雨）写"平生"烟雨：

> 莫听穿林打叶声，何妨吟啸且徐行。竹杖芒鞋轻胜马，谁怕？一蓑烟雨任平生。　料峭春风吹酒醒，微冷。山头斜照却相迎。回首向来萧瑟处，归去，也无风雨也无晴。

三如,《定风波·南海归赠王定国侍人寓娘》写"生命"挫折,一句"此心安处是吾乡",不知宽慰了多少失意人的心,失败和挫折成就了苏轼的理想人格:

  常羡人间琢玉郎,天教分付点酥娘。自作清歌传皓齿,风起,雪飞炎海变清凉。　　万里归来颜愈少。微笑,笑时犹带岭梅香。试问岭南应不好,却道:此心安处是吾乡。

  苏轼秉持豁达心态,体现了对生命本质的思考和生活要义的追索,让词的境界变得宏阔,词情旷达。李泽厚《美的历程》于"苏轼的意义"说得十分明了:"苏轼在美学上追求的是一种朴质无华、平淡自然的情趣韵味,一种退避社会、厌弃世间的人生理想和生活态度,反对矫揉造作和装饰雕琢,并把这一切提到某种透彻了悟的哲理高度。"① 当你面临艰难险阻时,读苏轼的词,它能给你力量,给你一种积极向上的精神;当你人生遭遇低谷时,读苏轼的词,它能给你宽慰,宽慰你受伤的心灵;当你的人生态度变得消极颓废时,读苏轼的词,它能使你摆脱烦忧,焕发生机。这便是苏轼词的魅力所在,也无怪乎世人都喜爱苏轼,苏轼俨然是后世文人的精神导师,以平常心态待事为人,有豁达乐观的人生态度和超然物外的处世哲学。

3. 情景相融的意境美

  王昌龄《诗格》指出诗有"三境":"一曰物境,二曰情境,三曰意境。"意境为最高境界,是"意"与"境"的统一,是通过艺术构思创设而成的形象化和典型化的自然环境或社会环境与深厚情意的完美结合。也可以这样理解,诗格总能表现出某种具有典型意义的情感力量,这种力量能推动人们的想象力,进而产生无限美好的审美意象。而这样的情感力量凝结为诗歌的意境,则是诗美的最高表现形式。以行旅间情景关系为例,来看意境美。

  一是触景生情,如李华《春行即兴》:

    宜阳城下草萋萋,涧水东流复向西。
    芳树无人花自落,春山一路鸟空啼。

  诗人经由宜阳城,见闻"草萋萋""水东流""花自落"和"鸟空啼",油然而生"国破山河在,城春草木深"(杜甫《春望》)之愁绪。

  二是融情于景,如张祜《题金陵渡》:

    金陵津渡小山楼,一宿行人自可愁。
    潮落夜江斜月里,两三星火是瓜洲。

  独宿难眠,愁绪万端,"两三星火",既是投宿之地瓜洲写实,也是羁旅之情愁绪写虚,朦胧而空灵。

  三是情景相融,如温庭筠《过分水岭》:

---

① 李泽厚. 美的历程[M]. 北京:生活·读书·新知三联书店,2009:166.

> 溪水无情似有情,入山三日得同行。
>
> 岭头便是分头处,惜别潺湲一夜声。

溪水流淌,千古如斯。潺湲一夜,清脆感人。水声亦心声,无情含有情。

4. 意蕴相生的理趣美

诗贵理趣,钱锺书《谈艺录》说:"举万殊之一殊,以见一贯之无不贯,所谓理趣者,此也。"即通过个别以揭示一般,通过具体描写来揭示客观规律,且显得诗味浓郁,就是有"理趣"。理趣指一般的道理旨趣。诗有理趣,是指诗人在诗里讲述道理,发表议论,应该使作品充满诗意和趣味,富有艺术感染力。有理趣的诗,不同于抽象地说理布道,而是寓道理于情趣之中,熔理和趣为一炉。林从龙说:"理趣是诗人因物而兴感,因感而悟理,感情得到理性的升华的结果。"感蜜蜂采蜜而悟生活辛苦,如罗隐《蜂》:

> 不论平地与山尖,无限风光尽被占。
>
> 采得百花成蜜后,为谁辛苦为谁甜?

见红杏出墙而感春意盎然,如叶绍翁《游园不值》:

> 应怜屐齿印苍苔,小扣柴扉久不开。
>
> 春色满园关不住,一枝红杏出墙来。

理在观鸟,说明一个道理:自由可贵。如欧阳修《画眉鸟》:

> 百啭千声随意移,山花红紫树高低。
>
> 始知锁向金笼听,不及林间自在啼。

理在看山,说明一个道理:当局者迷。如苏轼《题西林壁》:

> 横看成岭侧成峰,远近高低各不同。
>
> 不识庐山真面目,只缘身在此山中。

理在观书,说明一个道理:正本清源。朱熹有《观书有感》:

> 半亩方塘一鉴开,天光云影共徘徊。
>
> 问渠那得清如许,为有源头活水来。

(二)智性意蕴

只有真正理解了古诗的审美意蕴,体味到诗歌带来的崇高的美学感受,才算真正进入诗歌意蕴层的把握之中,也即进入诗歌的智性意蕴之中。智性意蕴的把握,有时需进行主题判定、情感辨析和价值评价。

1. 主题判定

白居易《赋得古原草送别》:

> 离离原上草,一岁一枯荣。
>
> 野火烧不尽,春风吹又生。

> 远芳侵古道，晴翠接荒城。
> 又送王孙去，萋萋满别情。

"赋得"为形式，为应制诗，应试现场所作；"古原草"为内容，多为咏物；"送别"为主题，书写离别情感。白居易作此诗时年十六，此诗属应考之作，题目前须加"赋得"二字，作法与咏物相类，然需题意明确，诗将"古原""草""送别"融合，意境浑成，为"赋得体"绝唱。

王之涣《登鹳雀楼》，"欲穷千里目，更上一层楼"，并非励志之语，而是感伤之忧，抒发登楼之愁。李清照《夏日绝句》，"生当作人杰，死亦为鬼雄"，绝不是豪迈之言，而是指责丈夫苟安的屈辱之词。刘皂《旅次朔方》，"无端更渡桑干水，却望并州是故乡"，非乡恋而是乡愁，正因为有家难归，才产生久客之地如同故乡的错觉，这种误会的深处，是对回归真正故乡的彻底绝望。

有时，诗歌主题难判定，或模糊，或偏离，如王翰《凉州词》：

> 葡萄美酒夜光杯，欲饮琵琶马上催。
> 醉卧沙场君莫笑，古来征战几人回？

昂扬的主题和兴奋的情绪，应是正题。"醉卧沙场君莫笑，古来征战几人回"，有人认为这两句"作旷达语，倍觉悲痛"，亦有人说"故作豪饮之词，然悲戚已极"。说法不一，然离不开一个"悲"字，主题（情感）几乎为低沉、悲凉、感伤、反战等。因此，清代施补华说："作悲伤语读便浅，作谐谑语读便妙，在学人领悟。"（《岘佣说诗》）

2. 情感辨析

思想情感是诗人主观灵性的展示，它有着独特性，倾注着诗人的个人情愫，有着极其微妙的作用，值得认真体味，不能误读。一如李白《早发白帝城》：

> 朝辞白帝彩云间，千里江陵一日还。
> 两岸猿声啼不住，轻舟已过万重山。

表达的是乐情还是愁情？此为李白流放途中遇赦之作，心情自然愉悦，全然没有半点愁情。

二如韩愈《早春呈水部张十八员外》：

> 天街小雨润如酥，草色遥看近却无。
> 最是一年春好处，绝胜烟柳满皇都。

《早春》是咏物还是赞诗？明言早春景色之美，暗示张籍诗作清新怡人。

三如苏轼《赠刘景文》：

> 荷尽已无擎雨盖，菊残犹有傲霜枝。
> 一年好景君须记，最是橙黄橘绿时。

《赠刘景文》是绘景还是比德？全是勉励之语，"荷尽菊残"仍要保持气节，"橙

黄橘绿"才是本色品质，劝勉和鼓励同在，关怀与友谊兼具。

3. 价值评价

意蕴属古诗的审美特质或理性内涵，尤其要能理解某些意象性遣词，洞悉所蕴含的象征内容或文化意义。

（1）"归家"

> 西塞山前白鹭飞，桃花流水鳜鱼肥。
> 青箬笠，绿蓑衣，斜风细雨不须归。
>
> （张志和《渔歌子》）

理解此首词的关键和核心词眼是"不须归"三字，有着深层的文化意蕴，非简单的返回行为。张志和有"烟波钓徒"之称，隐逸之情可见，故"不须归"三字源于陶渊明《归去来兮辞》："归去来兮，田园将芜胡不归？""归去来兮，请息交以绝游。""归去"是陶渊明愿做隐士的行动与口号，遂成"隐逸"的代名词，常见于其他诗词，如：

> 归去，也无风雨也无晴。
>
> （苏轼《定风波》）

> 牧童归去横牛背，短笛无腔信口吹。
>
> （雷震《村晚》）

> 长歌一曲烟霭深，归去沧江绿波远。
>
> （李群玉《沅江渔者》）

> 我年五十七，归去诚已迟。
>
> （白居易《和微之诗二十三首》）

（2）"鸡黍"

> 故人具鸡黍，邀我至田家。
>
> （孟浩然《过故人庄》）

"鸡黍"不能简单理解为烧鸡和黄米饭。"鸡黍"语本出自《论语·微子》："止子路宿，杀鸡为黍而食之。"为款待客人的"鸡黍"之餐，现主人"盛情"。后经东汉范式和张劭"鸡黍"之约，"鸡黍"成为"信誓"和"生死之交"的代名词。"鸡黍"由待客食物上升为文化象征，多指友人间的诚信之举和心灵契合，后演绎为友情和高义，如：

> 雁鱼空有信，鸡黍恨无期。
>
> （鱼玄机《期友人阻雨不至》）

（3）"离离"

> 离离原上草，一岁一枯荣。
>
> （白居易《赋得古原草送别》）

"离离"，行列貌，（草）很茂盛的样子。《诗经·王风·黍离》："彼黍离离，彼稷之苗。""离离"明写草木繁茂的状态，实则为"黍离之悲"，谓国破家亡之痛。有时亦将发自心底的、失落的悲哀称作"黍离之悲"。

"离离"一词，不止状物，更在显情，如：

漫漫晚花吹瀼岸，离离春草上宫垣。

（陆游《试院春晚》）

鄂王坟上草离离，秋日荒凉石兽危。

（赵子昂《岳鄂王墓》）

（4）"采薇"

相顾无相识，长歌怀采薇。

（王绩《野望》）

"采薇"，语出《诗经·小雅·采薇》："采薇采薇，薇亦作止。"纯是途间眼中所见景物的变化，暗示时间流逝，岁月漫长。后"采薇"的主人公变成了"不食周粟"的叔齐和伯夷，"采薇"遂有了坚守气节的文化底蕴，如：

遂令东山客，不得顾采薇。

（王维《送綦毋潜落第还乡》）

举才天道亲，首阳谁采薇。

（孟郊《感怀》）

诗人公署如山舍，只向阶前便采薇。

（郑谷《题汝州从事厅》）

（5）"徙倚"

洞庭之东江水西，帘旌不动夕阳迟。
登临吴蜀横分地，徙倚湖山欲暮时。
万里来游还望远，三年多难更凭危。
白头吊古风霜里，老木沧波无限悲。

（陈与义《登岳阳楼》）

理解此诗的关键词在"徙倚"，为体现主题之所在。徙倚，意为徘徊，逡巡，来回地走，是一种行为动作。《楚辞·远游》："步徙倚而遥思兮，怊惝恍而乖怀。"又《楚辞·哀时命》："然隐悯而不达兮，独徙倚而彷徉。"王逸注"徙倚"为："彷徨东西，意愁愤也。""徙倚"一词，"愁愤"之意自带，屈原于亡国之际"徙倚"，忧愁家国，陈与义于南渡之后"徙倚"，亦忧愁家国。

王绩于易代之际，陆游于支离之时，亦忧愤万端：

东皋薄暮望，徙倚欲何依。

（王绩《野望》）

渔扉夕不掩，徙倚欲三更。

(陆游《徙倚》)

二、审美

(一) 诗比历史更富于哲学意味

杜甫用如椽巨笔刻录大唐"诗史"，具有特别深广的意义，学习杜诗要能深刻理解其所蕴蓄的文学价值和文化魅力，了解其文学、史学及哲学意义。《江南逢李龟年》为杜诗杰作，写于大历五年（770年）漂泊长沙期间，为诗人生平最后一首七绝，蘅塘退士（孙洙）说"少陵七绝，此为压卷"，可算杜甫"天鹅之歌"。绝唱精彩，脍炙人口，诗意所系，诚如亚里士多德《诗学》所言，"诗比历史更富于哲学意味"。理解《江南逢李龟年》，需要掌握其诗性趣味、历史蕴味和哲学意味。

1. 解析诗性趣味

白居易《与元九书》："诗者，根情、苗言、华声、实义。"这是对诗歌特性的理论概括，既有"情""义"的内容表现要求，也有"言""声"的形式表达要求。李重华《贞一斋诗说》："杜老七绝欲与诸家分道扬镳，故尔别开异径。独其情怀，最得诗人雅趣。"该诗诗性趣味也熔铸在"情""言""声""义"四端。

一是"根情"。诗作是感伤世态炎凉的。杜甫是盛唐的最后一位诗人，也是中唐的第一位诗人。直面盛世转衰，诗人以诗述志。《江南逢李龟年》抒写了诗人四十年的人生经历，前两句忆昔，后两句感今，"世运之治乱，年华之盛衰，彼此之凄凉流落，俱在其中"（孙洙）。盛衰之感、家园之悲和聚散之苦，今昔对比中显得"忧愤深广，波澜老成"（安旗）。

二是"苗言"。杜甫倡导"语不惊人死不休"，崇奉"清词丽句必为邻""晚节渐于诗律细"。老杜作诗，非常讲究诗歌语言的锤炼。首先，遣词精当。实词绘境，"闻""逢"两实词转换寓意。从华堂"闻"歌，到江南重"逢"，"闻""逢"之间，联结着四十年的时代沧桑和人生巨变。虚词蕴情，"正是"和"又"两虚词反衬有力。两个虚词一转一跌，更在字里行间寓藏着无限感慨。组词精严，"岐王宅里寻常见，崔九堂前几度闻"，对仗工整。"岐王宅里"对"崔九堂前"，名词词组彰显活动场所，其中"岐"是封地，"崔"是姓氏，"王"是爵位，"九"属排行，"宅""堂"为空间，"里""前"为方位；"寻常见"对"几度闻"，动词词组凸显活动方式，其中"见""闻"属不及物动词，"寻常""几度"为数量词构成频度副词表强调，"寻"为其数，"几"为概数。其次，造语妙致。七字句四三节奏鲜明，表意明确。两七字句属空间组合模式，地名对举构成场景，如"朱雀桥边野草花，乌衣巷口夕阳斜""回乐峰前沙似雪，受降城外月如霜""靖安宅里当窗柳，望驿台前扑地花"等，组

成相近景致,形成一种情致呼应。最后,意象含蓄。"正是江南好风景,落花时节又逢君","落花时节"四字当然是即景书事,却又好似别有寓意,"落花"意象让一切尽在有意无意之间,又特别精警动人。

三是"华声"。杜诗"凌云健笔意纵横",讲究诗歌的格律、章法及境界。该诗在体例上有三大成型特质:熔裁上今昔相对,达情上哀乐相生,造境上情景相融。取材对比,前两句写昔,为荣光时刻,后两句写今,是落魄光景。手法反衬,以"好风景"反衬流落之情,愈见凄凉。融情于景,由忆境到见景而触情,"兴来感旧,不觉真率自然"(《李杜诗选》)。

四是"实义"。"诗贵有含蓄不尽之意"(《围炉诗话》),给读者留有余地,去咀嚼、去领悟。如黄生所说:"此诗与《剑器行》同意。今昔盛衰之感,言外黯然欲绝,见风韵于行间,寓感慨于字里,即使龙标、供奉操笔,亦无以过。"(《杜诗详注》)该诗寥寥二十八字,包蕴着丰富的时代生活内容,可视为一幅盛唐断代史画轴。语极平淡,内涵丰满;世事沧桑,人事变迁;年华流逝,异乡漂泊;一言难尽,意味深长。

2. 探析历史蕴味

诗歌记录历史风云,历史故事在诗句间演绎。钱锺书《管锥编》谈"诗"与"史"关系说,史必征实,诗可凿空;史蕴诗心,诗具史笔。诗歌比史书更具有典型性,更富有魅力,是一种更高级的真实。

其一,史蕴诗心。关于本诗中的岐王与崔九,在本书第五讲略有介绍。诗中的李龟年是开元时期著名乐工,常出入贵族豪门。杜甫初逢李龟年,正是在意气风发的少年时期,正值"开元盛世"。在杜甫的心目中,李龟年是鼎盛的开元时代和自己意气风发的少年时期的一个标志。几十年后他们又在江南重逢,这时遭受了八年安史之乱的唐朝已由盛转衰,他们二人的晚景也十分凄凉。这次重逢,让杜甫胸中郁积已久的沧桑之感再也无法压抑。

其二,诗具史笔。"诗,可以兴,可以观,可以群,可以怨。"(孔子)"诗"(文学作品)具有一种无法超越的精神价值,具有超强的历史意蕴,诗在记录历史,又演绎历史,更传唱历史。《江南逢李龟年》七绝短制,却意味深长,让我们对唐朝的兴盛衰败有了一个明确的认识,也有了一个历史的判断和一个现实的体认。"文变染乎世情,兴废系乎时序"(刘勰),诗(文)亦传导历史发展声音。《江南逢李龟年》若只记录四十年后一位老诗人和一位老歌手的"又逢",则毫无价值意义,诗无意间想彰显歌手李龟年的风光与落魄的差距。李龟年在开元初曾受玄宗赏识而红极一时,经安史之乱(755年—763年)流落江南(杜甫770年与其相遇)卖唱,生活遭际堪嗟。宋末诗人戴表元《感旧歌者》写故国之思:"头白江南一尊酒,无人知是李龟年。""李龟年"遂成为大唐盛世的伤逝标志。"断肠"之音无尽,有"取次江南好风

景,莫教肠断李龟年"(钱谦益《村庄红豆花诗》),"一阕鹧鸪两行泪,江南肠断李龟年"(曹家达《赠伶人孙兆蓉四首·其二》)和"纵似琵琶天宝后,江南重遇李龟年"(龚自珍《己亥杂诗》)。

3. 品析哲学意味

马克思说:"语言是思想的直接现实。"语言是极具魅力的,诗歌语言虽简明却富于创造性,反映着诗人深邃的思想和博大的智慧。《江南逢李龟年》属诗歌经典,为杜甫最后的七绝和最美的绝句,却哀叹盛世不再。

一是语言精粹。杜诗"无一字无来处",作诗讲究锤炼语言以达精致乃至精彩之效。"落花时节"语义委婉、语用精妙、语蕴深刻。语义上,"落"字同语反义。"落"应理解为"花开"非"花谢",诗中"江南好风景"应为"花开"。语用上,"落花时节"成语源于离乱。《现代汉语词典》上释为"暮春三月"。丘迟《与陈伯之书》:"暮春三月,江南草长,杂花生树,群莺乱飞。"撩发故国之思。语蕴上,"落花"意象以乐衬哀。"落花"为华美之状,呈现的是灿然艳丽之美,与皤然白首的流落之人形成鲜明对比,直面眼前"落花"而转瞬变化"花落","落花流水"成为诗歌中最凄美、最伤情的场景,也暗喻了世运的衰颓、社会的动乱和诗人的漂泊。

二是思想精深。杜甫不仅是时代的预言者,也是时代的代言人,更是社会的观察家,用如椽巨笔"实录",笔墨渗透出史诗般的力量。诗意不在于唤起对昔日繁华的怀念,也不在于回忆当时的场景,甚至不在于引发今昔对比的伤感,重要的是营造一种距离,诗所写的事实同两个人正在感受和思考的现实之间存在距离,这种距离无法拉近且让人有种隔离感。"天下几人学杜甫,谁得其皮与其骨"(苏轼《次韵孔毅甫集古人句见赠五首·其三》),杜甫是"诗圣",是"四千年文化中最庄严,最瑰丽,最永久的一道光彩"①。

三是现实经典。一位老诗人,一位老歌手,于颠沛流离中重逢;社会凋敝丧乱,彼此衰老颓唐。两位憔悴的老人痛定思痛,时代沧桑、人生变幻。追忆那逝水辉煌,感叹安史战乱所带来的巨大灾难和心灵创伤。往事如风,昔日似水不重来;今朝如梦,由来好梦最易醒。现实残酷,两相对比,伤感无极。国家之盛衰、生活之悲乐、人生之聚散,在对比中显得精练而含蓄。

(二) 文化、语言、思维、审美一体化

中小学古诗教学目标虽仅八字:"朗读诗歌,背诵诗歌。"教学实践却需丰富多彩,以期诵读成常,形成必备素养,学生的思维能力、审美创造、文化自信都以语言运用为基础,并在学生个体语言经验发展过程中得以实现。

---

① 闻一多. 唐诗杂论 [M]. 长沙:岳麓书院,2010:154.

1. 坚定文化自信

文化是民族身份的象征，是国家的精神家园。古典诗词所包含的传统文化教育内涵，是一个集哲学思想、人生体验与审美意蕴于一体的文化宝库。古诗学习，也是一个文化认同、文化传承和文化自觉的浸润过程。

一是文化认同。文化认同是文化自信的理论认识。"在中国，诗歌是文化的炫目标志。不了解中国的诗歌，便不能全面地了解中国的文化；同样，欲全面地了解中国的文化，则必须了解中国的诗歌。"① 文化养育了诗歌，诗歌铭刻着文化。落实诗教传统："不学诗，无以言。"诗属文学亦属经学，"赋诗言志"既是时尚也是生存本领。诗承载着文化，古诗词是传承和弘扬中华优秀传统文化的重要载体，学习古诗，传承经典，汲取营养，涵养心灵，让生命"诗意地栖居"。诗演绎着文化，"有情天地内，多感是诗人"，"笔落惊风雨，诗成泣鬼神"，"腹有诗书气自华"，"诗书传家久，耕读继世长"。

二是文化传承。文化传承是文化自信的现实理解。诗的社会功用极强，"无意不可入，无事不可言"，以诗的情感观照生活，以诗的语言描述生活，以诗的方式理解生活。《诗经》传承，"毛传郑笺孔疏"流传，通过训、诂、传、笺、注、疏、正义等手法解释和阐发。传习古诗，教学价值取向为文学洗礼和文化传承。文学洗礼：素质养成。这是课程的功能价值体现，促进知识能力素养的综合养成。文化积淀：价值引领。这是课程的精神内涵向往，古诗教学要由"必背"篇目向"必备"素养过渡、由"知能并重"向"文化育人"迈进。

三是文化自觉。文化自觉是文化自信的最佳阐释。美国文化人类学家克罗伯认为："文化包括各种外显的和内隐的行为模式。"文化一经形成便难以更改，是一种态度上的高度肯定和行为上的自觉践行。践行诗教原理："兴于诗，立于礼，成于乐。""诗"是儒家君子人格养成的逻辑起点，"礼"是行为准则，"乐"是精神向度。"兴于诗"，既是孔子的教育思想，也是文学观点，更是文化理念。诗可以"正得失、动天地、感鬼神"，蕴蓄着巨大精神价值和文化意义，彰显诗教原理，传承文化并弘扬文化。"诗家圣处，不离文字，不在文字"（元好问），从文字间可感悟诗人高明和诗意奥妙，积淀文学功底和文化底蕴。

2. 掌握语言运用

古诗语言含蓄，讲究"言有尽而意无穷"（严羽），表达"含不尽之意见于言外"（梅尧臣），追求"贵有含蓄不尽之意"（吴乔）。诗是最美丽的语言，"唐诗之美在情辞，故丰腴；宋诗之美在气骨，故瘦劲"（缪钺）。学习古诗，重在语感生成、语理

---

① 叶潮. 文化视野中的诗歌［M］. 成都：巴蜀书社，1997：1.

理解和语用实践。

其一，语感生成。语感是对语言文字的敏感认知，小学古诗教学以诵读为主，提倡熟读成诵，重视古代诗文的诵读积累。首先，读中涵泳。强调熟悉语言，促成语感形成，能确音、定形和明义，感知诗意。如《鹿柴》中"柴"音 zhài、"岐王宅里寻常见"中"岐"为山旁，以及"儿童相见不相识"中"相"为偏义复词等。能读清韵脚形成旋律，读出节奏美，七言语言单元为前四后三，五言为前三后二。能重读诗眼体味诗境，如"千门万户曈曈日"，"曈曈"二字绘元日景致精妙，"春风又绿江南岸"，着一"绿"字春意盎然。其次，读间想象。强调品味语言，体会语感妙处。展开想象，获得初步的情感体验，感受语言的优美。山水诗想象美景如画："遥望洞庭山水色，白银盘里一青螺。"思乡诗遥想家园温馨："知有儿童挑促织，夜深篱落一灯明。"童趣诗感知童真童趣："儿童急走追黄蝶，飞入菜花无处寻。"最后，读后感悟。强调语言梳理和整合，养成语言习惯。读有所获，诵读诗文，领悟诗文大意，感知古诗语言魅力，"熟读唐诗三百首，不会作诗也会吟"。读有所思，品味佳妙。品李白七绝佳处："只眼前景、口头语，而有弦外音，使人神远。"（沈德潜）味王维诗妙处："维诗词秀调雅，意新理惬。在泉为珠，着壁成绘。"（殷璠）读有所悟，"好诗不厌千遍读"，通过诵读形成语言经验。

其二，语理理解。语理是对语言文字的章法运用，主要是语法、逻辑和修辞的运用。"吟安一个字，捻断数茎须"，千锤百炼方成诗。一是语法精妙。词类活用，遣词精当。"推敲"传说，锤炼谓语中心词；"粪土当年万户侯"，"粪土"为名词作动词；"春风又绿江南岸"，"绿"字形容词使动。成分省略，遣词简约。"相看两不厌"，省主语；"横看成岭侧成峰"中"侧"后省谓语"看"；"野旷天低树"中"低"后省介词"于"。语序变换，遣词含蕴。如"衡阳雁去"为"雁去衡阳"倒装，"帘卷西风"为"西风卷帘"倒装，"明月松间照，清泉石上流"诗句省介词"于"，语序应为：明月照于松间，清泉流于石上。二是逻辑精严。高适"半江水"和郑谷"一字师"，说明诗人选词十分重要，既要符合诗境，更要逻辑严密。"千里莺啼绿映红"逻辑是否成立，"千里"之外的"莺啼"又如何听得见？"千里"为状江南大景，"莺啼"属江南小景。"举杯邀明月，对影成三人"，虽属无理却又合情、合逻辑。三是修辞精美。修辞是高效能地运用语言的艺术。比喻动情。"不知细叶谁裁出，二月春风似剪刀"，形象生动；"可怜九月初三夜，露似真珠月似弓"，新颖巧妙。比拟喻情。"碧玉妆成一树高，万条垂下绿丝绦"，碧柳如玉女；"何方可化身千亿，一树梅花一放翁"，诗人与梅花神似。比兴感情。"东边日出西边雨，道是无晴却有晴"，语义双关；"玉颜不及寒鸦色，犹带昭阳日影来"，象征寓意；"千磨万击还坚劲，任尔东西南北风"，托物言志。诗词之蕴藉，与谜语之妙趣和对联之精密一样，都是语言文字奥秘的感性呈示。

其三，语用实践。古诗教学要能明诗情、晓诗景和悟诗境，在情境体验中积累、感悟和运用诗句。首先，积累古诗，积淀语言。落实学习任务群，提升古诗学习效能。如"语言文字积累与梳理"强调"诵读"，"不要死记硬背"，重在语感丰富和语言经验成熟；"文学阅读与创意表达"重视古诗文的诵读积累，"感受文学作品语言、形象、情感等方面的独特魅力和思想内涵"，重在语言理解和体味。又如"学业质量"要求学生"喜欢读古诗，能熟读成诵"，重在养成语言规则和习惯。其次，品鉴古诗，解密语言。突出语言实践和综合学习，提升语言解读能力。要能解析历史人物，还原历史场景；能剖析典故，掌握成语典故、历史典故、文学典故和文化典故；能分析母题，了解民族文化心理。最后，运用古诗，雅化语言。丰富诗歌内涵，体验诗歌美感。能引用、化用或创用诗句，雅化语言表达，雅化的前提是熟练使用文字，只有基于书面语的成熟和文献典籍的丰富，才能锤炼词语，力求准确、简洁和生动。

3. 提升思维能力

严羽《沧浪诗话》："诗有别材，非关书也；诗有别趣，非关理也。"诗在"妙悟"，有着鲜明的诗性特质，属形象思维，以想象为主，重在直觉、体悟和灵感。中小学古诗教学，要发展形象思维能力和提升诗性思维品质。

一是发展形象思维能力。学习古诗要以训练形象思维为主，于诗歌形象、意象和意境进行理解和鉴赏。首先感知形象，"联类不穷"，生动而深刻。有视觉形象、听觉形象、味觉形象、嗅觉形象、触觉形象及通感形象。其次理解意象，寓意于象，象由意生。意象含蕴无尽，耐人寻味。一意多象，如思乡意象有衡阳雁、故乡月和莼鲈思，送别意象有长亭、南浦和灞桥等；多象一意，如梅、竹、松皆象征坚贞，鹧鸪、杜鹃、寒鸦都暗示伤感。只有理解意象，才能感受生命律动，我们的语文，只有充分激活原本凝固的语言文字，才能使其变成生命的涌动。最后品味意境，体会情与景谐、神与物游和意与境浑。"一切景语皆情语"，在情景交融间想象虚实相生。诗人的灵感是个体的，而诗意的审美是共同的，诗歌意境是古今一脉相承的文化印记。

二是提升诗性思维品质。诗性思维，有别于日常思维模式，既存在于诗中又是与诗同体的，也是中国传统文化的基本特征。其一，诗性思维是创新思维，悖常性明显。于无理处见精妙，悖谬而具韵致。"白发三千丈"，不可思议；"蜡烛有心还惜别，替人垂泪到天明"，无理而有趣。其二，诗性思维是情感思维，蕴藉十足。"诗缘情而绮靡"，情乃诗歌根本。诗抒情，绝句"结句需要放开，含有余不尽之意"（沈义父），达"尺幅千里"之效。有警句直抒胸臆，如"莫愁前路无知己，天下谁人不识君"；亦有景句含蓄蕴藉，如"孤帆远影碧空尽，唯见长江天际流"。其三，诗性思维是形象思维，典型性鲜明。要求创设出鲜活意象和灵动境界，"状难写之景

如在目前"（王国维），如"黄河远上白云间""黄河之水天上来""九曲黄河万里沙，浪淘风簸自天涯"，咏黄河形象来营造壮阔境界。

4. 激发审美创造

中小学古诗教学，要在诵读与涵泳中激发学生审美情趣，定格诗化致趣和思化品质。

一方面，诗化致趣。"诗有六义"，这是古诗教学的审美经验。在诵读中欣赏诗词之美。"诗比历史更富于哲学意味"（亚里士多德），如理解《江南逢李龟年》，需要掌握其诗性趣味、历史蕴味和哲学意味，"世运之治乱，年华之盛衰，彼此之凄凉流落，俱在其中"（蘅塘退士），语易而意远，在玩味间沉淀诗词之韵。叶嘉莹说"古典诗词中所蕴含的一种感发生命对我的感动和召唤"，诗性诚然；"掬水月在手，弄花香满衣"，诗意盎然。

另一方面，思化品质。"思无邪"，这是古诗教学的审美情趣。诗教温柔敦厚，要能体悟生命、陶冶情操和提升审美。诗教要探求精神的高度，唤醒学生内心的真善美，诗是面向未来的；诗教要寻求情致的厚度，审美亦是把握生活的一种方式，要能"移情"和"忘情"；诗教要追求审美的意趣度，诗源于生活而想象生活，与其说诗人是天生的，倒不如说生活本就是诗意的，诗意存适意或失意两端。